L'Art du Contact

Mieux vivre avec les autres

 Le code de la propriété intellectuelle du 1er juillet 1992 interdit en effet expressément la photocopie à usage collectif sans autorisation des ayants droit. Or, cette pratique s'est généralisée notamment dans l'enseignement, provoquant une baisse brutale des achats de livres, au point que la possibilité même pour les auteurs de créer des œuvres nouvelles et de les faire éditer correctement est aujourd'hui menacée.

En application de la loi du 11 mars 1957, il est interdit de reproduire intégralement ou partiellement le présent ouvrage, sur quelque support que ce soit, sans autorisation de l'Éditeur ou du Centre Français d'Exploitation du Droit de copie, 20, rue des Grands-Augustins, 75006 Paris.

© Éditions d'Organisation, 2003
ISBN : 2-7081-2953-8

Charles GELLMAN • Chantal HIGY-LANG

L'Art du Contact

Mieux vivre avec les autres

Préface de Philippe BRENOT,
psychiatre et anthropologue

Éditions
d'Organisation

Remerciements

Nous souhaitons remercier toutes les personnes douées dans l'art du contact, qui ont mis leur intelligence relationnelle et leur sensibilité à contribution pour cet ouvrage :

Serge et Anne Ginger, fondateurs de l'École Parisienne de Gestalt, pour les connaissances et l'ouverture au monde et à l'existence qu'ils nous ont transmises,

Philippe Brenot, psychiatre, anthropologue et écrivain, pour la rédaction de la préface,

Abbas Jaber, président directeur général de Jaber's Négoce (Paris 16e), pour son enthousiasme stimulant dans le coaching et l'art du contact,

Elsa le Blanc, notre superviseuse de charme, pour son intelligence, sa sympathie et son professionnalisme.

Les personnes interviewées :

Alexandre Alverson, patron et manager d'un salon de coiffure haut de gamme,

Dominique Antz, chirurgien plasticien,

Marie Arnaud, agrégée de l'Université et psychothérapeute,

Alain Beaumlin, Directeur Général de Crozatier-France,

Marie-Françoise Bonicel, diplômée de sciences politiques et économiques, docteur en psychologie sociale,

Philippe Higy, attaché commercial, neveu, ami et complice de l'un des auteurs,

Francis Karolewicz, directeur du cabinet FMK-Consulting, spécialisé dans l'apprentissage par l'expérience et le développement durable, et écrivain.

Pour les auteurs, ce second ouvrage aux Éditions d'Organisation a été l'occasion de moments forts et créatifs dans l'expérience et l'art du contact.

Sommaire

Préface 1

Introduction 5

PREMIÈRE PARTIE
ANALYSE DE LA NATURE DU CONTACT

Chapitre 1 – Qu'est-ce que le contact ? 13
1. Historique : quelques humains remarquables dans le contact 13
2. Vous avez dit contact ? 18
3. Quelques approches théoriques de la psychologie du contact 19
4. Conclusion : Quelques métaphores humaines du contact 27

Chapitre 2 – Origines, historique et énigmes du contact ... 29
1. Et voici comment tout a (peut-être) commencé… 29
2. Contact inné ou acquis ? 33
3. Les premières fois : le premier contact, le premier baiser, le premier sourire 35
4. L'amour et le contact 38

5.	La résilience ou la capacité à traverser les épreuves de la vie	40
6.	La peau	41
7.	Le contact dans la vie d'un être humain : de la naissance à la mort	41

Chapitre 3 – Le cerveau du contact 45
1.	Sensorialité : les cinq sens et les autres	45
2.	Cerveau féminin/Cerveau masculin	61
3.	Le moment présent, l'ici et maintenant du contact	67

Chapitre 4 – Les systèmes en proximité du contact 73
1.	Communication et contact	73
2.	Attachement, relation et contact	79
3.	Séduction et contact	83

Deuxième partie
LES TROUBLES DU CONTACT

Chapitre 1 – Identifier les troubles du contact 91
1.	Qu'est-ce qu'un trouble de la personnalité ?.....................	91
2.	Les contactoses, ou les maladies du contact	94
3.	Le contact des personnalités difficiles	96
4.	La « normalité »	107

Chapitre 2 – Le contact dans l'entreprise 109
1.	L'entreprise, voleuse de contact	109
2.	L'entreprise, malade du contact	125
4.	Renouer avec l'émotion, retrouver le contact	141
5.	Profil du manager du XXIe siècle	146

Chapitre 3 – Conflits et contacts hostiles 157
1.	Les quatre variétés d'agressivité selon C. Crépault............	157

2.	Le contact et les stades de la libido	159
3.	Harcèlement moral et sexuel	164
4.	Contact et méchanceté	167

Troisième partie
COMMENT MIEUX VIVRE ET CONSTRUIRE LE CONTACT ?

Chapitre 1 – La psychocontactologie — 173
1.	Historique, définitions, notions de base	173
2.	Les six phases du cycle du contact (C. Higy-Lang et S. Ginger)	176
3.	Techniques de bonne gestion du contact	178
4.	Le sentiment de dignité : le contact avec soi	182
5.	Les évitements et interruptions du contact	186
6.	Pensées négatives, les impasses du contact	200

Chapitre 2 – La roue du contact — 203
1.	Diagnostics	204
2.	Mode d'emploi de la roue du contact	208
3.	Diagnostic de Benoît	212

Chapitre 3 – Apprenez à développer votre contact : boîte à outils + exercices — 225
1.	L'attitude et la pratique phénoménologiques	225
2.	L'awareness : observer, ressentir, analyser	226
3.	Le regard	230
4.	L'écoute	233
5.	Le toucher	236
6.	L'odorat	237
7.	Le goût	239
8.	Les salutations	240

Quatrième partie
DE LA SCIENCE À L'ART DU CONTACT : LE CONTACT À L'ÉPREUVE DU RÉEL

Chapitre 1 – Test sur le contact **247**
 « Êtes-vous une femme, un homme de contact ?
 Quel est votre quotient relationnel ? » 247

Chapitre 2 – Le charisme **255**
 1. Talent inné ou qualité acquise ? 255
 2. « Avez-vous du charisme ? » 259

Chapitre 3 – Interviews **263**

Conclusion : pour une culture du contact **283**

Pour en savoir plus – Méthode et concepts principaux de la psychocontactologie (C. Gellman, C. Higy-Lang, S. Ginger) **289**
 1. « Ici et maintenant », « Maintenant et comment ? » 289
 2. Awareness : conscience attentive de la réalité
    (se référer aussi à la fiche sur les exercices d'awareness
    dans le chapitre 3 de la partie IV) 290
 3. Le processus, le cycle de l'expérience 290
 4. Gestalts inachevées 292
 5. La frontière-contact (interface) 293
 6. Résistances et mécanismes défensifs 294
 7. La responsabilisation 295
 8. L'expérimentation 295
 9. La relation thérapeutique 297
 10. Approche holistique extensive 298

En guise d'épilogue **301**

Bibliographie **303**

Index **307**

Préface

Philippe Brenot est psychiatre et anthropologue, Directeur d'enseignement à l'Université Bordeaux 2, auteur de Relaxation et sexualité *(éd. Odile Jacob, 1997),* Inventer le couple *(éd. Odile Jacob, 2001),* L'Amour : petit manuel utile *(éd. Odile Jacob, 2003).*

Le *Dictionnaire de l'Académie*, en 1735, précise que « contact » est un substantif masculin dont le c final se prononce. Il signifie « l'attouchement de deux corps » et n'est que d'un usage didactique. Ce mot savant dérivé du latin *contingere*, signifiant « toucher », sera pendant longtemps seulement en usage dans le domaine de la physique, de la géométrie, de la chimie ou de la géologie. Ce n'est qu'au XIXe siècle, et sous l'influence de l'école philosophique anglaise, que le terme s'est enrichi de la valeur de l'anglais *contact* pour signifier la relation entre des personnes. Cette évolution est classique d'un mot désignant le physique d'une action (« le point de contact ») pour ensuite signifier la relation unissant les parties qui agissent cette action. Un troisième niveau reste à envisager : le système qui régit cette réalité physique d'action entre les parties. C'est l'évolution du sens du mot qui nous guide vers sa compréhension systémique.

Sur le plan naturaliste, le contact entre deux individus est régi par des règles très spécifiques, inhérentes à l'individu et à l'espèce. Ceci nous amène à décrire des espèces solitaires et des espèces grégaires. Les individus appartenant aux espèces solitaires ont de profondes défenses contre le contact, une barrière d'agressivité qui les protège de toute menace, inter ou intraspécifique. Seule dérogation à cette règle : l'accouplement. Les individus solitaires imprégnés d'hormones du rapprochement lancent des signaux d'approche qui lèvent les défenses et permettent le coït. Le seul contact possible pour ces espèces est soit le contact de l'affrontement préservateur, et donc meurtrier ; soit le contact intime du coït pour la reproduction. Une fois l'accouplement terminé, réapparaissent les comportements de préservation et le partenaire d'un moment redevient un intrus menaçant. C'est pourquoi la mante religieuse mange son amant.

Dans les espèces grégaires, le contact (toucher) entre deux individus est toujours lié à des conditions très spécifiques : tout d'abord, être reconnu comme faisant partie de la même espèce ; puis, pour les activités quotidiennes, apparaître comme non menaçant pour l'économie personnelle, par exemple pour la recherche alimentaire ou pour la préservation de la progéniture ; en ce qui concerne un contact plus intime, faire partie du même groupe, du lignage, de la même famille ; en ce qui concerne l'intimité du coït, être reconnu comme de sexe différent et en état de réceptivité sexuelle. Pour toutes ces approches, les individus échangent des signaux d'information et d'évaluation du degré de proximité de la relation. Le contact est d'abord télésensoriel (visuel, auditif, phéromonal…), avant d'être proximal et tactile. Il est donc conditionné par la distance qui sépare les individus.

La psychologie du contact humain suit cette même progression. Elle est d'abord sensorielle et très intuitive, à distance par des stimuli visuels, attractifs ou répulsifs. À plusieurs dizaines de mètres deux humains testent leurs images et engagent ou non un rapprochement. À l'approche de l'autre, les signaux auditifs, sonores et verbaux, renforcent l'impression visuelle pour engager le contact plus avant ou fuir ce

PRÉFACE

contact. À proche distance le ton de la voix et les détails physiques du visage sont les attracteurs les plus forts du contact, certainement plutôt la voix pour les femmes, la vue pour les hommes.

Nous sommes maintenant à distance du toucher, dans cette zone personnelle que Hall a appelée « l'espace intime », de quatre-vingt à cent centimètres autour de la personne, c'est la longueur exacte des bras, qui représente le système répulseur pouvant rejeter tout intrus de cette zone du contact intime. En deçà s'exerce le toucher par les mains et les différentes parties du corps mais aussi par les odeurs qui assurent un contact plus subtil en exerçant toujours une double action possible, de répulsion ou d'attraction.

L'anthropologie a amplement montré le rôle croissant du contact entre les individus dans l'évolution du groupe des primates. Ces proches parents dont la première qualité est d'être des animaux sociaux, cultivent les relations de proximité – notamment avec le soin aux proches et des pratiques comme le *grooming* –, l'épouillage d'un congénère, qui tissent des relations privilégiées entre les membres du groupe. La relation entre les mères et leurs petits, mais aussi entre des individus adultes ayant des rapports privilégiés, est maintenue grâce à la richesse et à la qualité du contact interindividuel, qui constitue l'une des caractéristiques du groupe primate et l'un des fondements de la sociabilité.

Cette anthropologie du contact se retrouve de façon amplifiée chez les humains, qui constituent l'espèce la plus sociale des primates. Le langage, avec toute sa richesse phonatoire et sémantique qui lui permet de « toucher » l'autre, est certainement la forme de contact la plus élaborée que nous connaissions dans l'ordre naturel. Mais il ne faut jamais oublier que le contact, quelle qu'en soit la forme, est avant tout sensoriel et que les maladresses, les faiblesses ou les failles de ce contact viennent avant tout d'un déficit sensoriel.

PHILIPPE BRENOT

Introduction

Pourquoi avons-nous écrit ce livre ?

Nous venions d'écrire un livre sur le coaching[1] et souhaitions partager avec le lecteur, les retombées émanant de cet ouvrage : réactions des lecteurs, questions posées lors de conférences, interviews, réflexions avec d'autres coachs, etc. ; ainsi que les expériences et le vécu que nous partageons quotidiennement avec nos clients en entreprise, dirigeants et managers.

Plus nous progressions dans cette pratique du coaching, plus nous la vivions et plus s'est confirmée l'idée que l'ingrédient majeur du coaching est la qualité et le processus du contact.

Le contact n'est pas un événement ponctuel, instantané, une rencontre furtive, mais une construction qui s'inscrit dans le temps.

Toutes les relations interindividuelles, celles du monde des affaires et bien sûr celles de notre sphère privée, sont étroitement empreintes de la manière dont nous parvenons à entrer dans le contact, à nous y engager, à le développer, à le vivre avec nous-même et avec autrui et enfin à en sortir. Ce dernier point est en général négligé, alors qu'un contact qui se termine mal peut annuler de façon rétroactive tout ce qui est survenu précédemment.

---

1. *Le Coaching*, Éditions d'Organisation, Paris, fév. 2002 (2ᵉ édition).

Ce contact se révèle bien souvent imparfait, laborieux et nous n'en sommes pas satisfaits. Pendant les séminaires de communication et de management l'accent devrait davantage être mis sur cette dimension importante de la relation qu'est le contact.

Nos clients coachés expriment parfois le souhait de « mieux s'exprimer en public », lors de leurs conférences ou de leurs interviews avec les médias. Ils constatent durant les séances de coaching qu'en améliorant leur contact avec le public ou leur interlocuteur, ils cessent de le craindre et n'ont plus besoin d'avoir recours à des outils plus artificiels sur l'art de bien parler.

Citons un autre exemple, celui des managers se plaignant du peu de motivation de leurs collaborateurs et qui estiment mettre en œuvre tout ce qui est nécessaire : « Je fais un entretien de bilan annuel avec chacun d'entre eux, j'ai soigneusement préparé un questionnaire et suivi les conseils d'un spécialiste en la matière. Et pourtant les résultats ne sont pas fameux… Je me demande même si je ne les démotive pas durant cet entretien ! Il me reste encore huit personnes à voir dans mon service, je serai soulagé lorsque j'aurai terminé. ». Que s'est-il passé entre les interlocuteurs ? Pourquoi ce tête-à-tête qui se voulait honnête et efficace a-t-il pris une tournure figée voire procédurière ? Que se passe-t-il dans la réalité ? Le contact est souvent absent ou n'existe que faiblement, il fait peur ; si l'interlocuteur fait mine d'y plonger, l'autre reste en retrait. Ce qui aggrave la situation et rend soudain le contact faible et inopérant ! Or dans ce type d'entretien un « bon et gros contact » serait le bienvenu car il permettrait de se parler de manière détendue, réciproque et vraie, il apporterait le courage nécessaire pour aborder des sujets délicats, des problèmes de fond.

Nous avons récemment assisté à un séminaire présentant près de 80 outils de communication relationnelle. Par exemple : comment demander, refuser, accepter, comment gérer la frustration d'un refus, comment regarder une personne, ne pas la regarder, comment écouter. Nous avons été étonnés de constater que cette pédagogie aboutissait à des résultats imprévisibles, parfois bizarres, à des manques de respect,

INTRODUCTION

des incompréhensions, un climat désagréable de précipitation, par l'absence de prise en compte des mécanismes du contact, de son développement et de sa résolution. Le conférencier, par ailleurs enjoué, et en dépit de ses bonnes intentions, rendait impossible tout contact par ses interruptions continuelles, et ne semblait pas disposer d'outils pour vérifier et valider les effets des exercices proposés. Il est clair que l'inflation du volume d'outils compensait ici le déficit de contact.

Ce que le lecteur va retirer de ce livre

Ce livre a pour objectif d'analyser la nature du contact et ses mécanismes dans le monde du travail et dans le monde privé, d'aider les cadres et dirigeants à y voir plus clair et à trouver des outils pour ne plus redouter le contact et même pour devenir eux-mêmes de véritables « pro » du contact, qualité indispensable dans le business et le management !

Nous souhaitons donc offrir au lecteur une vue globale sur ce qu'est le contact : son origine, la manière dont il a évolué au fil du temps et des époques, comment, dès les premières heures de sa vie, le nourrisson survit grâce au contact et comment il parvient à se l'approprier. Nous analyserons également les troubles, dysfonctions et maladies du contact au sein de l'entreprise, les obstacles et résistances au contact et la manière de le travailler. Dans notre civilisation industrielle, les relations humaines sont de plus en plus rugueuses et difficiles. Notre monde est agressif et nous vivons coupés des autres, ignorant jusqu'à notre voisin. Dans les contacts du quotidien, nous sommes souvent heurtés, rejetés, bousculés ou négligés. La culture de l'individualisme et du narcissisme rend le contact compliqué avec nos parents, nos enfants de plus en plus rebelles et notre conjoint à la fois exigeant et frustré. Identifier et s'intéresser à ses problèmes de contact dans le quotidien, pour mieux les gérer, est devenu une nécessité.

L'étude scientifique des phénomènes de contact existe depuis longtemps en métallurgie, en tribologie (science des frottements), en contactologie ophtalmique (correction des troubles de la vue par les verres de contact). En psychologie, c'est la Gestalt-thérapie[2], qui s'est le plus intéressée à ces mécanismes subtils.

À la première phrase du livre « Gestalt thérapie » de Perls, Hefferline et Goodman[3], on peut lire : « L'expérience se situe à la frontière entre l'organisme et son environnement, principalement au niveau de l'épiderme et des organes sensoriels et moteurs ». Et quelques lignes plus loin : « Nous parlons de l'organisme contactant l'environnement mais c'est le contact qui est la réalité première la plus simple. »

Ces phrases où chaque mot compte, indiquent bien la place du contact, et son rôle par rapport à la notion d'« expérience ». Ce qui se vit (l'expérience) survient au contact, la notion d'expérience, renvoyant elle, « aux choses mêmes », au concret.

L'existence plutôt que l'essence, partir du concret plutôt que de la théorie, respecter les faits et les actions plutôt que les idées, constituent les bases de cette approche existentielle.

Nous prêtons attention au processus, de préférence au contenu, au « comment » plutôt qu'au « pourquoi ». Nous étudions ainsi l'être humain dans une perspective unifiante, où toutes ses dimensions – sensorielles, corporelles, affectives, intellectuelles (pensées et représentations), sociales et spirituelles – sont prises en compte.

Une roue du contact viendra visualiser nos propos avec ses différents axes tels que l'axe de l'intensité du contact (faible ou intense) ou encore l'axe émotionnel (de la haine à l'amour) –, ainsi que des exercices, permettant au lecteur de mieux construire et de mieux vivre son contact avec lui-même et son entourage personnel et professionnel.

Tout est contact chez l'homme, à commencer par les modes de fonctionnement intime de son cerveau. Il nous paraît important de comprendre cette « contactologie neuronale », de repérer les topogra-

---

2. S. Ginger, *La Gestalt, un art du contact,* Éditions Marabout, 2002.
3. F. Perls, R. Hefferline et P. Goodman, *Gestalt-thérapie,* éd. L'exprimerie IFGT, Bordeaux, septembre 2001. Nouvelle traduction de Jean-Marie Robine.

INTRODUCTION

phies, la fabrication des neuromédiateurs et l'activité bioélectrique de notre cerveau qui en découle, pour mieux comprendre le fonctionnement du contact. Nous nous sommes penchés sur les différences entre cerveau masculin et féminin et sur les répercussions de telles différences sur la qualité du contact.

Si le contact est nécessaire et même vital dans notre existence au quotidien, il l'est également dans le monde du travail et de l'entreprise. Quels sont les pseudo-contacts, les contacts virtuels et autres maladies relationnelles liées au contact dans nos services et organisations ?

Notre ouvrage a pour objectif de mettre en lumière ces différents éléments et de les éclairer par le coaching individuel que nous pratiquons depuis de nombreuses années. C'est pendant leurs séances de coaching que nos clients évoquent de nombreux problèmes liés au manque de contact ; nous « décortiquons » avec eux le processus du contact et ses blocages conscients et inconscients.

Des exemples concrets, des interviews de professionnels viendront illustrer nos propos ainsi que des portraits d'hommes et de femmes contemporains ou historiques célèbres, « spécialistes » dans l'art du contact.

Jusqu'à présent on parlait de « style de management » et voilà que nous parlerons de « style de contact » : un art, une science, un style personnel pour chacun à découvrir, à enrichir…

« Alors… dans le contact ? »

PREMIÈRE PARTIE

Analyse de la nature du contact

De notre étonnement sans cesse renouvelé sur le thème du contact humain est née l'idée de cette première partie consacrée à l'historique et à l'analyse de la nature du contact, avec pour objectif d'offrir au lecteur un maximum d'informations et d'éclaircissements sur le sujet.

Nous allons entrer dans le cœur de l'ouvrage, en essayant d'informer sans déformer, d'expliquer sans compliquer, guidés par la multitude d'interrogations et de dialogues avec nos clients/patients et interlocuteurs professionnels.

En définissant le contact et les différents types de contact, en évoquant ses origines et aussi ses énigmes, nous avons tenté de communiquer non seulement nos certitudes mais aussi nos doutes, que tout spécialiste de la relation humaine doit avoir pour demeurer crédible et créatif.

Au cours de cette première partie, nous nous pencherons sur la psychologie du contact humain, le fonctionnement du cerveau des hommes et des femmes, et la manière dont nous entrons en contact, puis en communication avec notre environnement, c'est-à-dire le monde dans lequel nous vivons.

La fin de cette partie est consacrée aux systèmes en proximité du contact, tels que l'attachement et la séduction.

En fait, tout commence avec du contact et rien n'est possible sans le contact.

CHAPITRE 1

Qu'est-ce que le contact ?

1. Historique : quelques humains remarquables dans le contact

Rien de tel que de retourner dans l'histoire pour y vérifier que nos concepts soi-disant les plus modernes et innovants étaient déjà discutés et mis en pratique il y a des siècles. Nous avons choisi à titre d'illustration des humains dans le contact, sur au moins deux critères principaux : le contact avec soi-même dans la conscience et la réflexion, et le contact dans l'action avec leur monde, leur société et leurs contemporains.

Socrate, ou le contact par le dialogue

On peut imaginer Socrate comme une sorte de vagabond déambulant dans Athènes et qui dérange profondément par ce qu'il dit et fait. Il est, selon l'expression de Platon, le « taon d'Athènes », celui qui harcèle et dérange.

Socrate était convaincu de la supériorité du verbe sur l'écrit et passa en conséquence la plus grande partie de sa vie sur la place du marché et dans les endroits publics d'Athènes, à dialoguer et à débattre avec qui voulait bien l'écouter, et se soumettre à une discussion. Socrate était de physique ingrat et de petite stature, tout en étant extrêmement sûr de lui. Il jouissait intensément de la vie, et était très apprécié pour sa présence d'esprit et son sens aigu de l'humour.

Socrate naît vers 470 av. J.-C., d'un père sculpteur et d'une mère sage-femme. Un jour, comme cela se faisait à l'époque, un de ses amis consulte l'Oracle de Delphes qui lui assure que Socrate est le plus sage des hommes. Socrate est très étonné de cette réponse : comment peut-il être le plus sage, lui qui ne sait rien ? Comment peut-il être le plus sage alors que tant de gens disent savoir ou sont simplement engagés dans des activités qui supposent un savoir ? Socrate voudrait comprendre. Le voici donc au milieu des hommes, sur la place publique, interrogeant chacun sur ses activités ordinaires et quotidiennes et sur le savoir qu'elles présupposent : il interroge ainsi le sculpteur sur la beauté, le militaire sur le courage, le sophiste sur la vertu et sur l'éducation, le politique sur la justice et ainsi de suite. Il découvre ainsi le sens de l'oracle : Socrate est le plus sage du fait qu'il sait qu'il ne sait rien tandis que les autres croient savoir ce qu'ils ne savent pas.

Les échanges auxquels Socrate convie ses contemporains constituent une dialectique, c'est-à-dire un dialogue, démarche par laquelle on éprouve un savoir. Chez Socrate, ces échanges débouchent sur l'aporie, c'est-à-dire la reconnaissance du fait qu'on ne sait pas. Ils sont menés avec un art tout particulier de l'interrogation et de la recherche (c'est la fameuse maïeutique) : elle fait parfois appel à l'ironie et finit par engourdir les interlocuteurs de Socrate qui découvrent leur ignorance là où ils pensaient, parfois avec une belle assurance, détenir la vérité. Socrate rapproche son art de celui de sa mère : elle accouchait les corps, son fils accouche les esprits et les met au monde. Ces échanges procèdent aussi par induction : ce qui veut dire qu'ils s'efforcent de dégager de l'examen de cas particuliers une définition universelle.

Socrate : « Mon art de maïeutique (on dirait aujourd'hui la psychothérapie !) a mêmes attributions générales que le leur (les sages-femmes). La différence est qu'il délivre les hommes et non les femmes et que c'est les âmes qu'il surveille en leur travail d'enfantement, non point les corps. Mais le plus grand privilège de l'art que, moi, je pratique est qu'il sait faire l'épreuve et discerner, en toute rigueur, si c'est apparence vaine et mensongère qu'enfante la réflexion du jeune homme, ou si c'est fruit de vie et de vérité. »[1]

Xénophon, l'homme d'action charismatique

Xénophon (430 av. J.-C.-355 av. J.-C.) est le fils d'un noble athénien. Ce n'est pas un homme de cabinet ; il aime l'action, le contact avec la nature, le grand air, la chasse. Ancien disciple de Socrate, il est surtout connu pour avoir fait partie, en 401 av. J.-C., d'une armée de mercenaires grecs recrutés par Cyrus le Jeune. L'armée décapitée tombe dans un grand découragement. C'est alors que Xénophon entre en scène. Il harangue l'armée avec une telle autorité qu'il est spontanément élu général (bel exemple de contact dans le charisme !). Alors commence la longue retraite : harcelés par les indigènes, arrêtés par les montagnes, les fleuves, la neige, souffrant de la faim, les Grecs descendent lentement vers la mer. Xénophon joue un rôle de premier plan, montrant l'exemple de l'endurance et du courage.

Comme Socrate, Xénophon identifie le souverain bien et le bonheur, méprise le plaisir, prêche la justice et l'obéissance aux lois, la tempérance, l'endurance au froid, aux veilles, à la faim, croit que la vertu est une science. C'est un homme à principes, attaché aux traditions. L'habitude de la vie militaire le pousse à un ascétisme exigeant. Il met au premier rang l'effort et la maîtrise de soi.

Il est le premier à avoir écrit un traité général de management, à propos d'un domaine agricole d'élevage de chevaux.

Madame de Staël, ou la passion du contact

Madame de Staël (1766-1817) est la fille des Necker, Romands suisses, devenus des figures marquantes de la société parisienne. Elle a grandi

---

1. Platon, *Théétète*, 148e-150e.

dans un milieu exceptionnel. En 1776, malgré la double difficulté de n'être ni français ni catholique, Necker accède à la direction des Finances de Louis XVI. Sa mère, Suzanne Necker, crée et régente un salon rapidement devenu l'un des plus célèbres de Paris, salon littéraire parce qu'elle a mesuré l'influence des écrivains sur l'opinion. Germaine a dix ans. Alors se multiplient chez ses parents les visites des familiers des affaires de l'État, des ministres, des diplomates. Elle les a tous connus, puisqu'elle fut admise encore enfant dans le salon de sa mère. Elle a à peine treize ans, moins peut-être, qu'elle converse avec eux et tient son petit cercle. La célébrité du père dans toute l'Europe a ouvert à la fille le monde de la politique, l'aristocratie et les cours régnantes. Son mariage avec le baron de Staël, ambassadeur du roi de Suède à la cour de France, la fait entrer en 1786 dans l'aristocratie. La jeune baronne de Staël ouvre à son tour un salon qui va relayer celui de sa mère. Libérale en politique comme son père, elle y reçoit la nouvelle génération, celle qui a fait la guerre d'Amérique, qui en a rapporté des idées neuves et généreuses : parmi bien d'autres, Lafayette, Noailles, Clermont-Tonnerre, Condorcet, et les trois hommes qu'elle aima le plus à cette époque : Louis de Narbonne, sa première grande passion, Mathieu de Montmorency, et l'ami de toute sa vie, Talleyrand.

Tenu à l'ambassade de Suède, dirigée par son mari, son salon fait d'elle, au début de la Révolution, la « reine de Paris ». Les proscriptions de la Révolution l'obligent à fuir Paris en 1792. Elle se livre alors à sa passion d'écrire. Elle a l'idée d'une critique fondée sur la sympathie. Il ne s'agit plus de juger d'après des principes extérieurs à l'œuvre et qui lui semblent d'ores et déjà dépassés, mais de la comprendre de l'intérieur et de trouver en soi les raisons de l'admiration qu'on éprouve.

La Révolution française la contraint à se réfugier en Suisse (1792), au château de Coppet, au bord du lac Léman, où son salon acquiert bientôt une renommée internationale : le « Groupe de Coppet » ; il deviendra l'une des créations les plus étonnantes de Madame de Staël. La maîtresse des lieux n'est pas qu'une hôtesse, une « salonnière » comme tant d'autres, elle est un écrivain de métier, qui travaille et incite les autres à faire de même.

Toute l'Europe de son temps a vu en Madame de Staël l'une des plus grandes intelligences.

Benjamin Franklin, ou comment devient-on un leader dans le contact ?

Fils d'un fabricant de bougies, devenu lui-même homme d'État éminent, inventeur, philanthrope, éditeur, révolutionnaire, et penseur, Benjamin Franklin est le modèle de l'Américain moderne.

Né à Boston en 1706, il est le dixième fils et le quinzième enfant d'une famille modeste. Ouvrier imprimeur, il se cultive après le travail à l'atelier. Il se met rapidement à écrire, puis rachète un journal et fonde une imprimerie. Il se met à publier, sous le pseudonyme de Richard Saunders, *Poor Richard's Almanack*, pour répandre l'instruction dans le peuple. Franklin multiplie les initiatives humanistes, fondant une société de discussion libre, la « Junte », créant la première bibliothèque publique des colonies et la Société philosophique américaine.

Élu à l'Assemblée de Pennsylvanie en 1747, Franklin y fait adopter de nombreuses mesures pour le bien public. Sa carrière politique l'amène à participer à la rédaction de la *Déclaration d'indépendance des États-Unis* (1776).

Chargé de solliciter l'aide de la France, Franklin se rend à Paris où il rencontre Louis XVI et Turgot, mais aussi Robespierre et Danton. Sa simplicité et sa bonhomie conquièrent les salons parisiens. Soutenu par La Fayette, il conclut en 1778 un traité d'amitié entre la France et les États-Unis, puis obtient l'envoi d'une armée, d'une flotte et d'une aide financière considérable.

Rentré en Amérique en 1785, Franklin est chargé de rédiger la Constitution des États-Unis (1787).

Diplomate habile, Franklin sut obtenir, au-delà d'un capital de sympathie, les moyens matériels dont son pays avait besoin pour exister. Humaniste actif, il donna à son action politique une orientation sociale qui se traduisit par des réalisations de valeur. Scientifique inventif, il apporta également à l'humanité plusieurs découvertes utiles, dont le paratonnerre.

2. Vous avez dit contact ?

Le Petit Littré

Pour avancer dans notre réflexion sur le contact, il nous a paru intéressant de nous pencher sur la définition donnée par *Le Petit Littré*. Dans son édition de 1874[2], il définit le contact comme suit : « du latin *contactus*. État de deux ou plusieurs corps qui se touchent. Point de contact, point par lequel deux corps se touchent. Par extension, relation, rapport. Le commerce met en contact les peuples les plus éloignés. Point de contact, sentiment, idée, par lequel les personnes se touchent, s'accordent. »

La définition de contagion a elle aussi, retenu notre attention : « du latin *contagio*. Communication par contact ou par ce qui ressemble au contact. La contagion du vice, de l'hérésie. La contagion des idées, l'extension de certaines idées religieuses, sociales, politiques. Communication d'une maladie par contact médiat ou immédiat.

Le rire est contagieux. "Des gens contagieux toujours attentifs à vous séduire et à vous inspirer le poison qu'ils portent dans l'âme." (Massillon) »

La richesse de ces définitions, pourtant succinctes, est évidente. On voit ici que le contact est un état lié à au moins deux corps. C'est un point commun à ces corps qui évoque la possibilité d'une relation,

---

2. *Le Petit Littré*, dictionnaire de la langue française. Abrégé par A. Beaujean. Gallimard-Hachette, Paris, 1959.

d'un lien, d'un rapport. Le premier exemple qui vient à Paul Émile Littré est celui du commerce (vaste thème !), puis il s'intéresse à la transmission des sentiments et des idées par le contact.

Le contact permet ainsi la contagion du vice, de l'hérésie, des idées religieuses, sociales et politiques. Quelle puissance ! Le contact peut véhiculer aussi bien le rire que le poison !

Contact, mécanique et nature

La nature a fort bien réussi ses couples de frottement ; l'adhérence du pied de l'homme sur la terre est remarquable, surtout si on la compare à celle, faible d'une roue de locomotive sur un rail ; les articulations du corps humain, coudes, genoux, etc., sont des paliers hydrostatiques très difficiles à reproduire qui, tant du fait de leur conception mécanique que des qualités propres du fluide synovial, ont un coefficient de frottement très faible.

3. Quelques approches théoriques de la psychologie du contact[3]

Contrastant avec la richesse des travaux en mécanique, électronique, physique, il y a peu de références dans le domaine de la psychologie en dehors de celles apportées par la Gestalt thérapie, notre corpus de référence. Nous avons cependant trouvé des approches dans la mouvance psychanalytique chez les Balint, Hermann et Szondi. Nous avons aussi relevé l'approche psychocorporelle de Veldman.

---

3. Balint, M., *Amour primaire et technique psychanalytique*, Paris, Payot, 1972.
Schotte, J., « Le contact au commencement », in *Le Contact*, Éditions Universitaires, Bruxelles, 1990, pp. 23-24.
Szondi, L., *Diagnostic expérimental des pulsions*, PUF, Paris, 1952.
Szondi, L., *Introduction à l'analyse du destin*, Nauwelaerts, Louvain, (1972) 1983.
Veldman, F., *Haptonomie, science de l'affectivité*, PUF, Paris, 1989.

Approche psychanalytique

- **Hermann**

Hermann observe que le petit primate passe les premiers moments de sa vie extra-utérine accroché au corps de sa mère. Il remarque que la situation dans laquelle se trouve le nourrisson humain est bien différente. Ce dernier – sauf dans les cultures africaines – est séparé dès la naissance du corps de sa mère. Hermann en déduit que l'être humain va développer au cours de sa croissance des conduites substitutives pour retrouver l'unité perdue avec la mère. Il va se diriger vers les objets qui l'entourent, et va s'y accrocher. Cette tendance à l'accrochage peut évoluer vers la tendresse (caresses, effleurements), ou vers le sadisme par augmentation de l'accrochage consécutif à diverses frustrations.

- **Les Balint**

Les observations de Hermann trouvent un écho dans les travaux d'Alice Balint. Elle remarque quant à elle, qu'au niveau de la relation mère/enfant se manifestent également des phénomènes d'accrochage, tels que les échanges de caresses et d'attouchements qui jetteront les bases du concept d'« amour primaire » de Michael Balint. L'amour primaire est une « […] relation d'objet où seul l'un des partenaires peut faire des demandes et avoir des exigences ; l'autre partenaire (ou les autres partenaires, c'est-à-dire le monde tout entier) ne doit avoir ni intérêts, ni désirs, ni exigences propres. Il y a et il doit y avoir une harmonie totale, c'est-à-dire une parfaite identité des désirs et des satisfactions. »[4]. Cette relation, pratiquement non libidinale, suppose de la part de l'enfant l'établissement d'une réciprocité avec le monde environnant. « Établir cette réciprocité, cela signifie à la fois tolérer des tensions considérables et maintenir une épreuve de réalité ferme et assurée. C'est ce que j'ai appelé le travail de conquête. »[5]. Balint

---

4. Michael Balint, *Amour primaire et technique psychanalytique,* Payot, 1972 (1959), p. 23.
5. *Ibid,* p. 149.

conclut que l'amour primaire est le point nodal et le premier moment post-natal à partir duquel se développera le psychisme humain.

Deux notions approfondies par M. Balint[6], synthétisent ces faits. Ce sont :

– Le philobatisme, c'est-à-dire le fait d'être livré à ses seules ressources, de se tenir debout dans l'indépendance. Le monde du philobate est un ensemble d'espaces amis plus ou moins parsemés d'objets dangereux et imprévisibles, dont le philobate surveille l'apparition et qu'il garde à distance de lui. Le philobate prend plaisir à lâcher les objets anciens pour en trouver de nouveaux.

– L'ocnophilie, c'est-à-dire le fait d'être tenu par les objets, de s'y accrocher. L'ocnophile accepte les objets, qui lui sont d'ailleurs nécessaires et qui ne doivent pas échapper à son contrôle.

- ***Szondi***

Pour Szondi, le contact constitue à plusieurs égards l'archétype de la vie humaine. Du point de vue anthropologique, le contact se réfère au domaine des relations humaines au monde. Dans cette ambiance où se rejoignent la biologie, la psychologie et l'anthropologie, il décèle encore une dimension philosophique en la présence de la dialectique, véritable dynamique des pulsions. Lieu de la mouvance biologique première, il se manifeste dans le contact un désir absolu d'exister qui nous tient en vie.

Première pulsion du célèbre « test de Szondi », le contact, pris au sens psychopathologique, reflète les perturbations de la rythmicité et de l'humeur cyclothymique.

Son étude de la dialectique du contact fait référence aux écrits de Imre Hermann, Michael et Alice Balint, sur les premiers moments de la vie humaine. Mais la position de Szondi est plus radicale. Revenant aux notions de philobatisme et d'ocnophilie, il n'en conservera finale-

---

6. *Ibid.*, p. 28.

ment que la définition, et le précisera dans l'optique d'une « pulsion du contact » active dans les mécanismes d'accrochage et de lâchage. L'enfant se porte vers les choses du monde, auxquelles il s'accrochera plus ou moins fortement et qu'il lâchera proportionnellement plus ou moins vite pour aller vers d'autres choses.

Mouvement, poussée, le contact, pour Szondi, se manifeste par une forme cyclique. On retrouve là une coïncidence avec notre approche gestaltiste du contact qui est mouvement et processus. La dépression et la manie en sont les révélateurs par excellence, puisque ces maladies se manifestent par phases montantes et descendantes (cyclothymie). Le cycle du contact est encore révélé par l'ordre :

– mouvement initiateur du cycle, où la recherche d'objet doit satisfaire le besoin d'en rencontrer un ;

– mouvement qui s'enchaîne au premier, où le sujet colle à l'objet trouvé ;

– mouvement de s'agripper à l'objet pour s'en assurer la prise ;

– terme ultime de toute relation objectale, où le sujet se détache de l'objet.

Approche psychocorporelle

La « science de l'affectivité »[7], est une discipline psychothérapique relativement récente. Les premiers séminaires d'haptonomie donnés par son fondateur hollandais, Frans Veldman, ont commencé dans les années quatre-vingt. Cette pratique se base sur l'étude du comportement et des sentiments, et plus précisément ceux qui interviennent dans les relations et interactions d'ordre affectif.

• *Le corps est une personne*

Veldman avait constaté, au cours de sa pratique en hôpital, que les patients étaient souvent manipulés comme des objets, et non plus

---

7. Frans Veldman, *Haptonomie, science de l'affectivité*, PUF, 2001.

ANALYSE DE LA NATURE DU CONTACT

comme des sujets. Cela provoquait chez ces patients des réactions de défense au niveau de leur corps (contractions musculaires, blocage respiratoire, réactions de sursaut ou de retrait, etc.). Il avait alors remarqué que cet appauvrissement de la relation humaine retardait le processus de guérison. Ainsi a-t-il été amené à développer une démarche visant à rendre au patient sa qualité de sujet. En haptonomie, le corps à manipuler est une personne, un sujet avec une histoire et une réalité affective.

Selon lui, quand on touche un patient en tant que sujet qui mérite d'être respecté, il sent ce message, son corps se détend, sa respiration s'ouvre, sa tolérance au professionnel est accrue et sa capacité à guérir également.

L'haptonomie ne veut pas apparaître comme une technique, une méthode ou encore un système. Il s'agit d'une pratique concrète qui se fonde sur des possibilités de rencontre et de contacts. Par contraste avec l'« affectivité », l'homme vit actuellement sous la dominance de l'« effectivité » : l'action efficace.

Il se trouve ainsi égaré dans une société fondée sur la rationalité, l'efficience et la productivité. Dans de telles structures, les sentiments ne trouvent plus de place et n'apparaissent d'aucune utilité. Ils peuvent même paraître gênants pour l'introduction de nouveaux moyens biotechniques et dérangeants pour le processus de productivité dans l'entreprise.

- *Le contact haptonomique, pour un épanouissement affectif*

L'haptonomie ouvre alors une piste originale pour retrouver une manière d'être humaine, véritablement autonome et responsable de soi. Pour atteindre ce but, il faut que l'individu reçoive les stimulations affectives indispensables et adaptées qui le confirmeront dans son être par le contact et le toucher tendre.

Cette tendresse n'a pas à voir avec l'érotisme et la sexualité : il s'agit d'un « contact confirmant », psychotactile, qui fait apparaître le

« bon » et le positif de façon réciproque. Cela répond à une demande fondamentale de l'humain : recevoir la confirmation affective de son existence pour s'épanouir et développer une identité personnelle, authentique et autonome.

L'haptonomie se veut donc une science des interactions et des relations affectives humaines. Le terme haptonomie provient de la conjonction des termes grecs *hapsis*, qui désigne le tact, le sens, le sentiment, et nomos, qui désigne la loi, la règle. *Hapto* signifie : j'établis un contact tactile pour créer une relation et confirmer l'autre dans son existence, le globaliser et ainsi le guérir.

Ce contact haptonomique confirme l'autre et l'affermit dans son sentiment d'existence pour rétablir un « état de sécurité de base », afin qu'il puisse s'épanouir et développer son identité.

L'épanouissement affectif, et la santé psychique de l'humain sont dépendants de la « confirmation affective » qu'il reçoit de ses semblables et de ses proches.

- ***Contact haptonomique, grossesse et périnatalité***

Le suivi de la grossesse et de la périnatalité est l'application la plus spectaculaire et la plus ancienne de l'haptonomie.

Dès que la mère se sait enceinte, et avant la fin du troisième mois, la mère (ou le couple) est initiée aux phénomènes haptonomiques de base comme le « prolongement ». Cette technique permet, grâce à un prolongement de son toucher dans un objet extérieur par une visualisation imaginaire, de diminuer la vulnérabilité à une agression et d'augmenter l'élasticité des tissus musculaires.

Dès que la mère sent son enfant bouger on propose alors au couple d'entrer en contact avec leur enfant in utero, par le biais de jeux tactiles. Les parents découvrent qu'en appelant l'enfant par de petites invitations appliquées avec tendresse sur le ventre maternel, ils l'incitent à venir se lover dans la main invitante. La mère peut suite à cela développer sa compétence à inviter son enfant à se déplacer dans son ventre sans avoir besoin des mains.

Suite à ces séances, les parents sont invités à répéter ces nouvelles expériences à domicile, afin de développer cette relation avec un enfant qu'ils découvrent petit à petit dans sa personnalité déjà originale, ses réactions.

Au cours des dernières semaines, quelques séances, dont le nombre dépendra des difficultés rencontrées, sont consacrées à la préparation à l'accouchement lui-même, à l'accueil et au portage de l'enfant à la naissance et dans les premières semaines de sa vie. Il s'agit également de transmettre au père, un certain nombre de gestes destinés à soulager le dos de la mère et proposer certaines positions pour l'accouchement.

Les résultats de l'haptonomie sur les enfants sont étonnants pour leur développement. Ces enfants seraient plus éveillés, avec une grande qualité de présence. Ils sont dans l'ensemble paisibles, souriants et disposés à prendre contact. Ces enfants sont plus précoces sur le plan psychomoteur : ce qui est surtout développé chez l'enfant grâce à ce type d'accompagnement est le sentiment de sécurité de base. Cette sécurité se développe parce que l'enfant reçoit une confirmation affective de son existence pour autrui en tant qu'être désirable à contacter.

Les pères qui le souhaitent ont la possibilité d'entrer en contact avec leur enfant. L'haptonomie constitue en cela une grande aide pour l'accès à la fonction paternelle.

En ce qui concerne les mères, l'approche haptonomique rend les contacts mère-bébé plus vivants, plus conscients et la maman est plus présente à son enfant.

Enfin la prise de contact précoce avec l'enfant, permet au couple d'introduire très tôt, dans la réalité, ce troisième entre eux et en facilitant l'adoption mutuelle des parents par l'enfant et de l'enfant par ses parents.

Le Dr Dominique Décant, psychiatre, psychanalyste[8], définit l'haptonomie comme étant « la science et l'art du contact ». Cette approche définit un « contact psychotactile affectif confirmant ». Cette science de l'affectivité, nous pose alors la question du « comment nous contactons l'autre ? ». Tendresse, émotions sont les éléments spécifiques de l'humain. La faculté de pouvoir se trouver dans une rencontre profonde, authentique et tactile avec l'autre nous fait naître et évoluer.

Dominique Décant parle du corps du bébé, en relation avec le corps affectif de sa mère et de son père et pas seulement avec leur corps fonctionnel. Durant la période périnatale, ce contact spécifique est donné aux trois (bébé, mère, père) et c'est là que s'installe la possibilité de se rencontrer dans la tendresse. Cet affectif est porteur d'efficacité, de sécurité profonde du contact. C'est la période de l'ouverture à la vie, l'instauration d'un lien qui s'établit déjà avant la naissance.

Notre conférencière a mis l'accent sur ce toucher primitif qui est l'intelligence primitive, porteuse de la capacité du bébé puis de l'enfant, à estimer le bon et le mauvais et à activer son désir vital. Elle évoque le nombre important de bébés passifs en crèches, puis maltraités à la maison ; ces bébés-là n'acquièrent pas le « sens » dont ils ont besoin. On assiste alors à un manque de « confirmation affective ».

Un enfant qui bénéficie de cette sécurité profonde du contact et de l'affection, est capable plus tard de dire « oui » ou « non » à un adulte (en référence par exemple à la possibilité de gérer un dérapage sexuel ou une situation d'inceste).

---

8. Conférence : « Psychothérapie à l'aurore de la vie », Fédération française de psychothérapie, Paris, 12-13 octobre 2001.

4. Conclusion : Quelques métaphores humaines du contact

Les données techniques sur la mécanique du contact pourraient utilement nous aider à étudier différents types ou styles de contacts humains, et nous introduire à l'infinie variété de ces contacts.

D'emblée il faudrait distinguer le contact statique du contact en mouvement. Le premier pourrait se définir comme simple appui avec ses intensités variables. Le contact fixé pourrait être connecté, branché, rivé, vissé, boulonné, soudé. La notion de contact en mouvement est très intéressante et riche de figures : contact en frottement, contact glissant, contact pénétrant, contact tournant. Que d'incroyables chorégraphies ! Le contact en mouvement introduit aux jeux, aux sports de glisse, à la danse, à la tendresse du contact amoureux voire érotique.

On pourra s'étonner du faible retentissement en psychothérapie et sciences humaines de ces travaux théoriques sur la psychologie du contact, mis à part dans la pratique de l'haptonomie en obstétrique et post natalité.

L'art du contact a été abandonné aux kinésithérapeutes et massothérapeutes. En fait, notre culture psychologique occidentale, est infiltrée par la psychanalyse qui est un art de l'anti-contact. L'analysant allongé sans voir le psychanalyste, est centré sur lui-même, ses associations d'idées, fantasmes, rêves, son inconscient et sa relation transférentielle imaginaire.

Fritz Perls le créateur de la Gestalt thérapie, raconte avec humour sa rencontre avec Freud dont la première question est pour savoir quand il repart ! Puis Freud reste planté devant sa porte et ne le laisse pas entrer ![9]

---

9. Fritz Perls, *Ma Gestalt-thérapie,* Tchou Ed., Paris, 1978.

CHAPITRE 2

Origines, historique et énigmes du contact

1. Et voici comment tout a (peut-être) commencé...

Il semble que la vie soit apparue très tôt sur Terre. « En l'absence de preuve incontestable, les biologistes sont encore libres de spéculer sur la nature de la première forme de vie, qui a fait son apparition il y a quatre milliards d'années, et dont descendent tous les êtres vivants, plantes, microbes, animaux. Mais ils s'accordent à penser que notre ancêtre devait nécessairement posséder deux aptitudes : celle de se reproduire et celle d'assembler des protéines, par un mécanisme d'attraction et de contact. »[1]

La naissance du contact

- ***Chez les mammifères...***

Le contact constitue à plusieurs égards l'archétype de la vie humaine. Il est le lieu de la mouvance biologique première, où se manifeste un désir absolu d'exister qui nous tient en vie.

Le passage progressif des reptiles aux mammifères de l'ère secondaire se traduit d'abord en termes de physiologie : les systèmes de vie ont été perfectionnés ou transformés, ils ont évolué : nutrition, respiration, locomotion, reproduction. Le comportement de la vie psychique a fait

---

1. Jean-Paul Curtay et Thierry Souccar, *Le Programme de longue vie*, Seuil Pratique, Paris, 1999.

un bond en avant en permettant à ces animaux de se distinguer des mammifères précédents.

Ils se sont caractérisés par des modifications corporelles mais également des modifications neurologiques et comportementales. Ces formes de comportement sont extrêmement variées et différent suivant les ordres considérés, depuis les mammifères inférieurs jusqu'aux mammifères supérieurs. D'autre part, chaque animal possède un important « clavier de conduites » et l'on peut relever chez lui d'importants phénomènes de comportement inné, des faits d'apprentissage, révélateurs de la plasticité de sa conduite et enfin des cas d'intelligence, de compréhension, d'intention et d'intervention. Des exemples très nets de comportements affectifs sont également à signaler, surtout chez les mammifères supérieurs, capables d'éprouver de véritables émotions :

– Il n'y a plus d'œuf dans le ventre de la mère, mais un petit « en direct » près du placenta ce qui a provoqué un mode de gestation plus sensitif, protecteur et relationnel. De nos jours, l'échographie nous permet d'observer un fœtus suçant son pouce dans le ventre maternel, goûtant le cordon ombilical, en contact avec les mouvements et les émotions ressenties par sa mère.

– Grâce aux poils, le petit peut s'accrocher au ventre de sa mère après la naissance. Chez certains singes la mère transporte son bébé entre ses mâchoires jusqu'à ce qu'il soit capable de s'agripper lui-même aux poils de la région ventrale.

– C'est dans ce climat sécurisant que s'établissent le contact puis le lien entre la mère et le petit, favorisés par les soins ainsi que l'allaitement et précurseurs de la tendresse.

– Les congénères jouent ensemble : on voit apparaître l'aspect social et fraternel.

Les mammifères supérieurs ont des cordes vocales sujettes à de nombreuses variations adaptatives de sons et cris. Par exemple, le cri de séparation ou d'alarme du petit : une audition qui s'est progressivement développée a permis à la mère de rester en contact permanent avec son ou ses petits et de le retrouver en cas de besoin.

Des sirènes… ?

Le cri des lamantins qui se « lamentaient » a provoqué des naufrages de navires : le capitaine et son équipage croyant entendre des « sirènes », leurs bateaux se fracassaient contre les récifs ! Les petits des lamantins restent littéralement « collés » à leur mère pendant les deux premières années de leur vie et poussent de petits cris aigus dès qu'ils s'en éloignent. Quel bel exemple du contact !

- *… et chez les humains*

Mac Lean, spécialiste du cerveau des années 1950 nous a appris que c'est grâce à l'un de nos « trois cerveaux » nommé cerveau limbique ou mammalien (que nous partageons avec les mammifères) que nous avons accès à l'apprentissage précoce, à l'histoire individuelle et au contact. L'odorat, le goût, l'audition supérieure, le toucher se sont développés dans cette partie centrale du cerveau entraînant tendresse, émotions, fraternisation, mais aussi contact dans le couple, entre la mère et le petit, entre les congénères, etc., et surtout érotisation fusionnelle du toucher. C'est la naissance du contact !

C'est dans ce deuxième étage du cerveau que se développe la mémoire, donc les empreintes affectives précoces : attachement, tendresse, amour.

Très tôt le contact s'est instauré chez les mammifères et donc chez les humains : nécessaire à la survie de l'espèce, à l'élevage des petits, à l'apprentissage de la vie et de ses dangers. Ce comportement est aussi précurseur d'une nouvelle dimension : celle du plaisir du contact (des poils au lieu des écailles pour l'agrippement du petit), du toucher, du doux, du sensuel, du subtil.

Le contact a contribué à un bond en avant pour le progrès des espèces. Manger, respirer, copuler, se déplacer (progrès des animaux sur les plantes) mais à présent aussi affiner les sens et les développer, notamment celui du toucher et de « l'être touché ».

Le bébé du mammifère, celui qui grandit dans le ventre de sa mère, qu'elle sent et qu'il sent pendant la gestation, ce bébé bénéficie d'une dimension importante et dont sa survie dépend : le contact. Ce contact, qui s'est développé il y a tellement longtemps, est primordial... puisque de nos jours encore, un bébé humain qui en est privé peut mourir ou souffrir de troubles graves sur le plan psychologique (« 50 % de lait et 50 % d'amour »).

Le contact et les sept piliers de la vie[2]

Un biochimiste de l'université californienne de Berkeley, Daniel Koshland, démontre que la définition du vivant consistant à être apte à se reproduire, est bien insuffisante. Il décrit les sept piliers la vie suivants :

– le premier pilier, c'est un programme, exécuté par l'ADN qui code les gènes des organismes terrestres et qui est reproduit de génération en génération avec certains petits changements qui n'altèrent pas le plan global ;

– le second pilier, c'est l'improvisation, car un système, (tout comme un être humain) ne peut contrôler tous les changements et vicissitudes auxquels l'environnement est exposé ;

– le troisième pilier, c'est le cloisonnement, car tous les organismes vivants sont confinés à un volume limité, entouré d'une membrane ou peau qui permet de maintenir les éléments dans un volume défini et empêchant les particules chimiques toxiques de pénétrer dans ce volume ;

– le quatrième pilier, c'est l'énergie, c'est-à-dire le combustible pour l'organisme ;

---

2. Source : *Le Figaro*, 24 mars 2002.

ANALYSE DE LA NATURE DU CONTACT

– le cinquième pilier, c'est la régénération, pour compenser les pertes dues à la fatigue des matériaux. Le système de régénération s'use lui-même : il s'agit du vieillissement ;

– le sixième pilier, c'est l'adaptabilité, qui est une réaction fondamentale des systèmes vivants, comme par exemple l'apprentissage au travers de l'expérience ;

– le septième pilier, c'est l'isolement, car notre système vivant procède en utilisant une propriété fondamentale de la vie, la spécificité des enzymes qui n'agissent que sur les molécules pour lesquelles elles ont été conçues.

Ces sept piliers du vivant nous ont semblé intéressants à rapprocher de la notion de contact. En effet, le contact est tributaire de l'origine de la vie et il s'appuie lui aussi sur des piliers tels que l'improvisation, l'énergie, l'adaptabilité, l'isolement. Tout être vivant exécute un programme, géré par l'ADN, du plus petit microbe à l'homme, en passant par les plantes. Ces sept piliers caractéristiques du vivant peuvent nous fournir des perspectives pour comprendre le contact.

2. Contact inné ou acquis ?

En observant le long cheminement de l'être humain depuis son apparition dans un monde encore agité de conditions climatiques extrêmes et changeantes, de soubresauts infernaux, d'animaux sauvages, de roches, de feu, d'eau, de déserts brûlants et de vents tourbillonnants jusqu'à notre vie contemporaine sur cette planète Terre, nous constatons une évolution impressionnante et sans relâche. Celle-ci s'est bien sûr manifestée dans les progrès de nature physiologique, tels que la station debout, l'élévation de la taille, la robustesse, mais surtout par l'augmentation du volume crânien (capacités de penser, d'imaginer, d'organiser, d'utiliser le langage, de fabriquer et d'utiliser des outils) et de la région limbique de notre cerveau (capacités émotionnelle, de mémorisation, d'apprentissage, de contact).

Nous sommes conçus pour penser, parler, mais aussi pour ressentir des émotions, ce qui nous confère un statut tout à fait particulier dans le monde des êtres vivants.

Ce « programme génétique » n'est pas idéologiquement neutre. Ce phénomène de nature biologique est étroitement lié à un facteur de nature sociale : l'histoire de cet enfant. Elle démarre dans la nuit des temps de ses lointains ancêtres, se concrétise quand le spermatozoïde de son père pénètre l'ovule de sa mère, tous deux dotés de leur matériel génétique spécifique, se poursuit durant le vécu dans l'utérus maternel, jusqu'à son « arrivée au monde » (on perçoit bien à quel point cette expression devient réductrice et inadaptée) et bien sûr lors de son histoire personnelle, la propre histoire de cet enfant. Que de chemin déjà parcouru lorsqu'il naît.

Ce petit d'homme est destiné à une existence d'être pensant, parlant donc intelligent, créatif, productif – et de mammifère, capable de mémoriser les expériences de la vie, d'éprouver toute une palette d'émotions et de sentiments, de protéger et « d'allaiter ses petits » au sens propre et figuré.

Un tableau publié par l'ODAS (Observatoire national de l'action sociale décentralisée), détaillé et commenté par Pierre-Yves Brissiaud[3], nous indique qu'en 1998, en France, 19 000 enfants ont été signalés pour maltraitance. Ces enfants ont été victimes de violences physiques, cruauté mentale, abus sexuels ou négligences lourdes, ayant des conséquences graves sur leur développement physique et psychologique.

Les conséquences de ces mauvais traitements sont lourdes pour l'enfant, car elles suscitent de la honte vis-à-vis de son corps, rendent la personnalité confuse et perturbée, génèrent de l'angoisse, de la peur, la difficulté d'aimer et d'être aimé. Le contact avec soi et les autres devient discordant et c'est la crainte de l'intimité qui s'installe, la culpabilité et la honte.

---

3. Pierre-Yve Brissiaud, *Surmonter ses blessures*, Retz, Paris, 2001, p. 23-24.

Les relations affectives peuvent alors devenir dangereuses car elles peuvent remettre en contact avec la souffrance refoulée et provoquer la solitude, le retrait, l'évitement massif du contact.

3. Les premières fois : le premier contact, le premier baiser, le premier sourire

Premier tact

Avant de naître, l'enfant se trouve dans un espace confiné. L'utérus maternel dans lequel il vit exerce une pression continue dans son dos, ses fesses et sur sa nuque. Il est un peu comme un fruit dans un paquet et cet ajustement postural explique la position fœtale. À certains moments, l'utérus se contracte et envoie dans le dos du bébé un massage postural. Boris Cyrulnik[4] parle de « tact » et explique que ce tact cutané postérieur constitue la première voie de communication sensorielle chez tous les mammifères.

Vous avez dit « tact » ?

Le dictionnaire Petit Robert : « Le terme "tact" vient du latin *tactus* = toucher – Contact léger, pression, traction, qui est perçu par le toucher – Sur le plan physiologique : sens du toucher permettant d'apprécier les divers stimuli mécaniques qui s'exercent sur la peau et les muqueuses. Au sens figuré, avoir du tact signifie faire preuve de délicatesse, de doigté. »

Nous constatons que le tact précède le contact, que les mammifères commencent par ressentir de petits massages de l'ordre du tact, du toucher léger dans le ventre de leur mère.

Au moment de l'accouchement et notamment lors de l'expulsion, le bébé sera touché pour la première fois par des mains humaines (sage-

---
4. Boris Cyrulnik, *Sous le signe du lien*, Hachette Pluriel, 1989, Paris, p. 35.

femme, obstétricien) et malheureusement parfois par des instruments chirurgicaux. Il s'agit là d'un moment crucial et déterminant qui peut être vécu de manière traumatique, selon la violence de l'accouchement, des moyens utilisés : forceps, ventouses, ou de l'environnement agressif avec lumière trop intense, bruits inquiétants et forts). Le bébé peut ressentir le stress et l'angoisse de sa mère, entendre des cris, avoir du mal à respirer et à passer d'un monde utérin à un monde inconnu et souvent peu accueillant pour lui. Il devra traverser toutes ces épreuves avant d'être pris dans les bras de sa mère pour la première fois, après l'accouchement. La maman aura tendance à recevoir son nouveau-né « du bout des doigts » et ce n'est que plus tard, lorsque l'attachement sera mieux tissé, qu'elle osera empaumer son bébé à pleines mains, puis à bras le corps.

Premier sourire et interactions

La manière dont la mère interprète le premier sourire de son bébé provient de sa propre histoire. 30 à 40 % des mères donnent une interprétation anxieuse à ce premier sourire biologique : « Le pauvre enfant, il ne sait pas ce qui l'attend. » Boris Cyrulnik a observé des bébés de deux à quatre mois et les qualifie de partenaires actifs dans le dialogue mère-enfant. En effet, c'est le bébé qui prend l'initiative de l'interaction en faisant des mimiques, en tirant la langue, en souriant. La maman l'imite, fronce elle aussi les sourcils, fait des moues et participe à la conversation non-verbale que lui propose l'enfant. C'est ce dernier qui y met un terme en détournant la tête lorsqu'il est lassé de cet échange. La plupart du temps, les mères continuent à solliciter leur enfant repu d'interactions en le touchant, lui parlant, en cherchant son regard. Boris Cyrulnik constate que le nombre de sollicitations maternelles dépend du sexe de l'enfant. En effet, les mères sollicitent les bébés filles presque trois fois plus que les bébés garçons. L'auteur se demande s'il s'agit d'un indice de la tolérance maternelle envers les petits garçons ou de l'intrusion de la mère dans le monde des petites filles. Ce chiffre serait peut-être aussi la preuve de l'indifférence que les mères éprouvent à l'égard de leurs

ANALYSE DE LA NATURE DU CONTACT

garçons trop étrangers pour elles, et qui contrasterait avec l'identification à leurs filles, plus proches d'elles et donc plus sollicitées.

Premier baiser

À noter également, la rareté du premier baiser. Il s'agit d'un réflexe de fouissement du bébé à l'intérieur de l'utérus et qui peut s'observer lors des échographies. Puis le bébé tourne la tête et l'oriente vers le sein et notamment le mamelon dès sa naissance, pour la tétée. Ce n'est que vers le septième mois que ce comportement réflexe commence à exprimer une intention. Les yeux ouverts, le bébé ouvre la bouche pour mordre la joue de la maman. Quand la bouche arrive au contact de l'objet source de plaisir, l'enfant ferme les yeux et mord en souriant. Ici l'interprétation maternelle prendra toute son importance : va-t-elle adhérer à ce comportement ludique et l'amplifier par un éclat de rire et un baiser ou au contraire sera-t-elle hostile au comportement du bébé et le grondera-t-elle d'avoir voulu la mordre ?

Si tout se passe bien, la spirale interactionnelle va se mettre en place et dès le huitième mois, c'est le bébé qui, ravi, va tendre sa joue pour être embrassé-mordu à son tour.

Ces premières gratifications du contact sont importantes pour le jeune enfant car elles vont lui permettre de prendre des risques à aller vers l'autre, oser s'approcher et établir des liens. Il a déjà des dents et peut expérimenter la morsure, l'agression (ad-gressere = aller vers l'autre). Il peut mordre la vie à pleines dents. S'il est encouragé par la mère et son entourage, son évolution au contact se fera rapidement et sans angoisse. Il peut en jouer, avancer et reculer à sa convenance, expérimenter un contact juste pour lui et pour l'autre. Si, par contre, la mère le gronde ou le frappe parce qu'il a osé lui mordre le sein ou la joue, le jeune enfant va interpréter cette réaction comme une répression et se sentir le « méchant gosse qui mord » ou le « sale gosse » peu aimable et donc peu digne de l'amour maternel.

Premières paroles

Vers le quinzième mois de la vie de l'enfant, la parole rendra la gestualité moins intensive, moins désespérée aussi et davantage orientée vers la sollicitation affective. Le cerveau est à présent suffisamment développé et l'histoire affective ressentie pour se lancer dans l'aventure de la parole. Le contact entre l'enfant et l'environnement se modifie radicalement ; la gestuelle n'est plus aussi prépondérante, elle s'efface devant l'articulation et la symbolisation. Si le jeune enfant est entendu et reçu dans ces premières manifestations du langage par son entourage, il va pouvoir poursuivre et enrichir son contact et ses liens avec l'entourage. Le langage fera de lui un « humain » capable de penser, d'abstraire, d'imaginer, de relier, de ressentir et de l'exprimer. Cette différence importante entre les animaux et les humains modifie radicalement les interactions et les systèmes d'attachement.

4. L'amour et le contact

Ce qui contribue à faire s'installer le contact ; ce qui le perturbe

Ces éléments essentiels nous ramènent à la notion du contact chez l'humain. Comme nous l'avons constaté, le contact, et plus tard, la capacité à le développer se forgent très tôt dans la vie du fœtus, puis du bébé et du petit enfant.

Si le petit primate passe les premiers moments de sa vie extra-utérine accroché au corps de sa mère, il n'en est pas de même pour le nourrisson humain qui sera séparé dès sa naissance du corps de sa mère.

Cependant les ingrédients à la capacité au contact se mettent en place rapidement dans la vie de l'être humain et nous nous interrogeons sur le caractère irréversible ou non d'une indisponibilité au contact.

---

5. *Ibid*, p. 53.

ANALYSE DE LA NATURE DU CONTACT

Les interactions, le lien, l'attachement, le sentiment amoureux

Il existe donc une période sensible durant laquelle l'attachement entre la mère et son bébé s'enclenche avec naturel et facilité. C'est en quelque sorte une « fenêtre d'empreinte » qui permet d'établir ce lien qui facilitera le contact puis le développement de l'être tout entier. Si les choses ne se font pas, si la magie ne s'opère pas à ce moment, à cet endroit, entre cette mère et cet enfant, alors le pire est à craindre pour ce lien de la familiarité, pour cette « colle affective » qui déterminera le reste de l'existence affective, émotionnelle et intellectuelle du petit d'homme.

Le père joue un rôle très important, même s'il n'a pas porté ce bébé pendant neuf mois. Autrefois on le reléguait à sa fonction purement virile dans laquelle caresse et contact doux n'étaient pas au programme. Actuellement la communication, le contact et la tendresse qu'il établit avec le tout petit enfant permettent de tisser le lien de l'attachement direct père-enfant.

Notons que la relation au père est en général indirecte : c'est parce que la mère porte de l'intérêt au père que l'enfant va s'intéresser à lui.

Les enfants élevés sans amour ni tendresse n'acquièrent pas la base de sécurité qui leur donne la clef pour partir à la conquête du monde. Ils se replient sur eux-mêmes, restent centrés sur eux et conserveront ce destin de carence affective.

L'amour et le contact sont nécessaires à l'enfant pour qu'il puisse s'intéresser au monde et établir des liens à son tour.

Plus tard apparaîtra le sentiment amoureux. « L'amour est une surprise qui nous arrache à l'insipide, l'attachement est un lien qui se tisse au quotidien. »[6]

---

6. Boris Cyrulnik, *Les Vilains Petits Canards,* Odile Jacob, p 174.

Le toucher, ce langage oublié[7]

Pour Jean-Marc Dézèque, il est faux de croire que le fait de porter son bébé le rend capricieux. Le contact physique est essentiel pour le nourrisson et l'aide à grandir dans une dimension sensorielle, relationnelle et affective.

Contact et massages

Jean-Marc Dézèque est puériculteur depuis quinze ans à Mulhouse et pratique le massage du bébé après avoir suivi une formation sur l'éveil sensoriel et tactile en périnatalité à Montpellier. Nous avons relevé avec beaucoup d'intérêt ses trois règles d'or en matière de massage :

– La première règle est la lenteur : prendre soin, nécessite du temps, du contact.

– La deuxième règle est la symétrie des gestes : le massage doit être harmonieux et structurant pour le bébé, car il est à un âge où il se construit tant au niveau physique que psychique.

– La troisième règle est celle du plein toucher : il ne s'agit pas de masser « du bout des doigts » mais avec la paume des mains, afin d'établir un contact large avec l'enfant et de le rassurer.

Ces trois règles peuvent être transposées sur un plan général aux ingrédients du contact : temps, harmonie, plein contact.

---

5. La résilience ou la capacité à traverser les épreuves de la vie

Boris Cyrulnik et Pierre-Yves Brissiaud ont traité le thème de la résilience. Le mot « résilience » rappelle un phénomène observé en physique. C'est la capacité d'un matériau à reprendre sa forme originale. En anglais le terme *resilience* ou *resiliency* s'utilise pour la capacité humaine à résister aux chocs traumatiques.

---

7. Jean-Marc Dézèque, membre de l'« Orée » : Organisme de Recherche sur l'Enfant et son Environnement.

La résilience, c'est la capacité d'un individu à se construire malgré des situations douloureuses et traumatiques.

Certains enfants deviennent résilients et d'autres n'y arriveront pas. S'agit-il d'un facteur génétique, psychologique ou social ?

6. La peau

> « Ce qu'il y a de plus profond chez l'homme, c'est la peau. »
> Paul Valéry

Après les écailles, les plumes, les poils, le cuir, vient la peau. Si elle est le plus massif et le plus étendu de nos organes – elle est plus lourde que le foie et s'étend sur plus de 2 m^2 –, la peau est indispensable : on ne peut pas vivre sans peau. Elle sécrète des hormones, tout comme notre cerveau, et constitue un système sophistiqué et réactif, en interaction étroite avec nos systèmes nerveux, immunitaires et psychiques. Les spécialistes des disciplines concernées ont créé la « psycho-neuro-endocrino-immunologie » ayant pour objectif d'établir des liens entre les chemins tortueux qu'emprunte notre psychisme pour agir sur notre peau.

Si cette peau est un attribut marquant des mammifères, si elle contribue à favoriser et développer le contact, elle est aussi un révélateur puissant des dysfonctionnements du psychisme ou de l'affectif. De nombreuses expressions évoquent d'ailleurs la peau : « être bien/mal dans sa peau », « l'avoir dans la peau », « à fleur de peau »... Notre peau n'est pas un simple emballage ou un banal sac de cuir, elle est le lien fondamental entre le mental, le physique et l'environnement.

7. Le contact dans la vie d'un être humain : de la naissance à la mort

Si nous avons jusqu'à présent beaucoup parlé de la nécessité vitale du contact pour le bébé, nous pourrions rajouter que ce contact est également nécessaire durant toute l'existence de la personne, et même au crépuscule de la vie.

Marie de Hennezel est psychologue clinicienne, spécialiste des soins palliatifs (en fin de vie) et auteur du livre *La Mort intime*. Nous l'avons rencontrée lors d'une conférence qu'elle animait sur le thème « Fins de vie et psychothérapie ».[8]

Pour Marie de Hennezel, le trépas, ces « trois pas », est un passage au cours duquel s'accompagne un travail important sur le plan psychologique et notamment par le biais du contact avec les proches. La véritable souffrance n'est pas tant de mourir, mais plutôt le sentiment d'indignité et d'abandon qu'elle instaure, faute de contact réel. Notre conférencière a insisté sur la conspiration du silence et les mauvaises prises en charge des patients en fin de vie dans le système hospitalier. La sécurité primaire archaïque d'une personne très malade se met en place grâce au réconfort d'un bon contact, chaud et aimant. Si un membre de son entourage familial ou du personnel soignant prend cette personne dans ses bras, comme un enfant que l'on berce, l'humanité peut continuer de circuler. Car bien souvent, la dégradation biologique et physique fait s'interroger celle ou celui qui est mourant : « Suis-je encore humain et aimable ? », sinon : « Finissons-en ! ».

Marie de Hennezel souligne que le terme « accompagnement » signifie « partager le pain ». Pour elle, la compassion d'une équipe soignante est une attitude réciproque de permissivité affective, sans jugement et dans le respect de la dignité et de l'intégrité psychique.

Ce contact-là passe par le toucher. Et s'il est vrai que le toucher fait peur dans sa généralité, il le fait encore davantage lorsqu'il s'agit de toucher un mourant. Le fantasme de la mort qui « s'attrape » n'est jamais très loin. Une formation au contact dans les maisons de retraite ou dans les services de soins palliatifs est primordiale pour l'ensemble du personnel, des médecins aux aides-soignants. Cette formation réduirait les demandes d'euthanasie de certains grands malades qui, au lieu de demander la mort, feraient peut-être plutôt appel au dialogue,

---

8. « Fins de vie et psychothérapie », Fédération française de Psychothérapie, Paris, 12-13 oct. 2001.

ANALYSE DE LA NATURE DU CONTACT

au désir d'intimité, à un échange émotionnel qui leur permettraient de se préparer à partir, à leur rythme, à passer du vivre au mourir.

Ainsi, nous avons constaté à travers ce chapitre sur les origines, l'histoire et les énigmes du contact, que l'être humain a de tout temps cherché à apprivoiser ce contact, à l'intégrer dans son mode de fonctionnement social et privé, à le parfaire depuis sa plus tendre jeunesse jusqu'à un âge avancé de son existence. Sans contact, l'homme ne serait pas homme, il n'y aurait pas de premier sourire, de premier baiser, d'attachement, de sentiment amoureux, de langage, d'interactions. Le contact est tellement présent dans notre fonctionnement humain que nous nous sommes penchés dans le prochain chapitre sur les mécanismes de la neuropsychologie du contact ainsi que sur les études théoriques sur le « cerveau masculin/féminin du contact ».

CHAPITRE 3

Le cerveau du contact

1. Sensorialité : les cinq sens et les autres

Nous sommes en contact avec les autres et le monde grâce à nos systèmes sensoriels, les cinq sens : vision, audition, toucher, odorat, goût, sans lesquels nous serions aveugles, sourds et autistes.

Parmi ces cinq sens, deux sont dits « téléorientés », c'est-à-dire qu'ils reçoivent des information de loin et même de très loin : l'oreille peut percevoir les vibrations de sons émis à plusieurs kilomètres, par exemple le bruit d'un avion.

Les autres sens sont, à l'opposé, des sens de proximité : ils sont actifs dans le contact proche et intime – le toucher dans le contact direct, l'odorat dans l'air proche et le goût qui nécessite d'approcher la bouche et la langue !

Donc nos radars sont variés et complémentaires et tous sont importants.

Les autres facteurs intéressants sont les différences de fonctionnement selon le sexe et l'âge.

LA VUE

La vue est la capacité de percevoir l'image des objets proches ou lointains. C'est un sens téléorienté, c'est-à-dire qu'il permet de prendre contact à distance : par la vision, je peux contacter des galaxies à des millions d'années-lumière. Ne plus voir, perdre la vue, c'est être aveugle. Mais on peut regarder sans voir et voir trouble, confusément, mal, à peine, et familièrement « ne pas avoir les yeux en face des trous ». La vue est le mécanisme physiologique par lequel les stimuli lumineux donnent naissance à des sensations. Les organes de la vue sont l'œil, le nerf optique, les lobes du cortex occipital cérébral. Les informations visuelles sont stockées dans le cerveau et elles se manifestent ensuite toute la vie sous forme d'images mentales organisées dans l'imaginaire personnel.

Le contact avec le monde : On peut voir un spectacle, une émission à la télévision, un film au cinéma, ou encore une personne, un paysage, un objet, une œuvre d'art. Notre vue nous permet d'écrire des lettres, d'y répondre, de lire et d'écrire des romans, de voir de la peinture, de découvrir de grands peintres tels que Géricault, Rembrandt, Goya et tant d'autres, de regarder les gens dans la rue, de regarder les personnes que nous aimons et de les aimer encore davantage.

Le contact avec les autres : Voir, c'est être, se trouver en présence d'une personne : « Je l'ai vu la semaine dernière. » Voir, c'est rencontrer : « pourrais-je voir le patron ? » « Il ne veut voir personne. » signifie contacter, fréquenter, recevoir. Familièrement, on dit : « Je l'ai assez vu : j'en suis las, je ne tiens plus à le voir. »

Le contact actif : Le regard permet d'exprimer toute une gamme d'émotions et de sentiments. La personne qui regarde peut dévorer du regard, menacer, foudroyer du regard. « Quand la bouche dit oui, le regard dit peut-être » (Hugo). Le regard peut être candide, malicieux, expressif, perçant. Un regard étonné, inquiet, effronté, moqueur, noir, mécontent, furieux. Échanger des regards d'intelligence.

Le contact avec soi-même : Se voir, c'est voir sa propre image, prendre contact avec elle dans un miroir. « On ne se voit pas dans la mer » (Prévert).

Le contact passif : Voir c'est aussi être spectateur, témoin de quelque chose : une pièce de théâtre, un film, ou un match, par exemple. « J'ai vu toute la scène, le drame, l'accident. »

ANALYSE DE LA NATURE DU CONTACT

Le contact subi : La vue impose parfois un contact instantané, que l'on ne peut éviter : « cela se voit comme le nez au milieu de la figure. »

Le contact en pensée : La vision c'est aussi l'action de voir, de se représenter en esprit : c'est une fonction de représentation, par exemple la vision de l'avenir, l'intuition, la clairvoyance. La vision peut être réaliste ou bien poétique.
L'imaginaire personnel est aussi la source des rêveries, des rêves nocturnes, des fantasmes et des visions et hallucinations visuelles.

Les différences hommes/femmes : L'homme a un regard explorateur. C'est un sens tout à fait primordial pour lui, en relation avec sa vocation primitive de chasseur et de gardien de la sécurité. Il peut passer d'un regard grand angle à un regard focalisé et perçant. Il est très sensible aux messages corporels émis par les femmes. Un homme en bonne santé regarde les femmes, ce que beaucoup de femmes n'admettent pas !
Les femmes aiment être regardées et être désirables ou, au contraire, dans d'autres cultures se protègent des regards masculins par des voiles, tchadors ou burkas.

Les variations selon l'âge : Avec l'âge, l'accommodation se réduit et l'œil devient presbyte, les couleurs sont moins bien perçues (dyschromatopsie, daltonisme) et la perte progressive de la fonction visuelle peut aboutir en amblyopie et cécité complète.

L'AUDITION

L'audition est la capacité à percevoir des informations transmises par des ondes sonores. L'audition est un sens téléorienté qui permet de prendre contact à distance avec la source sonore, mais les sensations auditives peuvent être très proches comme dans la situation de bouche à oreille. Ne plus entendre, c'est être sourd ; le contact auditif est parfois perturbé, ce qui est source de « malentendus ». Les stimuli sonores transmis par l'air donnent naissance à des sensations auditives. Les organes de l'audition sont l'oreille externe, l'oreille interne, le nerf cochléaire, les lobes cérébraux du cortex temporal. Les informations auditives sont stockées dans le cerveau et se manifestent ensuite toute la vie sous forme de souvenirs.

Le langage humain transmis par la parole et enregistré par l'oreille, est spécialement intéressant à étudier sur ce point. C'est le langage qui nous différencie des animaux. C'est la forme de contact la plus sophistiquée et la plus complexe du monde vivant. Le cerveau humain peut reconnaître des dizaines de milliers de mots avec toutes les nuances de la prononciation et des intonations, des chants, des musiques.

Le contact avec le monde : l'écoute, c'est le fait d'écouter un son, une musique.
Rester à l'écoute signifie être vigilant et attentif, en prêtant attention à ce qui se dit. « C'est la pureté de cette écoute qui m'est douloureuse » (Barthes).

Être à l'écoute, c'est être dans une relation reposant sur la confiance. Les bons parents sont à l'écoute de leurs enfants.

Le contact avec les autres : entendre et s'entendre.
Se mettre d'accord, s'arranger, s'associer, se concerter. « Entendons-nous bien ! » : mettons-nous bien d'accord.
S'entendre comme larrons en foire. S'entendre avec une personne : avoir de bons rapports, s'accorder, fraterniser, sympathiser.

Le contact actif : l'écoute active.
Percevoir, saisir par l'intelligence comprendre, concevoir. « J'entends bien que vous n'en êtes pas responsable ». « Comment entendez-vous cette phrase ? »
Se faire entendre : faire en sorte que ce que l'on dit soit compris, donc avoir une certaine autorité : « Il ne sait pas se faire entendre. »

Connaître à fond, être habile dans un domaine, connaître : entendre l'algèbre, la politique ou au contraire « je n'y entends rien : je n'y connais rien. »

Le contact passif : entendre parler d'une chose ou d'une personne : l'apprendre, en être informé. Je n'ai jamais entendu parler de cela. Je n'ai plus entendu parler de lui depuis longtemps, je n'en ai plus de nouvelles.

Le contact subi : il peut s'agir du bruit des voisins que nous subissons dans notre appartement, du bavardage intempestif d'une personne au cinéma, du bruit des voitures dans la rue qui nous fatigue et nous empêche de poursuivre une conversation avec l'ami(e) qui nous accompagne.

Le contact avec soi-même : s'entendre.
Entendre réciproquement les paroles d'autrui. Ils ne peuvent pas s'entendre, ils sont trop loin.

Le contact en pensée : C'est le souvenir de la langue, des paroles, des mots, des chansons, des musiques, des bruits, des cris. Cette fonction de représentation se manifeste aussi en rêve nocturne et parfois en hallucinations auditives dans certains délires.

Les différences hommes/femmes : Les femmes ont une audition plus sensible, elles peuvent entendre des sons très faibles particulièrement s'ils viennent d'un enfant !
Elles sont aussi plus sensibles à la musique, aux intonations du langage. Les mots et sons sont plus érotiques pour elles. Les hommes n'écoutent pas assez selon l'avis des femmes. Ils parlent fort et montent le son de la TV, car ils entendent moins bien.

Les variations avec l'âge : Les bébés sont capables d'hurler avec une intensité incroyable : c'est une question de survie pour eux !
Avec l'âge peuvent survenir les acouphènes (bruits parasites, sifflements), la presbyacousie (baisse de l'audition) et finalement la surdité.

LE GOÛT

C'est le sens grâce auquel l'homme et les animaux perçoivent les saveurs propres aux aliments. La langue et le palais sont les organes du goût qui est un système sensoriel capable d'analyser certaines molécules chimiques, en l'occurrence celles des aliments. Ces molécules doivent être dissoutes dans des liquides ou la salive dont la présence est indispensable pour une analyse fine d'un goût. La dissociation entre olfaction et gustation est liée au fait que les êtres terrestres ont besoin d'un organe spécialisé dans la détection des molécules de l'air et d'un autre pour les molécules des liquides.

Les papilles gustatives sont situées sur la langue, et elles sont sensibles à différentes saveurs selon leur situation. Ainsi, celles de l'extrémité de la langue sont plutôt sensibles au sucré et au salé, tandis que l'acide est perçu par le biais des papilles latérales, et l'amer par celles du fond. Actuellement on ajoute une cinquième saveur l'« umami », le goût piquant-salé que l'on trouve dans les aliments riches en protéines et en glutamate.

À la différence des autres sens, il n'existe pas de voies nerveuses spécifiques pour le goût. Les fibres sensitives partent des papilles de la langue et cheminent, avec les fibres du tact, vers la branche du nerf trijumeau puis le nerf facial, rejoignent le noyau gustatif du bulbe, puis le lobe pariétal du cortex cérébral avec les fibres du toucher où la zone de la langue est très étendue.

Le contact avec le monde : la gustation. Ce que nous appelons le goût d'un aliment est en réalité la « flaveur », laquelle résulte de l'interaction entre le goût, l'odorat et l'intervention d'autres sens. D'autres sensations procurées par les aliments viennent s'ajouter à l'expérience de la saveur, telles que la brûlure du piment, la morsure d'une menthe, le picotement d'une boisson gazeuse, aussi bien que la texture, la température et l'aspect des aliments.

Le bouquet des vins, l'arôme du café donnent des sensations olfactives ; les saveurs farineuses sont des sensations tactiles ; les saveurs croustillantes ou gazeuses sont des sensations tactiles et auditives ; les saveurs fraîches ou brûlantes sont des sensations thermiques.

La Physiologie du goût (1824) est le célèbre ouvrage du gastronome Brillat-Savarin.

La perte du goût est l'agueusie.

Le contact avec les autres : Manger est un acte teinté d'affectivité, qui apporte gratification et plaisir. L'influence des parents est importante. Nous sommes enclins à considérer que la cuisine maternelle est à l'origine de nos goûts les plus marqués. Les aversions durables sont associées à notre insu aux troubles gastriques subis durant la petite enfance.

La langue a aussi une fonction érotique importante.

ANALYSE DE LA NATURE DU CONTACT

Le contact actif : Les organes du goût ont pour vocation première de nous aider à sélectionner les aliments dont nous avons besoin.
Le système culturel prend la plus grande place dans le choix des aliments, et ce choix s'impose comme une vérité d'évidence : on parle de cuisine chinoise, française, juive, etc.
À toutes les époques, les voyageurs ont été choqués par les bizarreries culinaires, les saveurs étranges et les mélanges incongrus.

Le contact passif : la dégustation. Le goût de la bonne chère est marqué depuis longtemps de réprobation chrétienne : la gourmandise est l'un des sept péchés capitaux.

Le contact avec soi-même : Ne prendre, ne trouver aucun goût à rien, c'est n'avoir aucune envie. « Je n'avais goût à rien »
« Faire passer à quelqu'un le goût du pain », lui faire perdre l'envie de recommencer.
Aptitude à sentir, à discerner les beautés et les défauts d'une œuvre d'art, d'une production de l'esprit.

Le contact en pensée : le bon goût. C'est un jugement intuitif des valeurs esthétiques, selon des normes sociales délicates, des codes branchés.
C'est parfois un penchant, accompagné ou non de l'aptitude à le satisfaire : amour, disposition, vocation. « Il a peu de goût pour ce genre de travail. »
Tendances, préférences qui se manifestent dans le genre de vie, les habitudes de chacun. Être liés par des goûts communs. Avoir des goûts très éclectiques. Avoir des goûts simples.

Les différences hommes/femmes : Les femmes ont une préférence pour les sucreries, et les hommes pour les plats salés, épicés, et pimentés car leur sensibilité gustative est plus faible et a besoin d'être stimulée.
Les femmes aiment les aliments doux, veloutés, moelleux, cuisinés avec élégance. Les hommes préfèrent les aliments goûteux ou grillés. Mais les variations culturelles sont plus prégnantes que les variations entre sexes.

Les variations avec l'âge : Les bébés nourris au sein sont exposés par le lait maternel à un large éventail de saveurs. Les enfants sont facilement dégoûtés par des aliments nouveaux.
Le sens du goût s'affine avec l'habitude et avec l'éducation, comme par exemple en gastronomie et œnologie.
Il s'affaiblit par l'abus des mets épicés, de l'alcool, du tabac, de médicaments. Il augmente avec certaines substances telles le glutamate (additif alimentaire industriel) qui améliore l'excitabilité des récepteurs gustatifs. Vers la soixantaine, même les personnes en bonne santé commencent à éprouver un léger déclin de leurs perceptions gustatives associé à une baisse de l'odorat.

LE TOUCHER

Le toucher est la capacité de reconnaître des informations par le contact direct avec des objets ou des personnes. Contrairement à la vue et à l'audition, c'est un sens de proximité, de contact immédiat, où les sensations tactiles recueillies par les nerfs sensitifs de la peau ou des muqueuses sont transmises au cerveau dans les lobes pariétaux où elles sont stockées. Les parties les plus importantes du corps en ce qui concerne ce sens sont les mains, le visage, la langue et le sexe. Les nerfs sensitifs du toucher transmettent aussi des sensations thermiques (le chaud, le froid) et des sensations douloureuses par des fibres spécialisées.

L'absence de sensations tactiles s'appelle l'anesthésie qui peut être localisée à une partie du corps (un doigt, une partie du visage). Dans certains cas, des sensations anormales peuvent survenir, ce sont les paresthésies (fourmillements, éclairs) ou des cénesthésies qui sont l'équivalent d'hallucinations tactiles, de perceptions sans objet. L'hypersensibilité au tact se nomme enfin hyperesthésie où le moindre contact est irritant ou douloureux.

Des parties du corps, enfin, sont spécialisées dans le contact érotique : ce sont les zones tactiles érogènes : les lèvres de la bouche, les seins et les organes génitaux, qui sont des zones excitables sexuellement et point de départ des réflexes d'orgasme.

Le contact avec le monde : toucher à : Porter la main sur, pour prendre, utiliser. Il exclut la sensation de la personne qui touche. Je te défends d'y toucher !

Ne pas toucher à : ne pas utiliser, ne pas consommer. « Il a à peine touché à son dessert ».

Se mêler, s'occuper de quelque chose.

Atteindre, arriver à un point qu'on touche ou dont on approche. Toucher au port. Toucher au but. Toucher à son terme, à sa fin.

Le contact avec les autres : Entrer en contact avec une personne par le toucher. Entrer en contact dans un mouvement.

Entrer en contact en éprouvant les sensations du toucher. Toucher un objet, palper, tâter.

Avoir des contacts érotiques, des relations sexuelles.

Joindre, arriver à rencontrer, par une lettre, téléphone : atteindre, contacter. « Où peut-on vous toucher ? »

Le toucher actif : Toucher une personne, un animal, atteindre, attraper.

Jouer d'un instrument de musique pour en tirer des sons : guitare, piano.
Toucher avec un objet : toucher avec un bâton. « Il n'est pas à toucher avec des pincettes. »
Toucher avec un projectile ou un coup porté : atteindre. Toucher à la tête en boxe, frapper. Toucher la cible, le but : blesser. « Il a été gravement touché ».
Toucher un mot, dire un mot de : « Si demain matin j'en touchais un mot à mon comptable »

Le toucher passif : Être affecté, ressentir une impression, une émotion : « je suis très touché de… ». Réagir en ressentant un intérêt affectif : « Pour plaire aux autres, il faut parler de ce qu'ils aiment et de ce qui les touche » (La Rochefoucauld).
Il est touché au vif : offensé, piqué, vexé. Sa mort nous a cruellement touchés.
Émouvoir en excitant la compassion, la sympathie et une certaine tendresse. « Nous sommes très touchés de votre sympathie. Je suis profondément touché par votre geste. »
Se trouver en contact avec ; être tout proche de.
Avoir des rapports de parenté avec : Toucher de près une famille.
Entrer en possession de, prendre livraison d'une somme d'argent, recevoir. Toucher de l'argent. Toucher un traitement, des mensualités.
Toucher une prime, le gros lot, toucher un chèque, un gagnant, un placé, le tiercé.

Le contact subi : C'est le domaine de l'attouchement. Au départ il peut s'agir d'une caresse légère, délicate : « L'attouchement d'une main pure et bien vivante [pouvait] écarter le mal » (Georges Sand).

Le contact avec soi-même : Se toucher : se masturber. Se masser. Se frotter.
Se concentrer sur une sensation de toucher, de douleur, sur des paresthésies, des cénesthésies.
Le toucher en pensée : Des souvenirs, des sensations tactiles anciennes, qui peuvent resurgir à l'occasion d'un contact tactile : un toucher doux, effleurant, agréable ou au contraire rugueux, agaçant, irritant.
Des souvenirs d'attouchements sexuels, de contacts abusifs ou déplacés, incestueux qui viennent perturber le contact ou le rendre impossible.

Les différences hommes/femmes : Le toucher féminin est en général plus doux et plus sensible à la douleur et aux sensations thermiques. Le toucher masculin est plus agressif. Les zones érogènes sont différentes : la femme a des zones érogènes plus étendues, à la limite toutes les parties de son corps peuvent être érogènes. Ses seins sont particulièrement sensibles. Chez l'homme l'érogénéité se limite parfois au gland !

Les différences avec l'âge : Les enfants sont très sensibles à la douleur. Ils recherchent les sensations tactiles, les câlins, les massages qui les apaisent mieux que les anxiolytiques !
Avec l'âge ou des maladies neurologiques, le sens du toucher peut se dégrader et des personnes âgées peuvent ne plus ressentir des ulcères ou des plaies.

ANALYSE DE LA NATURE DU CONTACT

L'ODORAT

L'être humain est doté du sens de l'olfaction, appelée plus couramment l'odorat (le flair chez les animaux). Ce sens permet de percevoir et reconnaître les molécules véhiculées par l'air ou émises par n'importe quelle personne ou substance qui dégage une odeur : animaux, fleurs, aliments, parfums, etc.
Les molécules chimiques de l'air sont aspirées par le nez et au cours de leur passage dans les fosses nasales sont en contact avec les terminaisons du nerf olfactif où elles sont transformées en impulsions nerveuses. Le rhinencéphale, partie archaïque du lobe temporal analyse ces informations et les stocke. L'olfaction est un sens actif surtout en proximité, puisque pour sentir une odeur on doit approcher le nez de la source odorante. Cependant des odeurs fortes comme celles de certaines pollutions peuvent être détectées à des kilomètres.
Les odeurs ont un retentissement émotionnel intense et immédiat, en effet les bulbes olfactifs du cerveau dont situés près d'une région l'hypothalamus, liée également aux pulsions sexuelles, de la faim, de la soif et de l'agressivité.
« Avoir quelqu'un dans le nez, ne pas pouvoir le *sentir*, sentir la moutarde vous monter au nez, être au parfum, être en odeur de sainteté, etc. », les expressions de la langue française sont riches en matière olfactive.
L'absence d'odorat est l'anosmie.

Le contact avec le monde : sentir. Grâce à son flair, l'animal identifie sa proie, ses partenaires sexuels, ses rivaux. Ce flair lui permet aussi de se nourrir et d'éviter les substances toxiques.
Le nombre d'odeurs reconnaissables serait supérieur à mille ! L'homme est le moins doué des animaux en matière d'olfaction. Cependant il est capable de mémoriser ce qu'il a senti ne serait-ce qu'une seule fois et d'y adjoindre des émotions et sensations inoubliables provenant d'échos ancestraux tels que les bois odorants, les résines et les aromates, le musc et l'ambre gris, le safran et l'encens.
Les molécules odorantes qui constituent les corps solides ou liquides doivent être solubles, volatiles et se propager dans l'air ambiant.
L'homme possède environ 50 millions de cellules olfactives dans ses fosses nasales, contre 220 millions environ chez le chien berger allemand.

Le contact avec les autres : L'expression « je ne peux pas le (la) sentir » prend là toute sa dimension. Lorsqu'une personne dégage des odeurs corporelles ou de parfums perçues comme « intolérables » par notre cerveau et cela en une fraction de seconde, sans même que nous en ayons pris conscience, le verdict tombe : individu à éviter, à fuir, etc. Fuite du contact au travers de ce haut degré de discrimination dont l'odorat est capable. Le contraire est aussi vrai : si la personne en question émet des odeurs agréables ou mémorisées comme telles, l'attraction est en sa faveur et le contact peut s'établir aussitôt, de manière parfois surprenante. Le coup de foudre amoureux aurait-il ses origines dans nos fosses nasales grâce au recours d'une multitude d'informations qui construisent une image olfactive très nuancée ?

Le contact actif : Humer, flairer une odeur, s'en enivrer.
Désodoriser c'est supprimer les mauvaises odeurs.

Le contact passif : L'odorat nous permet de sentir l'arôme, le bouquet, la fragrance, le fumet, le parfum, la senteur des odeurs agréables. « Une odeur fine et suave d'héliotrope s'exhalait d'un petit carré de fèves en fleurs » (Chateaubriand)

Le contact subi : Pour les odeurs désagréables on parle de fétidité, puanteur, relent, remugle : odeur de brûlé, de moisi, de renfermé.

Le contact avec soi-même : Une personne dégage une odeur personnelle qui peut être agréable pour les autres (avoir une bonne odeur, sentir bon, être parfumé), ou bien désagréable (empester ; sentir mauvais, être malodorant, voire puant).
On peut enfin être inodore (sans personnalité), comme l'argent qui comme on le sait n'a pas d'odeur !

Le contact en pensée : Les odeurs sont une source importante de souvenirs, et se manifestent en rêves et parfois sous forme d'hallucinations olfactives.

Les différences hommes/femmes : Les femmes ont une sensibilité olfactive en général plus élevée que celle des hommes. Elles émettent des phéromones substances chimiques stéroïdes, sans odeur mais capables de modifier le comportement masculin, à l'exemple de la femelle du bombyx du mûrier qui, lors de la période de reproduction peut attirer le mâle à des kilomètres de distance !
Cette communication chimique peut nous interroger, car si les sécrétions corporelles ont un impact sur l'hypothalamus des personnes de sexe opposé, elles seraient à l'origine de contacts et de comportements imprévisibles comme par exemple l'attraction inexplicable que nous pouvons éprouver pour certaines personnes.
De toute façon les odeurs et parfums ont une grande importance dans les réactions et phénomènes d'excitation de la vie érotique et sexuelle.

Les variations avec l'âge : Un bébé de quelques jours tourne la tête vers un linge qui a été porté par sa mère.
Dans notre culture occidentale, nous vivons ensuite, dans un monde désodorisé par les savons, déodorants et sprays parfumés, ce qui provoque une dégradation de nos capacités olfactives. Nous mangeons donc des aliments toxiques ou avariés sans prendre la précaution élémentaire de les renifler, conduite impolie !
Avec l'âge la sensibilité olfactive peut se dégrader ou disparaître dans l'anosmie.

L'ÉQUILIBRE

En raison de la station debout sur deux pieds, attitude rare dans les espèces animales, le sens de l'équilibre est extrêmement important pour les humains, et il leur permet de conserver une attitude ou une position stable quels que soient les mouvements ou les attitudes du corps.
Perdre l'équilibre, son équilibre, c'est chanceler, pencher, puis tomber. « Le coup de tête dans l'estomac lui fit perdre l'équilibre » (Aragon).
L'appareil vestibulaire est un dispositif étonnant sur le plan technique : il contient trois canaux semi-circulaires, disposés à angle droit. Dans ces canaux semi-circulaires, circule un liquide qui selon les mouvements et positions de la tête, entraîne les cils des cellules sensorielles. Les mouvements des cils sont convertis en messages transmis au cerveau et au cervelet par le nerf et vestibulaire, branche du nerf auditif. Le cervelet est un appareil moteur qui a pour mission de coordonner automatiquement les muscles, les mouvements du corps, les postures, pour rétablir l'équilibre nécessaire à tout moment, sans intervention consciente ou volontaire.

Le contact avec le monde : L'équilibre est une attitude ou une position stable. L'équilibre du corps, c'est la faculté de garder son aplomb, son assiette.
Le mouvement est une source d'équilibre comme le prouve l'équilibre du cycliste ou de la toupie.
Comme métaphore dans les relations entre les humains et l'environnement, l'état d'équilibre décrit un rapport convenable, une proportion heureuse entre des éléments opposés ou la juste répartition des parties d'un ensemble. C'est aussi un état de stabilité avec harmonie, accord, balance, et pondération.

Le contact avec les autres : L'équilibre des corps s'exprime bien dans les danses de salon, le patinage en couple et dans l'intimité des contacts sexuels.
Le corps en mouvement peut se montrer aux autres comme un spectacle, dans la chorégraphie, les sports de glisse, les matchs de football et les activités sportives en général, qui représentent une part importante des images télévisées.

Le contact avec soi : L'équilibre dynamique est une source de plaisir personnel dans les sports de glisse : ski, patinage, roller, surf.

Le contact passif : C'est l'équilibre statique, du corps allongé sur un lit ou assis en tailleur.

Le contact subi : C'est la chute ! C'est tomber ; faire une culbute, une glissade, un trébuchement. Familièrement, c'est prendre une bûche, un gadin, une gamelle, une pelle.

Le contact en pensée : L'équilibre est un rapport convenable, proportion heureuse entre des éléments opposés, un état de stabilité ou d'harmonie, un accord, une balance, une pondération. « L'amour durable est celui qui tient toujours les forces de deux êtres en équilibre » (Balzac).
L'harmonie entre les tendances psychiques se traduit par une activité, une adaptation équilibrée. « C'est un homme très intelligent, mais il manque d'équilibre. »
L'équilibre c'est aussi le calme, la sérénité. « Cet équilibre physique et moral qu'elle avait mis des années à conquérir » (Martin du Gard). « On craint pour son équilibre mental. »
La perte d'équilibre peut aussi concerner des institutions : la chute du gouvernement. La lente chute d'un régime, la décadence, l'écroulement, la ruine. Par exemple, la chute de l'Empire romain.

Les différences hommes/femmes : Elles sont minimes en ce qui concerne l'équilibre. Il s'agit surtout de différences individuelles. Certaines personnes ont des talents d'équilibristes, elles peuvent marcher sur les mains, faire des sauts périlleux, des acrobaties ou danser comme des artistes de ballet.

Les différences selon l'âge : Elles sont importantes. Les bébés mettent un an et plus avant de tenir debout, preuve que ce n'est pas facile !

Les enfants aiment stimuler leurs nerfs vestibulaires avec de longues séances de bercement puis, plus tard, de balançoire, mais ils sont aussi plus sensibles au mal des transports qui provoque des nausées et des vomissements.

Le vieillissement du cervelet et du système cochléaire est responsable des vertiges, de l'instabilité du corps debout dès la fermeture des yeux (test de Romberg) et des chutes qui entraînent chaque année des milliers de décès chez les personnes âgées.

LE RESSENTI

Le « ressenti » était autrefois un adjectif. Il exprime la conscience attentive de la réalité intérieure (*awareness,* en anglais).
C'est un état de conscience, orienté vers la connaissance, la reconnaissance de l'environnement externe, mais aussi interne : une conscience au second degré, une conscience de sa conscience. Il y a attention, focalisation, vigilance, conscience immédiate du présent, concentration psychique. La finalité de cette attitude mentale est d'être en prise directe, appréhender sans a priori la réalité psychique du moment.
Dans les situations de décision, le ressenti permet par une connaissance intérieure immédiate, de s'engager en fonction de ses besoins réels et non pas en fonction du désir des autres ou de croyances soi-disant rationnelles.

Le contact avec le monde : sentir, ressentir. La relation avec le sens olfactif est constante : avoir la sensation d'une odeur, c'est flairer, humer, renifler. Avoir ou prendre conscience plus ou moins nettement de : sentir le danger.
Avoir la sensation ou la perception d'un objet, d'un fait, d'une qualité.
Connaître ou reconnaître par l'intuition, c'est deviner, discerner. « Ce sont des choses qu'on sent. ». Pressentir : « J'annule cette mission : je ne la sens pas » (San-Antonio).
Ressentir, c'est éprouver vivement, sentir l'effet psychologique d'une cause extérieure. On dit : ressentir profondément les choses, en tirer une vive impression, ressentir un outrage, en être affecté, humilié. Être pleinement conscient d'un état subjectif, d'un sentiment, d'une tendance.

Le contact avec les autres : Ne pas pouvoir sentir une personne : ne pas pouvoir la souffrir ; la détester.
« Elle ressentit pour la première fois l'amour avec une extrême jeunesse » (Sainte-Beuve). Quelques expressions de ce contact avec autrui : ressentir de la sympathie pour quelqu'un. Que ressens-tu pour lui ? Ressentir de la pitié, de la colère, de l'orgueil, une grande joie.
C'est parfois ne pas montrer ce qu'on ressent.
Le contact actif : C'est le ressenti d'une expérience active, d'une expérimentation corporelle, ou psychologique.
Le ressenti d'un événement vécu peut être susceptible d'apporter un enseignement, de tirer profit d'une expérience (par exemple, une nouvelle expérience amoureuse ou sentimentale, une expérience homosexuelle).

Le contact avec soi-même : C'est, par exemple, ressentir des souffrances, la douleur, la soif, l'impuissance d'achever (« Je ne m'en sens pas le courage. »).

C'est aussi se ressentir : se souvenir, continuer d'éprouver, avec ressentiment ou reconnaissance. Se ressentir d'une offense, d'un bienfait. Éprouver une influence, subir les suites fâcheuses ou favorables : « Il est fatigué et son travail s'en ressent. »
C'est être maître de soi ou au contraire, ne pas se sentir de : être hors de soi, transporté de. « À ces mots, le corbeau ne se sent pas de joie » (La Fontaine). Depuis sa promotion, il ne se sent plus, il a « la grosse tête ».
Avoir l'impression, le sentiment de. « Il se sent plus pisser » : il ne se sent plus de prétention. Avoir l'impression, le sentiment d'être. Se sentir tout drôle, bizarre. Se sentir bien, mal dans sa peau. Elle « s'éloigna, triste, se sentant si peu de chose »

Le contact passif : « Expériencier » (néologisme dérivé de l'anglais) est la forme passive de l'expérimentation, c'est vivre une expérience sur le mode sensitif.

Le contact en pensée : Le « ressentiment » est le fait de se souvenir avec animosité des maux, des torts qu'on a subis (comme si on les « sentait » encore). « La jeunesse est l'âge du ressentiment » (J.-P. Sartre).

Les différences hommes/femmes : Les femmes font plus confiance à leur ressenti immédiat. Ce ressenti étant souvent la résultante de pulsions contradictoires ou opposées (amour/haine), elle peuvent changer de comportement ou vivre des contradictions déconcertantes pour les hommes qui sont plus dans un mental binaire. Exemple : « je ne suis plus amoureuse, mais je t'aime ».
De même les femmes sont plus dans l'intuition, que dans le raisonnement.
« Intuition » vient du latin *intueri*, « regarder attentivement ». L'intuition est donc une forme de connaissance immédiate (une gestalt) en rapport avec la vision. C'est un sentiment plus ou moins précis de ce qu'on ne peut vérifier, ou de ce qui n'existe pas encore, une inspiration, un pressentiment, un *feeling*. On dit : avoir l'intuition de ce qui va se passer, d'un danger, d'une prémonition. « Elle a beaucoup d'intuition en affaires. »

Les variations avec l'âge : Ressentir, devenir conscient de ses sensations et de leurs impacts émotionnels, repérer les messages intérieurs, en tenir compte pour comprendre ses besoins et désirs, demande un travail psychologique prolongé par des méthodes de méditation ou de psychothérapie : psychanalyse, Gestalt thérapie, coaching. C'est donc un état de maturité psychologique et émotionnelle.

2. Cerveau féminin/Cerveau masculin

Les femmes et les hommes ont-ils un mode de contact différent et ce dernier serait-il influencé par leur fonctionnement cérébral spécifique ? En fait, nous appartenons à deux espèces différentes. Actuellement les premières phases de décryptage du génome humain ont été achevées et l'on a pu montrer que l'homme et le singe possèdent un patrimoine génétique de base, commun à 98,4 %, soit 1,6 % de différence seulement… contre environ 2,5 % de différence avec la femme ! Nous pouvons en déduire qu'un homme mâle est physiologiquement plus proche d'un singe mâle que d'une femme.

Il est évident que ces calculs quantitatifs et provocateurs ne tiennent pas compte de l'aspect qualitatif, c'est-à-dire des gènes contribuant au développement du langage, de l'art, de la philosophie et bien sûr du contact. Cependant ces données soulignent l'écart considérable entre les deux sexes, dans toutes les espèces animales, dont l'espèce humaine, et l'importance centrale de l'identité de genre masculin/féminin, à ne pas confondre avec l'identité sexuelle.

Serge Ginger, lors de sa conférence pour l'*European Association for Psychotherapy*[1] nous parle tout d'abord des femmes (en moyenne statistique, bien entendu, et avec de larges variations individuelles) :

– « Elles entendent deux fois plus fort : elles m'entendent donc crier – et me croient fâché – tandis que les hommes ont le sentiment que je parle de manière confidentielle et complice…

– Elles m'entendent avec leurs deux hémisphères, tandis que les hommes m'écoutent essentiellement avec l'hémisphère gauche, verbal, logique et donc, critique. Les femmes mobilisent, en même temps, leur hémisphère droit – et mon discours est donc coloré d'émotions, perçu subjectivement à travers leurs désirs et leurs craintes, leurs valeurs éthiques et sociales (par exemple, féministes…). Elles entendent ce que je

---

1. Serge Ginger, « *European Association for Psychotherapy* », Frankfurt, 19.10.01.

dis, mais surtout comment : sensibles aux inflexions de ma voix, au rythme de ma respiration, etc. »

Les chercheurs en neurosciences sont d'accord aujourd'hui pour considérer que :

– le cerveau gauche est plus développé chez les femmes ;

– et le cerveau droit, chez les hommes – contrairement à ce que pense encore le grand public et cela, sous l'influence directe des hormones sexuelles (testostérone, œstrogènes, etc.).

Ainsi, la femme est plus portée sur le partage verbal et l'homme, sur l'action.

> **Petits mais déjà si différents...**
>
> Par exemple, dès l'école maternelle, sur 50 minutes de classe, les filles parlent 15 minutes et les garçons, 4 minutes, soit 4 fois moins. Tandis que les garçons sont turbulents 10 fois plus (5 minutes au lieu de 30 secondes).

À l'âge de 9 ans, les filles présentent, en moyenne, 18 mois d'avance verbale sur les garçons. À l'âge adulte, les femmes téléphonent en moyenne, 20 minutes par appel contre 6 minutes pour les hommes. La femme a besoin de partager ses idées, ses sentiments, ses émotions, tandis que l'homme contrôle et retient les siens et cherche des solutions. La femme ne se sent pas « écoutée ».

En résumé, l'homme est, en réalité aussi émotif que la femme, mais il n'exprime pas ses émotions. Son éducation, sa culture, les valeurs sociales, familiales et professionnelles qui lui sont inculquées, ne lui confèrent pas l'autorisation d'exprimer ses émotions, de crainte de passer pour un faible, un incapable, une « femmelette » ! Lorsqu'un petit garçon s'écorche les genoux en chutant avec ses rollers, son entourage va lui demander de se ressaisir rapidement, de ne pas pleurer comme une fille, et même de nier sa douleur : « Mais non, tu n'as pas mal, lève-toi vite et comporte-toi comme un grand ! » ; alors que la fille

ANALYSE DE LA NATURE DU CONTACT

peut se mettre à pleurer, elle sera consolée et ses émotions seront prises en compte. L'homme peut cependant exprimer davantage certains types d'émotions comme la colère par exemple, alors qu'il réprime davantage tout ce qui est de l'ordre de la tristesse et de la déprime.

L'orientation

– la femme est orientée dans le temps (cerveau gauche) ;
– l'homme, dans l'espace (cerveau droit) ;
– la femme « se repère » d'après des objets et des signes concrets ;
– l'homme s'oriente dans une direction abstraite (il peut « couper par un raccourci » pour retrouver sa voiture ou son hôtel).

Les organes des sens

– la vue est davantage développée – et érotisée – chez l'homme (d'où : vêtements, maquillage, bijoux, érotisation du nu, revues pornographiques…) ;
– l'ouïe, chez la femme (d'où l'importance pour elle des mots doux, du timbre de la voix, de la musique) ;
– l'olfaction et la perception des phéromones sont plus développées chez la femme.

L'histoire nous a forgés

Les chercheurs expliquent ces différences biologiques fondamentales par la sélection naturelle tout au long de 4 millions d'années de l'évolution de la race humaine :

– l'homme s'est adapté à la chasse et à la guerre ;
– la femme, à l'éducation de sa progéniture et au partage.

Ces orientations sont liées à la biologie (hormones et neurotransmetteurs). Ils se constituent dès les premières semaines de la vie intra-utérine et sont peu conditionnés par l'éducation ou la culture.

Une question d'hormones

La testostérone développe :

– la force musculaire (hommes : 40 % de muscles, contre 23 % chez les femmes) ;

– la vitesse de réaction ;

– l'agressivité, la compétition, l'instinct de domination (le mâle dominant engendre) ;

– l'endurance et la ténacité ;

– la cicatrisation des blessures ;

– le côté droit du corps ;

– la vision de loin (pour repérer les animaux) ;

– le lancer de précision ;

– l'orientation dans l'espace (pour ramener le produit de la chasse jusqu'à sa grotte) ;

– l'attrait pour une femelle jeune (susceptible d'engendrer).

Les œstrogènes développent :

– les mouvements de précision (dextérité) : la femme peut plier facilement chaque doigt séparément ;

– le côté gauche du corps ;

– la graisse (protection et réseau pour le bébé) (femme : 25 % de graisse, contre 15 %) ;

– la mémoire de localisation des objets ;

– l'ouïe (l'éventail des sons perçus est beaucoup plus large et les femmes chantent juste plus souvent), la reconnaissance des sons (entendre et reconnaître son bébé) ;

– la capacité de reconnaître et nommer les couleurs avec plus de précision ;

– l'odorat, développé jusqu'à 100 fois plus, à certaines périodes du cycle ;

— l'attrait pour un mâle dominant, fort et expérimenté, socialement reconnu (donc moins jeune).

Lorsqu'on pose un ballon par terre : dans toutes les cultures, les garçons shootent, les filles le ramassent et le serrent contre leur cœur.

Hommes et femmes : deux « espèces » différentes ?

Serge Ginger – 17 nov. 2001

Femmes	Hommes
Cerveau gauche (+ droit : corps calleux + 10 %) cerveau droit	Cerveau droit
Moins latéralisée : tout le cerveau travaille	Plus latéralisé = spécialisé, « compartimenté »
Orientée dans le temps	Orienté dans l'espace
Bon sens et logique verbale, mémoire verbale	Logique spatiale (mécan.), orientation
Dès 9 ans : 18 mois d'avance verbale sur les garçons	
Nourrir la progéniture (mère)	Chasser le gibier (chasseur et guerrier)
Un ballon au sol : le prend dans les bras	Un ballon au sol : shoote dedans
Œstrogènes, progestérone ocytocine et prolactine : attachement « maternage »	Testostérone (« l'hormone de la conquête ») : vue de loin, muscles, vitesse, cicatrisation, compétition…
Réserves (graisses) ; muscles : 25 %	Puissance (muscles : 40 %)
Calme et patience	Vitesse et impulsivité
Une heure de sommeil en plus	Besoin de mouvement
Émotivité exprimée, voire accentuée	Plus émotif, mais retenu, non exprimé
Extériorisation	Intériorisation (autistes : 4 hommes pour 1 femme)

Femmes	Hommes
Ouïe développée et érotisée (paroles, musique)	Vue développée et érotisée
Perçoit plus de nuances de couleurs (cônes)	Perçoit les formes et le mouvement
Olfaction (jusqu'à 100 fois plus !)	Phéromones inodores et inconscientes
Cherche le contact de près (odeurs)	Contact de loin (vue)
Se repère (détails de l'itinéraire)	S'oriente (trouve le Nord sans repères)
Besoin d'intimité pour sexualité	Besoin de sexualité pour intimité
Besoin de parler et d'être entendue	Besoin d'agir et de chercher des solutions
Besoin de sécurité (« couvée »)	Besoin d'aventure et de risque (combat)
Équilibre et stabilité de la race (conservation)	Expérience et aventure > génies et fous (création)
Gauchers : 4 % ; 90 % des boulimiques	Gauchers : 10 % ; 90 % des énurétiques
Suicide : beaucoup de tentatives, peu « réussis »	Beaucoup + de suicides « réussis »
Sur 24 000 élèves : surdoués en maths : 0 fille	63 garçons
Chromosome X = le plus grand de tous	Chromosome Y = le plus petit de tous
Le « sexe fort »	Le « sexe faible »
À la conception : 105 mâles pour 100 femelles	À 20 ans : 95 % de mâles ; à 80 ans : 58 % !
Défenses immunitaires fortes (cerveau gauche)	Défenses immunitaires faibles

3. Le moment présent, l'ici et maintenant du contact

« Il fait si beau que l'on n'ose pas vivre. Il fait un temps si beau que, tout ce qu'on peut faire, c'est de vivre. Et l'on vit. »[2]

Le moment présent

Le moment présent et la capacité ou l'art de le vivre sont tout aussi importants pour le contact que les perceptions sensorielles. À quoi bon sentir un bon vin, un bon parfum, à quoi bon le toucher délicat d'une main, si nous ne parvenons pas à vivre ce moment-là avec nous-même et/ou avec une autre personne ? Nous avons vu précédemment, que ces points communs que nous partageons avec les mammifères étaient évidents, que le statut même de « mammifère » nous confère des éléments de l'ordre des émotions, des apprentissages, de la tendresse et du contact. Cependant en observant les animaux, nous constatons qu'ils sont davantage capables de vivre le moment présent que nous. Si nous observons notre chien ou celui de nos amis quand il est en contact, nous nous apercevons qu'il est totalement dans le présent, attentif aux moindres faits et gestes de ce moment-là, aux sons de l'environnement, aux diverses interactions.

Les coupures du moment présent

Dans ce cas, pourquoi les êtres humains ont-ils parfois tant de difficultés à vivre le moment qui se présente à eux, juste celui qui est là, bien réel, bien vivant ? Sans doute parce que ce moment du présent implique la conscience du moment, aussi bien corporelle, qu'émotionnelle ou intellectuelle. Prenons l'exemple d'un dialogue entre deux personnes, nommées A et B. A écoute B lui raconter un problème qu'il rencontre quotidiennement avec son patron. B entre dans les détails, qualifie son patron de despote qui l'empêche de prendre véritablement ses responsabilités professionnelles et aussi de progresser dans ses fonc-

---

2. Edmond Rostand, « Matin », in *Les Musardises, Œuvres complètes illustrées*, Librairie Pierre Lafitte, Paris, 1927.

tions. La conversation devient de plus en plus déplaisante pour A, qui pense à son job à lui, pas trop mirobolant non-plus ces temps-ci. Il a de plus en plus de mal à rester dans le moment présent avec son ami B et préfère s'envoler dans le futur (ce qu'il va faire ce soir en quittant B) ou le passé (il se remémore une conversation qu'il a eue la semaine dernière avec son frère). A peut aussi « intellectualiser », c'est-à-dire plaquer des vérités toutes faites sur le style de management du patron de B, sur le problème actuel des jeunes cadres dans les entreprises, ou encore se plonger dans une rêverie tout en faisant semblant de dialoguer avec B, etc. A pourra encore manœuvrer, afin d'éviter une réalité vécue comme potentiellement négative ou inconfortable.

Ainsi donc le « continuum de conscience », est interrompu dès lors que nous commençons à ressentir quelque chose de déplaisant, dès que nous détournons notre attention.

Dans la réalité psychique, cette coupure du contact avec la réalité vécue comme négative, entraîne la mise en œuvre de l'intellectualisation pour catégoriser, connaître, contrôler. Ce fonctionnement essentiellement cognitif s'effectue au détriment de l'émotionnel et du plan affectif.

Plutôt que de nous demander pourquoi il nous est tellement difficile de vivre pleinement ce moment présent qui se présente à nous, nous pourrions nous interroger sur ce que nous tentons d'éviter en refusant de vivre pleinement la réalité : peut-être un doute, une souffrance, un désir, quelque chose de déplaisant, de l'ennui, un élément de notre histoire personnelle…

Comment pouvons-nous renoncer à ce trésor de richesse, de saveurs et de contact que représente le moment présent ? Quels épisodes de notre vie ont contribué à la perte ou au renoncement de cette manne ?

L'*awareness* ou la vigilance du moment présent

Le zen bouddhiste recherche cette conscience immédiate (Bouddha veut dire « l'Éveillé »).

Fritz Perls, le fondateur de la Gestalt-thérapie, évoquerait le mot *awareness* pour la résumer.

L'*awareness* est une concentration flottante, d'une vigilance à la fois délibérée et préconsciente : intellectuelle, émotionnelle et corporelle, focalisée sur le vécu intime et subjectif interne (la conscience que nous avons de nous) et sur l'environnement externe (perçu subjectivement lui aussi). L'*awareness* est aussi une prise de conscience, un éveil, un contact sur ce qui se déroule au moment présent, une attention au flux permanent des sensations et des sentiments.

Le foisonnement des mots proposés pour traduire ce concept d'*awareness* démontre à lui seul l'importance qu'il revêt, mais témoigne surtout de la difficulté à le traduire valablement.[3]

Il s'agit de l'attitude phénoménologique, le retour au concret des choses et des faits.

Alors, pourquoi la conscience et la concentration sont-elles nécessaires au contact ? Parce qu'elles tendent à nous faire retrouver le sentiment de nous-même, puis des autres. La concentration ne doit pas être confondue avec le vocabulaire courant qui la définit comme une tension intellectuelle volontaire, ni comme un effort délibéré et obligatoire où l'intérêt n'est pas spontané.

Le continuum de la conscience semble simple : être conscient de seconde en seconde de ce qui se passe en nous et autour de nous, de nos attitudes, de ce que nous renforçons et de ce que nous évitons. Perls proposait de répondre aux questions suivantes pour mettre en lumière notre capacité d'*awareness* :

---

3. Christophe Fievet, *La Gestalt : une thérapie de la conscience… par la conscience*, Mémoire de l'École Parisienne de Gestalt, Paris.

– « Qu'es-tu en train de faire maintenant ? »
– « Que ressens-tu en ce moment ? »
– « Qu'es-tu en train d'éviter ? »
– « Que veux-tu, qu'attends-tu de moi ? »

Les réponses à ces questions, apparemment simples lors d'une première lecture, ne le sont pas réellement. Il suffit d'en faire l'expérience avec nous-même en décidant d'y répondre ou avec une personne de notre entourage. Prenons, par exemple, la deuxième question : il nous est souvent difficile d'identifier ce que nous ressentons au moment présent. Nous avons perdu l'habitude d'un contact intime avec notre ressenti personnel, les mots eux-mêmes nous manquent, il nous arrive aussi de préférer faire abstraction de ce ressenti, de l'annihiler ou de l'anesthésier. Par exemple, « au moment où je te parle, je ressens une attirance pour toi… », est impossible à accepter parfois pour soi-même et à fortiori à le divulguer à mon interlocuteur ou interlocutrice.

La troisième question est encore plus délicate ! Que suis-je en train d'éviter ? Peut-être le contact ou le plein contact avec l'autre, peut-être de m'engager dans quelque chose d'inconnu, ou encore la peur que cela pourrait engendrer chez moi !

Quelques techniques[4] pour développer notre capacité de concentration

– la relaxation : elle permet de faire réapparaître des images chez les personnes n'ayant plus la capacité de visualisation :

« Celui qui regarde les choses sans les voir aura des difficultés à évoquer des images mentales ; qui a le cerveau plein de mots, de rancœurs ou de rêveries ne regarde généralement pas le monde directement mais le traverse sans intérêt véritable pour l'environnement. »[5]

---

4. *Ibid.*
5. Fritz Perls, *Le Moi, la faim et l'agressivité*, Tchou éditeur, 1978.

ANALYSE DE LA NATURE DU CONTACT

– la concentration du corps : elle peut se faire sur la respiration, les contractions musculaires, la prise de conscience de notre corps dans sa globalité.

– le sens de l'actualité : prise de conscience que tout événement a lieu dans le présent et éviter la fuite dans le passé ou dans la pensée futuriste (exemple : la rêverie).

– la visualisation : l'exercice consiste à inclure dans le contact imaginaire de la visualisation l'apprentissage des autres sens que la vue – le toucher, l'ouïe, l'odorat, le goût – ainsi que les actes que nous n'oserions pas poser dans la réalité.

– le silence intérieur : c'est la maîtrise du discours infraverbal.

CHAPITRE 4

Les systèmes en proximité du contact

Communication et contact sont des concepts souvent confondus. De même, les frontières sont floues entre le contact, la relation et l'attachement. Le contact, enfin, nécessite d'y être attentif.

Nous allons tenter une clarification globale !

1. Communication et contact

La communication commence après un contact. Quand deux personnes se rencontrent, elles se regardent (contact) et elles décident ou non d'établir une communication. En fait l'échange des regards est déjà communication. Le refus de communiquer est aussi un message de communication : « tu ne m'intéresses pas ». Il est donc impossible selon Watslawick de ne pas communiquer, quand il y a contact.

Il y a au moins deux sens à « communication » : celui de la possibilité de passage ou de transport entre deux points (on parle alors de voies de communication), et celui de transmission réciproque des messages et de leurs significations. La communication est ce qui circule dans les tuyaux sous forme d'information.

Toute communication suppose donc une source, qui code dans un message la signification issue de la source, selon le code utilisé : sons, paroles, signaux visuels, signaux éphémères comme les gestes, ou au contraire figés en documents (textes, photos, cinéma, vidéo, etc.).

Le message ainsi constitué est transmis sur un support, le canal de transmission, vers un récepteur qui décode le message après des pertes et brouillages éventuels provoqués par le bruit de fond. Si le bruit de fond est trop intense, la communication est inaudible, comme quand on tente de capter un signal radio lointain.

Tout cela ne fonctionne que s'il y a contact entre les communicants par le canal de communication qui est leur frontière/contact. Il faut aussi un accord sur la « fréquence radio » du canal.

La théorie de la communication, selon Weaver (1949)

Cette théorie comporte au moins trois niveaux :

– un niveau technique : avec quelle précision les symboles de communication peuvent-ils être transmis ?

– un niveau sémantique : avec quelle fidélité les symboles transmis véhiculent-ils la signification voulue ?

– un niveau d'efficacité : avec quelle efficacité le sens reçu affecte-t-il la conduite du récepteur dans le sens voulu ?

Cela ne considère les conditions et processus de réception que sous l'angle pratique de l'efficacité, en rapport avec les fins de l'émetteur, sans prendre en compte les fins du récepteur. C'est le point de vue de l'ingénieur, qui traite le récepteur comme une matière sur laquelle il doit avoir prise.

Cela ne peut être celui du psychosociologue, pour qui la communication est seulement une composante de l'interaction réciproque.

La communication doit-elle être centralisée ou décentralisée ?

En management, une question qui est souvent débattue est le choix entre une organisation de communication centralisée ou décentralisée.

Un dispositif expérimental répond à ce choix (Leavitt, 1951) et vise à établir l'effet de la présence ou de l'absence de lignes de contacts au sein d'un réseau de plusieurs personnes. Une tâche simple, par exemple la résolution collective d'une énigme en forme de puzzle, est plus rapidement réussie dans un réseau à contacts centralisés que si les contacts sont plus également répartis.

La variable de centralisation est une transposition, à la communication, d'un des problèmes qui avaient dominé la pensée de Lewin : celui des régimes politiques, désignés par lui en termes écologiques sous le nom de « climats psychosociaux » : autoritaire, démocratique, et de laisser-faire.

Bavelas a remplacé cela par la notion de centralité, propriété purement spatiale d'un système d'organisation. Cela s'accompagne d'une démonstration de la relativité des critères de succès d'un système de circuits de communication : si les réseaux centralisés sont techniquement plus efficaces, en revanche ils sont moins satisfaisants, c'est-à-dire agréables, pour la plupart des participants, du fait justement de la faible participation des sujets périphériques qui se sentent tenus à l'écart.

Techniquement, pour ce qui est de l'exécution de la tâche, on doit tenir compte de la capacité de la ligne (la bande passante) et de la protection contre le bruit (brouillage). Le réseau le plus efficace est alors celui qui facilite la concertation pour la mise au point des codes, c'est-à-dire le moins centralisé. C'est ainsi de façon totalement décentralisée qu'à été organisé Arpanet. Cet ancêtre du réseau Internet a été créé pour se protéger d'une destruction des ordinateurs centraux dans l'ambiance de la guerre froide des années 50-60, où l'armée américaine redoutait une destruction par arme nucléaire des centres informatiques de communication.

Cela met en évidence le rapport étroit de la communication dans l'entreprise, avec la centralisation ou la distribution de l'autorité, en laissant ouverte la question des préférences de buts : hédonisme et résilience de la communication participative ou rapidité de la communication centralisée.

Processus et structure des échanges dans la communication

Une séquence de communication constitue un processus dont la nature est discontinue : elle provient de la discontinuité des locuteurs eux-mêmes (qui parle à qui ?), du caractère discontinu que nous sommes habitués à attribuer aux discours : mots, propositions, énoncés, phrases, etc.

Quel lien s'établit alors entre la structure de communication et la structure hiérarchique du groupe ?

Une classification des énoncés, montre que l'initiative d'émission et la nature des énoncés sont également liées au rang hiérarchique.

Les systèmes sociaux, y compris les plus petits, sont généralement des structures dissymétriques : l'action exercée par les différents agents constituants les uns sur les autres au sein de chaque paire est inégale. Les communicants sont inégaux en capacité d'attraction, d'agrément, de persuasion, de pouvoir de coercition ; en somme, en capacité d'intervention indirecte sur autrui.

Les « structures d'affinités » possèdent leurs vedettes et leurs parias, leurs élites et leurs « prolétariats affectifs ». C'est le cas des consignes de décision ou d'organisation, ou des rumeurs.

Les « structures de pouvoir » montrent que les hautes concentrations de trafic communicationnel coïncident souvent avec les agents de pouvoir, et inversement. Cela se vérifie aussi bien sur les groupes expérimentaux que sur les groupes naturels : Kelley (1951) montre que la communication s'adresse de préférence aux membres du groupe de rang plus élevé.

La proximité, dont le rôle dans les structures de préférence est manifeste, est d'abord un des facteurs de commodité de « contact », entendu comme facilité d'interaction, notamment facilité de communication.

ANALYSE DE LA NATURE DU CONTACT

Des phénomènes, comme l'effet Steinzor, montrent que la proximité n'agit pas de façon homogène ; un sujet communique d'autant plus abondamment avec un autre, dans un groupe circulaire, que cet autre est placé en face de lui, c'est-à-dire que le canal de communication visuel est plus accessible. L'orientation corporelle avant/arrière est très efficace.

À des notions comme la proximité ou l'exposition physique, quelle que soit leur importance statistique, il faut substituer la facilité de tel ou tel type d'interaction ou de communication.

Analyse des messages dans la communication

Le linguiste R. Jakobson montre que le message est spécifié dans sa nature par l'intérêt que l'émetteur porte, soit à ses propres sentiments (fonction émotive), soit aux significations (fonction référentielle), soit encore au message particulier dans sa forme (fonction poétique), ou enfin au destinataire (fonction conative).

Le discours poétique n'est si attentif à la forme du message que parce que cette forme ou gestalt a des propriétés irremplaçables, n'étant pas le véhicule d'un seul sens manifeste dans lequel elle se dissoudrait, mais d'une pluralité de messages latents en interaction qui sont simultanément assumés par le poète.

Objectifs et effets de la communication

La communication a deux types d'objectifs chez un sujet. L'objectif primaire consiste à modifier l'état du destinataire, soit l'état cognitif (le savoir), soit l'état affectif, soit les dispositions à l'action et l'action elle-même. On voit que les actes de formation aussi bien que de persuasion (publicité, propagande) sont ici en cause. On peut parler alors de communication instrumentale dont le but est de modifier le comportement d'autrui.

L'objectif secondaire, consiste à user des instruments de communication (codes, langages) de façon dite « consommatoire » ou expressive, le plaisir ou le soulagement étant ici l'acte de s'exprimer. Il est important de reconnaître ce besoin, auquel il n'est pas nécessaire le plus souvent de répondre, il suffit d'écouter activement et laisser libre cours à l'expression qui est alors simple exutoire ou catharsis.

D'autres communications sont en contact avec l'intérieur de soi, comme par exemple, dans le rêve, la réflexion (*insight awareness*) ou la méditation.

Le processus de persuasion dépend des variables usuelles liées au schéma de la communication et à tous ses éléments. Il est banal de montrer que la crédibilité de l'émetteur (prestige, expertise supposée) est efficace. Ce l'est moins de trouver qu'il existe un effet « dormeur » qui montre que les différences de crédibilité tendent à disparaître avec le temps, le message finissant par avoir un effet autonome.

En ce qui concerne la structure du message, le point le plus important est sans doute celui de l'argumentation. Est-elle plus efficace quand elle tient explicitement compte de l'argumentation adverse ? À partir d'études faites sur le moral des soldats en temps de guerre, Hovland et ses coauteurs aboutissent à une théorie de la « vaccination ». Il s'agit de la défense contre les objections habituellement imprévues ; la présentation d'objections dosées semble créer un état qui rend les arguments positifs plus efficaces et prévient l'effet d'objections plus sérieuses.

Diffusion de la communication

À mesure que le groupe s'accroît en nombre, l'inégalité de participation s'accroît aussi : le pouvoir de communication se concentre ou se « latéralise ». Cette latéralisation diminue ou supprime la rétroaction régulatrice du récepteur vers l'émetteur.

C'est donc surtout l'interaction qui suppose réciprocité, rétroaction, qui pourrait souffrir d'une situation de centralisation, à l'exemple des grands médias où la diffusion tend à remplacer la conversation jusque dans les foyers. Plus que jamais, le problème de la concentration des sources d'émission, dont la formalisation est esquissée par la théorie des réseaux, est d'actualité.

Au niveau pratique, on assiste dans l'entreprise à l'édification de plans marketing et de communication de plus en plus techniques et sophistiqués dont l'efficacité est contrebalancée par le fait que leur technicité même devient repérable et se révèle comme tentative de manipulation. Cela est à l'encontre de l'objectif recherché. Une bonne communication doit donc aussi laisser une place à des contacts plus spontanés et moins planifiés d'humain à humain. Selon M. Moati[1], à propos du premier tour de la campagne présidentielle « c'est une campagne dans laquelle les communicants ont pris la place des citoyens, et sont devenus des plaies dont il faut se guérir ». Pour lui, le score de J.-M. Le Pen s'explique en particulier par l'absence totale de plan de communication et de marketing du candidat du Front National.

2. Attachement, relation et contact

Expression des comportements d'attachement chez l'adulte

L'étude de l'attachement chez l'adulte a stimulé la création de nombreux instruments permettant d'évaluer l'intégration des relations d'attachement d'un individu par le biais de ses représentations cognitives. Parmi ces instruments, le questionnaire développé par Hazan et Shaver (1987) a retenu toute notre attention.

Sur le plan empirique, deux dimensions, l'évitement et l'anxiété, définissent quatre styles d'attachement :

– l'attachement sécure ;

– l'attachement insécure ;

– l'attachement évitant ;

– l'attachement désorganisé.

---

1. M. Moati, *Le Monde*, 24 avril 2002.

L'attachement peut être défini comme un contact dans la durée.

Questionnaire d'évaluation

Le questionnaire dont chaque réponse est cotée de 1 à 7, donne une bonne idée des troubles et des difficultés de l'attachement.

a) Je trouve assez facile de me rapprocher des autres.

b) Je ne suis pas très à l'aise d'avoir à dépendre d'autres personnes.

c) Je me sens à l'aise quand les autres dépendent de moi.

d) Je m'inquiète rarement d'être abandonné(e) par les autres.

e) Je n'aime pas que les gens cherchent à être trop intimes avec moi.

f) Je deviens mal à l'aise d'être trop intime avec d'autres.

g) Je trouve cela difficile de faire totalement confiance aux autres.

h) Je deviens nerveux(se) lorsque quelqu'un se rapproche trop de moi.

i) Les autres désirent souvent que je sois plus intime avec eux.

j) Les autres sont souvent réticents à se rapprocher autant que je l'aimerais.

k) Je crains souvent que (mon/ma ou mes) partenaire(s) ne m'aime(nt) pas vraiment.

l) Je m'inquiète peu du fait que (mon/ma ou mes) partenaire(s) me délaisse(nt).

m) Je désire souvent me fondre avec les autres, et ce désir peut les fait fuir parfois.

C'est John Bowlby[2] qui propose de remplacer le terme de « dépendance émotionnelle », considérée comme une pulsion secondaire, par celui d'« attachement », qui désigne un lien d'affection spécifique, non relatif aux exigences de la situation, n'impliquant pas nécessairement d'immatu-

---
2. John Bowlby, ouvrage en trois parties : *Attachement et Perte, Séparation, Colère et Angoisse, La Perte*, PUF, Paris, 1978.

rité. René Zazzo[3] note que le mot « attachement » représente à la fois l'idée de « lien » et le « sentiment d'affection ».

Expression des comportements d'attachement chez le nourrisson

L'attachement est un système comportemental par lequel un individu immature s'efforce de diminuer la distance, de maintenir la proximité avec une personne. Le plus souvent, c'est un adulte qui donne des soins, tel la mère, le père ou la nourrice. L'objet d'attachement est dit « spécifique », car l'enfant n'a pas le même comportement avec toutes les personnes de son entourage.

Cependant il peut y avoir plusieurs attachements en même temps. De plus, l'objet d'attachement peut changer de figure.

Un individu immature n'est pas capable de maîtriser ses émotions. Or, l'attachement est sédatif et tranquillisant, la figure maternelle offrant à l'enfant un contenant psychique. Winnicott a parlé du rôle de « pare-excitation » de la mère. En faisant en sorte « d'inclure en elle les pulsions instinctuelles puissantes », la mère apprend à son bébé que les expériences instinctuelles ne sont pas nécessairement destructrices.

Il est donc primordial que la mère y « survive » et qu'elle apparaisse d'une manière « continue et vivante ».

« L'amour brut, l'attaque agressive, le souci, la tristesse, le désir de réparer, de construire et de donner, forment une séquence naturelle qui constitue une expérience essentielle de la petite enfance. Cette séquence ne peut, pourtant, devenir réalité que si la mère, ou la personne qui la remplace, est capable de vivre ces phases avec le bébé, rendant possible l'intégration des divers éléments. »[4] C'est la mère qui « sépare, pour le bébé, la réalité, du fantasme enrichissant ».

---

3. René Zazzo, *Les Jumeaux : Le couple et la personne*, PUF, Paris, 2001.
4. Winnicott et A. Stronck-Robert, *L'Enfant et sa famille*, Payot, Paris, 2002.

Dès lors, le danger, la peur, et la douleur déclenchent les comportements d'attachement. L'angoisse de séparation est une évidence de l'attachement spécifique. C'est une contrainte émotionnelle innée. Cela contraint l'enfant à se rapprocher de l'objet d'attachement, qui va le protéger. Lorsque la maturation augmente, l'angoisse diminue.

Il y a au début de la vie, un double programme comportemental, l'un semblant servir à l'inhibition réciproque de l'autre. Le premier programme conduit des actions organisées vers le milieu, c'est le comportement d'exploration, qui implique un éloignement, et qui permet une augmentation des informations perçues. En revanche, le comportement d'attachement implique une baisse des informations reçues, et une baisse de l'éveil cérébral. La douleur, la peur et la surstimulation augmentent les comportements d'attachement. Les sédatifs, les calmants, la relaxation, le contact diminuent paradoxalement les comportements d'attachement.

L'attachement persiste toute la vie et la perte de l'objet d'attachement est une situation susceptible de produire des émotions perturbatrices à tous les âges. Cependant, le nourrisson est moins vulnérable que l'adulte. En effet, chez l'enfant, les attachements sont extrêmement souples ; s'il y a perte de l'objet d'attachement, l'enfant peut nouer de nouveaux attachements, et la détresse disparaît, après une phase de dépression marquant le deuil. Pour l'adulte, c'est plus difficile.

Plus l'espèce est immature à sa naissance, plus le comportement d'attachement est visible et prolongé. Le bébé est très démuni sur le plan moteur. La mère doit intervenir pour le porter et le nourrir. Les comportements d'attachement existent dans toutes les cultures humaines. Seules existent des différences dans la communication au service des comportements d'attachement. Certains peuples privilégient le contact physique, d'autres la médiation par la voix.

Les comportements d'attachement s'expriment dans des communications qui visent le même but, attirer l'attention de l'objet (figure maternelle), maintenir en éveil, faire en sorte qu'elle se rapproche si l'enfant ne le peut pas. N'importe quel comportement qui peut permettre le rapprochement passera au service de l'attachement. Le nouveau-né, malgré son manque de motricité, possède des moyens de communication efficaces.

3. Séduction et contact

Définition et exemples

La séduction, c'est l'action de séduire, d'entraîner, par attirance, fascination. C'est un moyen de séduire dans le charme ou l'attrait.

Pour Littré, c'est l'« Attrait, l'agrément attaché à certaines personnes, ou à certaines choses. » Par exemple, « La séduction que le serpent fit à Ève ». Le terme « séduire » est chez Littré nettement péjoratif : c'est « Faire tomber dans l'erreur, détourner du chemin de la vérité, faire manquer à son devoir ». Le séducteur est celui qui corrompt l'innocence, la vertu des filles et des femmes. Quant à « l'esprit séducteur » il désigne le démon.

Freud distingue la séduction active : être séducteur, de la séduction passive « être séduit ».

La séduction se situe dans le pré contact ou même en amont du contact. C'est un des instruments du contact.

Pause cinéma

L'Art (délicat) de la séduction est le premier film de Richard Berry en tant que réalisateur (mars 2001).

Étienne (interprété par Patrick Timsit), designer automobile, est un perfectionniste, un idéaliste qui se réserve pour le Grand Amour. Sa vie bascule en une seconde quand, le 27 décembre, il rencontre Laure. Il en tombe éperdument amoureux.

Elle n'est pas insensible à son charme et va même au-delà de son désir, en lui proposant spontanément de prendre rendez-vous pour que « leurs corps se connaissent ». Étienne a déjà sorti son agenda électronique pour prendre date quand Laure, ingénument, lui propose le 27 mai (cinq mois plus tard donc !) à 21 h 00. Reste pour Étienne à devenir l'amant idéal d'ici là.

> « Étienne a une seconde pour tomber amoureux, et cinq mois pour relever le défi. »
>
> 1er défi : Tomber amoureux
>
> 2e défi : Optimiser son potentiel physique
>
> 3e défi : Avec elle, la tendresse, c'est une évidence
>
> 4e défi : Faire travailler son imagination
>
> 5e défi : Rester zen
>
> 6e défi : Ne pas écouter les conseils des pro.
>
> 7e défi : Fasciner sa patronne
>
> Dernier défi : Ne pas s'effondrer avant l'heure
>
> *L'Art (délicat)* de la séduction est un film sur l'amour et sur les efforts que doit faire un homme pour conquérir sa belle. De nos jours, l'attente est un concept quelque peu oublié ; attendre dans notre environnement « speedé » est une perte de temps, de rentabilité. On a oublié que « tout vient à point à qui sait attendre », et que la patience est parfois une vertu. Aussi lorsque la jolie Laure impose cinq mois d'attente à Étienne avant qu'ils ne puissent consommer leur attraction fatale, celui-ci se trouve bien dépourvu.

La séduction ne renvoie pas uniquement au registre de la parade amoureuse. Son étymologie latine, *seducere*, signifie « ravir l'âme d'un autre et être séduit, captivé, entraîné et ravi par cet autre. » Nul n'échappe aux enchantements du monde, qui jamais ne nous laisse aucun répit. Qui ose prétendre échapper aux ravissements de notre environnement, au joli sourire d'un être aimé, à la présence d'une œuvre d'art ? Notre conscience est constamment en ouverture et nous ne nous lassons pas d'être attirés et séduits.

Séduction et image de soi

Le principe de la séduction est double : il s'agit d'abord d'attirer l'autre dans le contact vers son univers personnel en usant de charme et de mise en scène.

ANALYSE DE LA NATURE DU CONTACT

L'objectif n'est pas seulement d'obtenir l'amour, mais aussi une certaine forme d'attachement, de lien, ou même d'obtenir une considération qui valorise sa visibilité et amplifie la valorisation de son image.

La séduction est un processus complexe, comme le démontrent les exemples précédents, un art en soi. Les humains dans le contact (voir le chapitre historique) sont aussi de grands séducteurs.

Techniques de séduction

De nos jours, on nous propose de devenir un « être magnétique », un être qui charme les autres, ce qui bien sûr n'est pas inné. Il ne s'agit pas d'avoir un physique particulièrement avantageux ; cela vient plutôt de l'impression globale de la personne qui se dégage. Le magnétisme fait intervenir la force de la personnalité, un certain contrôle de soi et une ouverture à l'autre. Cela nécessite un travail d'artiste de développement sur soi-même et de s'investir dans de multiples projets.

L'être magnétique est curieux, en perpétuelle recherche, et a par conséquent développé de multiples facettes, et il est en mesure de s'adapter et de communiquer avec des environnements très différents. Il sait mettre en valeur les gens en révélant leurs côtés positifs, et sait s'en faire des amis.

Séduire malgré des complexes ou des sentiments d'infériorité, cela est donc tout à fait possible.

— Soyez positifs ! —

Avant tout, il faut relativiser et assumer. Plutôt que de penser que si l'on n'est pas au top, l'on n'est rien, mieux vaut encore jouer sur ses qualités (mais si, vous en avez !), ou encore mieux, « positiver » ses points faibles et ses imperfections, comme Cyrano dans sa célèbre tirade, qui assume son long nez et en tire un récit humoristique. Chaque disgrâce physique ou psychologique a son interprétation positive, ses bénéfices. Alors il ne faut plus se dérober et fuir le contact !

© Éditions d'Organisation

Séduction et marketing

Le marketing est souvent synonyme de séduction !

Nous avons relevé dans la presse économique de nombreux exemples illustrant cette tendance et où le terme « séduire » est employé en clair :

- ***« Egg veut séduire un million de clients en France »***

« La filiale française du spécialiste britannique de la banque en ligne, Egg, prévoit la création d'un millier d'emplois en France d'ici à la fin 2004. Ces trois prochaines années, Egg France compte séduire un million de clients, pour un investissement de 160 millions d'euros. »

- ***Le poids des mots***

Ainsi, dans son face-à-face avec le produit, la formule magique n'existe pas pour séduire le consommateur. S'inspirer des tendances de consommation qui ont le vent en poupe représente un facteur incontestable de succès.

La Direction générale de la Concurrence, de la Consommation et de la Répression des Fraudes, note que « quelques mots, bien choisis, dans le vocabulaire du terroir, de l'environnement, de la nature, mais aussi de la santé, du bien-être feront la différence. Pêle-mêle : fermier, artisanal, naturel, saveur, savoir-faire, beauté, etc. Les termes nutritionnels sont également très valorisants. Témoin la quantité de produits enrichis en, à teneur réduite en, à teneur garantie en, source de, riches en. Par exemple, l'expression naturellement riche en vitamine C et calcium accompagnée des mots forme, santé, vitalité séduira les sportifs (…) »

Comme nous venons de le souligner dans cette première partie, les hommes et les femmes remarquables dans le contact ont toujours existé. Le contact constitue l'archétype de la vie humaine et les premiers échanges entre la mère et l'enfant en jetteront les bases. La sensorialité, le fonctionnement cérébral spécifiquement masculin ou féminin, la capacité à vivre le moment présent, les systèmes complexes de communication et d'interaction ; tout confère à doter l'être humain de potentialités liées au contact, à la relation, à l'échange. Dans la deuxième partie de cet ouvrage, nous allons analyser les troubles du contact, la manière de les identifier, ainsi que leur apparition dans les différents stades de la construction du psychisme humain.

DEUXIÈME PARTIE

Les troubles du contact

Cette deuxième partie est consacrée aux dysfonctionnements du contact sur le plan individuel, social et professionnel, ainsi qu'aux contacts hostiles et agressifs lors de situations conflictuelles et de difficultés interpersonnelles. Il nous a paru important de souligner les manifestations courantes de déficit de contact dans le monde du travail, telles que la virtualisation, le turn-over et la déshumanisation dans le monde professionnel.

Les soucis des dirigeants et cadres ne sont pas seulement extérieurs à l'entreprise. L'ennemi est aussi sur place : manque de contact, stress, malaises relationnels, harcèlements, déprime, psychopathologies du contact, suicides... Nous avons consacré la fin de cette deuxième partie à ces tensions et conflits qui peuvent être source de progrès et d'évolution si les professionnels apprennent à sortir de l'anti-contact, s'ils parviennent à repérer ce qui se passe lorsque rien ne va plus, lorsque le contact fait place à la méchanceté, à la haine, voire à la guerre.

CHAPITRE 1

Identifier les troubles du contact

1. Qu'est-ce qu'un trouble de la personnalité ?

Le DSM-IV (voir Bibliographie), définit ainsi le trouble de la personnalité : il s'agit « d'un mode durable des conduites et de l'expérience vécue qui dévie notablement de ce qui est attendu dans la culture de l'individu, qui est envahissant et rigide, qui apparaît à l'adolescence ou au début de l'âge adulte, qui est stable dans le temps et qui est source d'une souffrance ou d'une altération du fonctionnement. »

Les troubles de la personnalité sont définis par des caractéristiques communément appelées « traits de personnalité » qui sont des « modalités durables d'entrer en relation avec, de percevoir et de penser son environnement et soi-même, qui se manifestent dans un large éventail de situations sociales et professionnelles » (DSM-IV). Par exemple, la méfiance, le perfectionnisme, le détachement par rapport aux relations sociales, les croyances bizarres, l'impulsivité, etc.

Les traits de personnalité ne sont considérés comme des symptômes que lorsqu'ils sont rigides et inadaptés, c'est-à-dire qu'ils envahissent des situations personnelles et sociales diverses et qu'ils entraînent une souffrance, qu'ils nuisent au fonctionnement social, professionnel ou familial. Cette rigidité distingue la personne qui souffre d'un trouble de la personnalité de la personne qui présente aussi des modalités durables de fonctionnement mais dont les traits peuvent être plus flexibles et qui peut varier son comportement pour mieux s'adapter à différentes situations. Par ailleurs, la stabilité à travers les années et dans différentes situations est un critère important pour le diagnostic d'un trouble de la personnalité. Les traits de personnalité doivent ainsi être distingués des éléments qui apparaissent pour une période limitée en réponse à des situations de stress. Ils doivent aussi être distingués des symptômes et réactions qui sont dûs à des états mentaux transitoires comme un trouble anxieux, un épisode de dépression, un trouble psychotique aigu, une intoxication, etc. Enfin ils doivent être distingués des caractéristiques associées à une culture ou une religion.

Le diagnostic de trouble de la personnalité est donc délicat à poser car de nombreux aspects sont à considérer. Les traits qui constituent les troubles ne sont, bien souvent, pas reconnus comme problématiques par la personne qui les considère comme des façons naturelles et inévitables de vivre.

Les 10 troubles du DSM-IV

Il existe de très nombreuses théories sur les troubles de la personnalité. Nous nous limiterons à étudier celle du DSM-IV qui est communément acceptée par la communauté psychiatrique internationale. Dans une vision humaniste on peut par ailleurs soutenir qu'il existe une infinité de personnalités, la personnalité d'un individu étant aussi unique que son génome et que son histoire.

La notion de personnalité ne serait donc qu'une simplification à visée pédagogique.

Le DSM-IV définit 10 troubles de la personnalité. La plupart d'entre nous présentons des traits de ces personnalités. D'autre part, il arrive que plus d'un trouble se retrouvent chez une même personne.

– « La personnalité paranoïaque est caractérisée par une méfiance soupçonneuse envers les autres dont les intentions sont interprétées comme malveillantes. »

– « La personnalité schizoïde est caractérisée par un détachement des relations sociales et une restriction de la variété des expressions émotionnelles. »

– « La personnalité schizotypique est caractérisée par des compétences réduites dans les relations avec les proches, par des distorsions cognitives et perceptuelles et des conduites excentriques. »

– « La personnalité antisociale est caractérisée par un mépris et une transgression des droits d'autrui. »

– « La personnalité *borderline* est caractérisée par une impulsivité marquée et une instabilité des relations interpersonnelles, de l'image de soi et des affects. »

– « La personnalité histrionique est caractérisée par des réponses émotionnelles excessives et une quête d'attention. »

– « La personnalité narcissique est caractérisée par des fantaisies ou des comportements grandioses, un besoin d'être admiré et un manque d'empathie. »

– « La personnalité évitante est caractérisée par une inhibition sociale, par des sentiments de ne pas être à la hauteur et une hypersensibilité au jugement négatif d'autrui. »

– « La personnalité dépendante est caractérisée par un comportement soumis et adhésif lié à un besoin excessif d'être pris en charge. »

– « La personnalité obsessionnelle-compulsive est caractérisée par une préoccupation par l'ordre, la perfection et le contrôle. »

– Le trouble de la personnalité non spécifié est une catégorie prévue pour les cas où une personne rencontre les critères généraux d'un trouble de la personnalité et présente des traits de plusieurs troubles différents de la personnalité mais sans répondre complètement aux critères d'aucun trouble.

– Deux autres troubles de la personnalité ne sont pas reconnus par le DSM-IV mais sont à l'étude : la personnalité dépressive (sans critères de dépression franche ou majeure) et la personnalité passive-agressive (attitudes négatives et résistance passive).

Évolution

Un trouble de la personnalité peut être observé dès l'enfance ou le début de l'âge adulte et demeure relativement stable à travers les années. Certains troubles ont tendance à s'estomper avec l'âge. Par exemple, on observe souvent une amélioration chez la personnalité antisociale après la trentaine. Chez la personnalité *borderline*, on observe souvent une plus grande stabilité relationnelle et professionnelle dans les quatrième et cinquième décennies. La personnalité évitante tendrait à s'estomper avec l'âge, faisant l'apprentissage du risque.

D'autres, comme les personnalités obsessionnelles-compulsives et schizotypiques, présentent habituellement moins d'amélioration, et la personnalité paranoïaque s'aggrave souvent avec l'âge.

2. Les contactoses, ou les maladies du contact

Les « contactoses » sont des organisations particulières du contact, récurrentes et répétitives, dans le mode de fonctionnement psychologique d'une personne, mais aussi pour un couple dans la vie privée ou professionnelle, pour une équipe, voire une entreprise.

Le concept de contactose vient compléter utilement l'étude du contact comme processus, avec les six phases du cycle du contact (voir le chapitre 1 de la partie IV), pour constituer une « psychocontactologie ».

Nous proposons de distinguer quatre catégories pathologiques de contact, selon l'intensité du contact (en plus ou en moins) et selon sa qualité (dysfonctionnel ou pervers) :

– l'hypercontact,
– l'hypocontact,
– le dyscontact,
– le paracontact.

LES TROUBLES DU CONTACT

Ces contactoses ne sont pas forcément liées à la personnalité d'un individu, mais concernent ce qui survient avec l'autre ou les autres, dans la situation de contact, dans le cycle du contact, à la frontière/contact avec l'environnement.

Cette notion d'environnement n'est pas si évidente. L'environnement n'est pas seulement le lieu où survient le contact, mais aussi le contexte (la culture, l'histoire, le tissu relationnel de l'individu), l'arrière-plan et les circonstances de ce contact.[1]

L'hypercontact (voir la roue du contact dans la quatrième partie) est un contact intense, énergétique, intrusif, adhésif, violent, parfois destructif.

L'hypocontact est au contraire faible, distant, évitant, sans excitation, inactif, allant jusqu'à l'absence, l'isolement, l'autisme.

Le dyscontact correspond à une perte des fonctions du self qui permet aux routines, à la physiologie, d'assurer des ajustements minimaux ou réflexes. La situation ici et maintenant est réduite à des schémas fixés, de ressentis, de pensées et d'action. Cela peut s'observer en cas de névrose, d'état dépressif ou de vieillissement cérébral.

Le paracontact est un faux contact, par mensonge, manipulation où l'autre est traité en objet.

Ce peut être aussi un contact pervers pour une satisfaction narcissique de fantasmes partiels de domination, d'humiliation. Enfin, il peut s'agir de constructions délirantes en dehors de toute réalité.

Tout ce que nous venons de décrire concerne des situations en mouvement : les mouvements du contact.

Dans les fiches qui suivent, le lecteur trouvera des descriptions concrètes et cliniques des différentes contactoses.

---

1. Voir Jean-Marie Robine, « Du champ à la situation », in *Cahiers de Gestalt thérapie,* n° 11, 2002.

Le contact est une rencontre peu prévisible, toujours différente, parfois totalement unique. Il y a donc des milliers de contacts. Cependant, selon la personnalité des individus, des styles, des formes (*Gestalts*) de contact sont reconnaissables. Nous proposons donc au lecteur une dizaine de fiches concernant des personnalités que l'on peut rencontrer dans l'entreprise et leur façon de prendre contact.

Ces personnalités, qualifiées de difficiles ou caractérielles, ont toutes des perturbations du contact. Comment engagent-elles le contact, comment le gèrent-elles, comment évitent-elles ou font-elles pour l'interrompre ? Pour Goodman, la psychologie serait l'étude des interruptions du contact.

Cela étant, quelle est la place, la bonne place pour ces personnalités si différentes ? Car un trouble de la personnalité n'a jamais empêché quelqu'un de travailler dans une entreprise !

L'important en effet n'est pas d'être dans la norme, mais de savoir à quel endroit et dans quelle fonction de l'entreprise je vais être adapté, utile, opérationnel c'est-à-dire rentable, et enfin, capable d'épanouissement vital.

3. Le contact des personnalités difficiles

HYSTÉRIQUE : DANS L'HYPERCONTACT

L'hystérique a un très fort désir de paraître : il a besoin de capter l'intérêt des autres et d'être au centre de tout. Il est dans l'hypercontact.
Il est sociable, il aime parler, être en contact, même s'il le fait de façon excessive parfois.
C'est un (ou une) adulte qui aurait refusé de grandir à certains moments : il s'agit d'un éternel adolescent. Un rien l'amuse, le fait rire et s'exprimer avec volubilité. Son entourage peut lui reprocher d'être superficiel et d'avoir des difficultés à achever une action.
Il s'intéresse à tout, passe d'une chose à une autre mais sans aller dans l'approfondissement de la connaissance ou du contact d'où le reproche de manque de fiabilité, en particulier dans le domaine professionnel. S'il parle beaucoup et fort, il écoute peu. L'essentiel est dans la mise en scène, l'aspect dramatique ou humoristique de l'existence, les excès en tout. Il passe aisément du rire aux larmes.
L'hystérique est une personne attachante car elle met de la vie et de la couleur dans la relation. On l'aime pour sa gentillesse, ses excentricités et parfois sa naïveté.
La séduction fait partie de sa personnalité et elle est en permanence en quête d'amour et d'approbation des autres. Cette quête d'amour l'entraîne à se mettre trop facilement à la place de l'autre, à être dans le désir de l'autre de manière excessive et à rechercher des situations fusionnelles difficiles à assumer (confluence).

Points forts :
– contact et hypercontact ;
– intensité de l'ambiance ;
– sociabilité ;
– séduction.

Sa place dans le monde professionnel :
– service commercial ;
– communication ;
– relation publique ;
– acteur ;
– publicitaire ;
– créateur.

LE PHOBIQUE : DANS L'HYPOCONTACT

Le phobique est en général peu sûr de lui dans un comportement d'évitement et de fuite du risque et du contact : hypocontact. Il anticipe les situations dangereuses (cambriolage, vol, piratage, bogue, faillite, incident de paiement, conflit) et s'en protège.
Cela entraîne une limitation dans ses prises de décisions par sa vision angoissée de l'avenir immédiat et lointain.
Sur le plan personnel il peut souffrir de blocages dans des situations de la vie courante (ascenseur, train, avion). Il peut développer des attitudes contraphobiques telles que la témérité, l'audace, la prise de risques (saut à l'élastique).

On distingue trois types de phobies :
– phobies sociales : peur de parler en public, de rougir, de bégayer, d'avoir les mains moites ;
– phobies archaïques : peur du feu, de l'eau, du vide, du noir ;
– phobies d'animaux : araignées, serpents, rats, etc.

Points forts :
– prudence ;
– préparation des dossiers et du travail ;
– sécurité.

Sa place dans le monde professionnel :
– domaine de la sécurité ;
– informatique ;
– assurance ;
– assurance qualité : certification ISO, management de la qualité.

L'OBSESSIONNEL : DANS LE DYSCONTACT

L'obsessionnel est perfectionniste, organisateur sur un fond de comportement conservateur, c'est-à-dire attaché au passé et aux traditions. Le changement ne l'inspire pas véritablement.
Il est rigoureux sur les horaires et jette en permanence un regard discret sur sa montre. Il s'habille de manière stricte car il n'aime pas se faire remarquer. C'est une personne modérée.
Son contact est difficile et compliqué par son ambivalence affective, il est dans le dyscontact.
Au travail, l'obsessionnel est orienté vers la productivité, le rangement et la rationalité. Il éprouve du plaisir à satisfaire et à bien satisfaire ses collègues.
Il s'exprime peu affectivement et contrôle ses émotions. Il est méticuleux, secret, autonome et attend peu des autres. Il souffre de l'imprévisible qu'il redoute. Il aime préparer.
La créativité peut lui faire défaut et devant la nouveauté il reste prudent pour éviter l'échec éventuel. Cette faible prise de risque correspond à un sentiment de devoir être parfait.
S'il lui arrive d'agacer son entourage, il sera cependant apprécié pour l'art de mettre en ordre une situation décousue.
Sa faible expression des émotions fait de lui un compagnon calme auquel il est possible de confier un secret ou de narrer des déboires professionnels ou affectifs.
Il est économe avec des tendances au collectionnisme et à l'avarice.
En général l'obsessionnel est apprécié et réussit bien dans le milieu de l'entreprise.

Points forts :
– organisation ;
– rigueur ;
– calme ;
– modération.

Sa place dans le monde professionnel :
– comptabilité ;
– gestion ;
– finances ;
– documentation.

LE PARANOÏAQUE : DANS LE PARACONTACT

Le caractère paranoïaque se définit par une attitude méfiante et insatisfaite ; il veut avoir raison à tout prix (avoir le dernier mot) et défendre ses idées avec agressivité et hypersensibilité. Il est parfois dans un hypercontact hostile, et le plus souvent dans un paracontact.
Il s'attache avant tout à être maître de la situation. C'est pour cette raison qu'il effectue de nombreux contrôles et vérifications.
S'il est parfois querelleur et combatif, il souffre pourtant d'une profonde vulnérabilité car il est plus sensible qu'il n'y paraît. Pour masquer cette vulnérabilité qu'il connaît bien et qu'il déteste, il joue les durs et les insensibles. Il lui arrive de se prendre pour le héros de la situation, voire le sauveur.
On le trouve dans la classe des dirigeants. Là, il peut exercer sa toute-puissance autoritaire et démontrer jour après jour que c'est lui qui a raison.
Il lui est difficile de côtoyer un autre paranoïaque comme lui, car le combat de coqs serait tel qu'ils en arriveraient tous deux à se détruire ou à détruire le service duquel ils font partie (ou l'entreprise s'il le fallait !).
Le contact est difficile avec un paranoïaque car sa suspicion et les justifications permanentes qu'elle entraîne finissent par lasser.
Cependant, si on se donne la peine de bien le connaître, on observera que c'est un écorché vif qui manque de confiance en soi et est malheureux des divers problèmes relationnels qu'il engendre.
Il ne redoute pas les procédures, les recours juridiques (il ira jusqu'en Cours de Cassation) et les contentieux. Son tempérament hargneux l'aidera à « aller jusqu'au bout » et peut-être à sauver son entreprise.

Points forts :
– agressivité ;
– tonicité ;
– volonté ;
– passion ;
– charisme.

Sa place dans le monde professionnel :
– PDG, dirigeant ;
– cadre ;
– service sécurité ;
– service contenteux ;
– juriste, avocat.

L'INTROVERTI : DANS L'HYPOCONTACT

L'introverti se distingue par le recul, l'écart face à autrui. Ses émotions ne sont pas visibles et peuvent se manifester par des troubles psychosomatiques.
Il apprécie la solitude, l'indépendance et la liberté.
Il s'intéresse aux choses et aux activités abstraites : informatique, Internet, jeux-vidéo.
Souvent de bon niveau intellectuel et de forte capacité cérébrale, il est intelligent, capable de réflexion approfondie et est apprécié dans un certain contexte professionnel.
Il est capable de travailler longtemps et sans état d'âme sur un dossier aride qui en aura découragé plus d'un !
Il ne sera jamais un meneur d'hommes ou un manager motivant. Cependant si l'on sait ajuster correctement ses talents professionnels il se révèlera un excellent partenaire pour l'entreprise.

Points forts :
– abstraction ;
– discrétion ;
– loyauté ;
– autonomie.

Sa place dans le monde professionnel :
– service juridique ;
– documentation ;
– recherche ;
– informatique.

L'HYPERACTIF : DANS L'HYPERCONTACT

L'hyperactif est en mouvement permanent. Il mène plusieurs actions de front et s'alimente d'une dose d'auto excitation qui ne tarit jamais.

Il s'entoure d'amis avec lesquels il entreprend de nombreuses activités tant professionnelles que personnelles. Il tourne à plein régime et transmet sa vitalité à son entourage qui le renforce dans son excitation perpétuelle. Il a sans cesse des projets, qu'il ne mène pas au bout nécessairement mais cela n'a pas grande importance : l'essentiel étant d'entreprendre et d'entreprendre encore.

Sa motivation est de tout ordre et il est capable de la transmettre à autrui. On le suit non pas pour ce qu'il va faire mais plutôt pour ce qu'il est, pour la vitalité à l'état pur qu'il représente et communique.

Il est débordé, surmené, stressé et le clame haut et fort, mais en est ravi par la même occasion. Il s'extériorise beaucoup, bouge, essaie de compenser ses retards et d'arranger ses manquements. Ses proches, souvent débordés et épuisés par son activisme lui reprochent de s'agiter plutôt que de s'activer, mais ils sont tolérants pour ce personnage attachant et plein de vitalité.

Il lui arrive d'être insomniaque et de travailler la nuit.

Points forts :
– activité, énergie ;
– initiative ;
– prise de risques ;
– à l'aise dans le présent et dans le contact ;
– en éveil ;
– motivant.

Sa place dans le monde professionnel
– directeur commercial ou marketing ;
– chef de projet ;
– publicitaire ;
– créateur ;
– responsable de production ;
– militaire de carrière ;
– président d'association.

LE DÉPRESSIF : DANS L'HYPOCONTACT

Le dépressif est empreint de tristesse et de culpabilité ; ce mal-être intérieur induit une perte d'énergie vitale et un manque d'intérêt ou de plaisir pour les activités quotidiennes.
Il a souvent un air apathique et malheureux. Il n'a envie de rien et vit replié sur lui-même. Ses projets sont inexistants et il voit défiler les jours les uns après les autres sans aucune lueur d'espoir.
Il somatise par des insomnies, des maux de tête fréquents, une grande fatigue. S'il lui est difficile de prendre une décision, il ne trouve pas non plus de satisfaction à entreprendre quelque chose. Il est parfois capable de sauver la face devant son entourage et de consacrer son reste d'énergie à dissimuler sa dépression (dépression masquée par des somatisations).
En milieu professionnel, on lui reproche son manque d'agressivité et sa tristesse. Il adopte une attitude de repli, d'attente et préfère laisser pourrir la situation que d'y apporter un remède.
Son look est peu avenant, parfois négligé.
Son entourage familial a plutôt tendance à le protéger et à le stimuler.

Points forts :
– capacité d'attente ;
– réflexion ;
– recul ;
– conservatisme.

Sa place dans le monde professionnel :
– gardien ou travail de nuit ;
– service de l'économat ;
– « back office ».

LE SADIQUE : DANS LE PARACONTACT

Le sadique éprouve du plaisir à dominer, maîtriser voire détruire.
Il excelle dans l'art de maîtriser les individus et est parfois à l'origine du harcèlement moral ou sexuel d'une personne.
Être ou faire ce qu'on n'attend pas de lui, ruser pour « coincer » l'autre, insister pour lui faire mal, être certain d'avoir atteint son objectif et en jouir.
Quitte ensuite à lâcher du lest lorsque l'autre se mettra à pleurer ou abdiquera. L'important n'est pas l'acte mais la douleur morale et l'humiliation infligées à l'autre.
Intelligent, rusé, pervers, il n'aura de cesse de rencontrer le masochisme de l'autre et la soumission de son équipe. Cette situation peut perdurer des années jusqu'à la révolte ou la maladie de l'autre ou la grève.

Points forts :
– ruse ;
– machiavélisme ;
– énergie ;
– domination.

Sa place dans le monde professionnel :
– restructuration d'entreprise ;
– licenciement ;
– gestion par le stress ;
– poste ponctuel : « killer, effaceur, nettoyeur ».

LE MASOCHISTE : DYSCONTACT

La personnalité masochiste est dans la plainte et la dépendance affective. C'est sa façon d'être en contact et d'entretenir la relation.

Le masochiste se sent peu en confiance avec lui-même et avec son entourage. Il a sans cesse besoin d'amour, d'attentions même si on s'occupe de lui sur un mode taquin ou agressif. La rencontre avec un sadique crée une relation durable, douloureuse mais combien intense !

Insatisfait chronique le masochiste se plaint de tout, tout le temps.

Plaintes à propos de lui-même (pas assez de ceci, de cela, trop de ceci), à propos d'autrui (incorrect, méchant, peu compréhensif), à propos de l'environnement (la météo, la pollution, la circulation automobile, la mondialisation...).

Ses tendances à l'échec sont des appels à l'aide et à la compassion.

Il se culpabilise beaucoup mais en fait profiter son entourage en le culpabilisant en retour.

Il est conscient de tout cela, sait qu'il est considéré comme une « bonne poire », mais il l'a bien mérité.

Finalement il ne souffre pas par plaisir mais pour éviter un mal ou des souffrances plus fortes.

Points forts :
– obéissance, soumission ;
– patience, endurance ;
– sens de l'amitié et de la fidélité ;
– travailleur parfois drogué du travail (*trepallium*, instrument de torture).

Sa place dans le monde professionnel :
– exécutant sous contrôle ;
– missions impossibles ou rebutantes ;
– affectations lointaines ;
– pas de limites dans les horaires.

LE BORDER LINE (ÉTAT LIMITE) : DANS LE DYSCONTACT

Instabilité, impulsivité, réactions psychologiques extrêmes.
Le *borderline* est intolérant à l'abandon réel ou imaginaire.
Ses relations affectives sont intenses et instables avec des alternances de positions extrêmes d'idéalisation et de dévalorisation.
Il est impulsif dans ses dépenses, dans sa sexualité, avec des conduites à risque, des crises de boulimie (chez la femme), d'alcoolisation (chez l'homme).
Au maximum il peut avoir des comportements suicidaires, des conduites autopunitives, des automutilations, mais le plus souvent ce ne sont que des menaces.
Des sentiments d'irritabilité, d'anxiété, de dépression, de colère, de persécution pendant quelques heures ou jours, alternent avec un sentiment chronique de vide.
Son positionnement sur la roue des personnalités : c'est une personnalité complexe, avec des traits variables selon l'environnement affectif, de l'interaction avec l'entourage, en particulier en fonction de son abandonnisme. Son humeur est imprévisible, en changement rapide.
Il n'aime pas se remettre en question : il tient les autres responsables de ses échecs, et se sent l'éternelle victime.

Points forts :
– prises de risque ;
– relations et contact intenses ;
– créativité ;
– rapidité de réaction et d'action ;
– agressivité.

Sa place dans le monde professionnel :
– créatif ;
– artiste ;
– profession indépendante, acteur ou actrice ;
– médias, cinéma ;
– syndicaliste.

4. La « normalité »

« Suis-je normal ? Ai-je un comportement normal ? », se demandent sans cesse les gens.

Et par ailleurs, existe-t-il une normalité du contact ? Quels sont les critères ou les sensations que nous pouvons éprouver qui nous permettent de décréter que notre contact ou celui d'autrui est « normal » ou ne l'est pas ?

> **« Je » et les autres...**
>
> « La normalité ce n'est surtout pas s'inquiéter avant tout du "comment font les autres ?", mais rechercher simplement tout au long de son existence, sans trop d'angoisse ni trop de honte, comment s'arranger au mieux avec les conflits des autres comme avec ses conflits personnels sans aliéner pour autant son potentiel créateur ni ses besoins intimes. ».[2]

Considérons la normalité du contact. Ne pas se sentir obligé de se comporter comme les autres, ne pas se cantonner dans un contact standard et stéréotypé, faire preuve de créativité et d'audace aussi dans le contact, voici quelques éléments qui distingueraient peut-être un contact fluide d'un contact figé et « normosé ». Une personne capable de s'ajuster dans le contact et de « retomber sus ses pieds » quelle que soit la situation est sans nul doute différente d'une personnalité difficile, coincée dans un comportement rigide et infructueux sur le plan de l'échange.

Quelles peuvent être les qualités d'un contact ? La capacité d'intensité, d'intimité, de fluidité, d'orientation vers l'autre, d'éprouver des sentiments tels que l'amour, la joie, le plaisir du contact.

La normalité n'est donc pas une fin en soi. Le concept de « normose », montre que le fantasme de normalité peut devenir une sorte de

---

2. Jean Bergeret, *La Personnalité normale et pathologique*, Dunod, 1985, p. 31.

maladie adaptative à l'excès des temps modernes, de standardisation des comportements, rendant stériles notre imagination et notre créativité. L'hyperadaptation est une aliénation aux valeurs d'autrui.

S'exprimer aux confins des limites de notre personnalité c'est aussi être pourvu de personnalité ! Ce trait de personnalité se nomme la « résilience », et désigne la capacité de résister, de survivre et surtout de grandir avec les épreuves de la vie. « La santé n'est pas l'absence de maladie ou d'infirmité, mais un état complet de bien-être physique, mental et social. » (Organisation Mondiale de la Santé)

L'environnement de l'individu est en mutation perpétuelle, il doit s'y adapter afin de ne pas bloquer le processus de croissance de ses potentialités. Parfois les normes sont bousculées, dépassées, dé-introjectées : dans ce cas pouvons-nous parler de « hors norme » ou « d'anomalie », alors qu'il s'agit essentiellement d'ajustement créateur ?

La normalité serait ainsi d'être soi, en tant que personne unique en ce monde, dans l'ouverture, la tolérance et la fluidité. Le contact en est un important révélateur, il nous permet d'être totalement spécifique, totalement nous, dans notre expression et nos sentiments qui s'en dégagent.

CHAPITRE 2

Le contact dans l'entreprise

1. L'entreprise, voleuse de contact

Les 35 heures et les cadres : la bombe à retardement

- *Exemple de Inès, l'une de mes amies*

En lui rendant visite un samedi matin, je suis surprise de trouver mon amie d'enfance, Inès, en larmes et totalement déprimée. Nous nous installons toutes les deux dans le salon, et Inès se met à me parler de son travail et surtout de ses nouvelles conditions de travail. Elle occupe un poste de direction dans une banque et s'est toujours beaucoup investie dans sa fonction, avec bonne humeur et détermination. Je connais mon amie depuis des années, elle n'est pas le genre de personne à reculer devant une tâche ou un problème. Ce qu'elle m'apprend me sidère et je constate une fois de plus que les accords sur la réduction du temps de travail risquent de multiplier les contentieux entre les cadres et la direction des entreprises.

« J'ai en charge une équipe de 12 personnes, et jusqu'à présent l'organisation de notre emploi du temps et de nos fonctions respectives se passait plutôt bien. Une partie de notre travail est allouée à des aspects administratifs et des constitutions de dossiers, une autre est celle concernant nos clients, leur accueil et l'aide que nous leur apportons dans l'information et le traitement de leurs dossiers financiers. Depuis l'arrivée de la loi des 35 heures, je ne m'y retrouve plus du tout. Mes collaborateurs bénéficient de la réduction du temps de travail, ils sont à présent absents une demi-journée voire une journée entière par semaine, sans compter les classiques (et déjà existants) arrêts maladies ou autres absences pour raisons familiales et personnelles. Étant leur responsable hiérarchique, il m'incombe d'organiser toutes ces absences/présences, sans parler de la mauvaise volonté que cela engendre chez certaines personnes (les femmes se battent entre elles pour leur demi-journée du mercredi, les hommes pour celle du vendredi) voire de la jalousie car il ne m'est pas possible de contenter tout le monde.

Étant cadre, je ne suis pas concernée par cette loi, d'ailleurs je ne vois pas comment je réussirais à caser tout mon travail dans 35 heures, mais ce qui me déprime le plus, c'est qu'à présent je fais également ce que mes collaborateurs n'ont plus le temps de faire, car notre banque n'a procédé à aucune embauche supplémentaire. Je cite pour exemple Bertrand, l'un de nos employés en charge des prêts octroyés aux particuliers. Il suit depuis quelques semaines le dossier de Monsieur et Madame X, un couple très affairé et qui ne peut se libérer que le vendredi après-midi. Bertrand n'a fait preuve d'aucune souplesse relative à son nouvel emploi du temps ; sa demi-journée de récupération est arrivée pour le vendredi, date du R.-V. avec son couple de clients, et il était absent à ce moment-là. J'ai abandonné le dossier (également urgent) que je tentais de terminer en cette fin de semaine, pour recevoir Monsieur et Madame X, bien évidemment.

Notre ambiance d'équipe s'est détériorée, le contact est devenu hostile, personne ne se sent plus réellement à l'aise dans ces nouvelles mesures, moi y compris ! »

Inès est fatiguée, elle se sent maltraitée par son employeur, et cela suscite chez elle, comme chez de nombreux cadres, une introspection généralisée : charge et responsabilité de travail, investissement personnel et professionnel, suractivité, heures « sup » le soir et parfois le week-end, laxisme de la direction générale, etc.

- *Un problème partagé*

Le jugement du tribunal de grande instance de Paris du 19 décembre 2000 est passé quasiment inaperçu en cette veille de Noël : les juges annulent dans l'indifférence générale une partie de l'accord 35 heures de la Diac, la filiale crédit de Renault : les dispositions concernant les cadres ne sont pas conformes à la loi.

> En 1995, l'ensemble des cadres travaillait 46 heures par semaine.
>
> En 2000, les cadres administratifs et commerciaux déclarent en moyenne 43,7 heures hebdomadaires, alors que les ingénieurs et cadres techniques annoncent 42,7 heures. (Source : Insee).

Cette machine juridique infernale a rendu certaines entreprises trop laxistes dans l'application des textes ou dans l'organisation elle-même de la réduction du temps de travail et certaines autres trop rigoristes, bousculant certaines vieilles habitudes de travail des non-cadres et sous-estimant la hargne grandissante des personnels cadres.

Cette insatisfaction des cadres peut avoir l'effet d'une bombe à retardement et les contentieux se mettent à foisonner, sur un terrain juridique miné au départ.

La réalité même du concept de « cadre » reste encore à définir, car elle est loin d'être homogène. Quel serait le seul dénominateur commun à toute cette kyrielle de cadres « dirigeants », « intégrés », « autonomes » et autres ? Le fait de ne pas compter son temps, l'indifférence au chronomètre qui émane à la fois de la culture des trente glorieuses (garantie de l'emploi contre disponibilité) et l'incapacité à quantifier le temps de travail ?

Si le mérite de la loi Aubry est d'avoir tenté l'adaptation du code du travail, la tentative de clarification s'est malheureusement arrêtée à certaines catégories de personnels.

- ***Résultats***

− Casse-tête pour les managers : organiser concrètement cette réduction du temps de travail pour leurs collaborateurs,

– Procès contre l'employeur (l'article L21215.4 du code du travail offre à tout salarié la possibilité d'attaquer son employeur si celui-ci n'a pas réellement réduit le temps de travail),

– Mécontentement des cadres, démotivation, prise de conscience d'un profond malaise et augmentation des contentieux,

– Baisse de la productivité due à cette démotivation,

– Perte du contact : les 35 heures ne laissent plus de temps à la discussion, à la moindre convivialité dans le contexte industriel. « On ne se parle plus, se plaint un technicien, depuis l'application des 35 heures, les pauses collectives ont été supprimées, chacun va boire son café tout seul. Je donne par écrit les instructions à mon homologue de la contre-équipe : ce n'est pas aussi efficace qu'avant et se parler permet d'arrondir les angles. Il n'y a plus de "mou" dans l'écoulement du temps, tout est minuté pour arriver à 35 heures. »

Nos propos ne tendent pas à discriminer la loi Aubry ni à controverser la diminution du temps de travail en France. C'est plutôt la mauvaise prise en compte d'une situation globale liée au travail et aux différents acteurs qui est à soulever et qui entraîne frustration et perte du contact.

Dans de nombreuses entreprises on a appliqué les 35 heures sans nouvelle embauche, il faut donc faire le même travail en moins d'heures. Ce travail « comprimé » a contribué à une forte dégradation des conditions de travail et de la communication pour un bon nombre de salariés. Ceux-ci finissent par manquer de temps pour tout et ne sont pas satisfaits de l'organisation de leur temps quotidien.

- *Manquer de temps est pathogène !*

En effet, le manque de temps pour bien faire son travail est pathogène. Michel Gollac et Serge Volkoff[1] ont noté une corrélation entre le fait de « traiter trop vite une opération qui demanderait davantage de soin » et des troubles physico-mentaux comme la fatigue, la nervosité et les douleurs cervicales.

---

1. Michel Gollac et Serge Volkoff, *Les Conditions de travail*, La Découverte, 2000.

En prenant l'exemple du personnel soignant, on constate une sorte de désespoir dû à l'impossibilité d'être en contact assez longtemps avec les malades, de leur parler, de les traiter avec le temps nécessaire pour les soins du corps mais aussi de l'âme.

Le sentiment de ne pas avoir assez de temps pour faire son travail est de plus en plus souvent évoqué. Il engendre la frustration du travail inachevé, incomplet.

Les entretiens d'évaluation : entre discussion à bâtons rompus et véritable interrogatoire

L'exercice, entre discussion à bâtons rompus sans effet et l'entretien vécu comme interrogatoire, n'est pas si simple. Dans notre cas cité en exemple, tous les ingrédients ou presque figuraient dans la panoplie du manager : séminaire, outil, motivation de la direction générale, etc. Mais il n'est pas question ici d'un déjeuner convivial sur une terrasse ou de quelques boutades sympathiques lancées dans un couloir. La communication élémentaire ne suffit pas, le manager doit être prêt à assumer la conversation, à être en confiance avec lui-même, à accepter l'éventuelle controverse voire le conflit. En bref, il doit être doté d'un bon contact avec lui et les autres. Cet aspect n'a nullement été prévu dans la formation des managers cités précédemment.

Quels conseils pourrions-nous donner à ces chefs de service afin qu'ils ne craignent plus de se lancer dans ce terrible entretien d'évaluation ?

1. Clarifier la notion d'entretien d'évaluation : il s'agit d'analyser l'apport de chaque personne à la réussite de l'ensemble de l'entreprise, avec la perspective de l'évolution de carrière et de rémunération. C'est un entretien précieux, important, sérieux.

2. Ne pas improviser : il convient de préparer et d'analyser le constat de l'année écoulée sur la base des objectifs atteints ou non et définis l'année précédente.

3. Pour l'année à venir, définir la liste des objectifs précis et mesurables, en décortiquant les tâches effectuées par la personne afin de

retenir des axes de progrès tangibles. Ces axes sont contrôlés tout au long de l'année afin de pouvoir déceler rapidement un problème éventuel et réajuster immédiatement si nécessaire.

Ces objectifs doivent être également équitables et réalisables, car placer la barre trop haut peut entraîner une démotivation et l'échec qui s'en suit.

4. Établir les critères d'évaluation qui permettent de mesurer les progrès du collaborateur sur des faits et des résultats. Par exemple : le taux de satisfaction de la clientèle, les délais de réponses pour les litiges, le temps alloué à telle tâche, l'augmentation du chiffre d'affaires dans tel secteur, etc.

5. Un dialogue dans le plein contact : cet entretien est un lieu d'échanges où les deux parties réfléchissent ensemble aux solutions concrètes à mettre en œuvre. Attention aux jugements de valeur ou à la focalisation sur les derniers événements négatifs. S'il y a tension ou source de conflit, ne pas oublier que l'aspect humain a toute sa place et qu'il est possible aux interlocuteurs d'exprimer des ressentis ou des émotions. Lorsque le générateur du conflit a été mis au clair, y remédier au moyen d'une solution acceptable pour les deux personnes concernées.

6. La fin de l'entretien est consacrée à la clarté des objectifs et critères retenus de l'année à venir et aux perspectives d'avenir. Le climat se veut sincère et en ouverture.

Il convient d'admettre que cet entretien annuel rend nerveux aussi bien la personne concernée que le manager. Les formes et les supports sont à revoir afin d'éviter la notion de jugement d'un côté et de langue de bois de l'autre. Le talent, la facilité de communication et de contact, l'authenticité de certains cadres font toute la différence. Il ne s'agit pas de « réorienter » la conversation si elle prend une tournure trop directe ou trop personnelle pour le collaborateur, comme le conseillent certains spécialistes en management, mais plutôt de traverser les difficultés ensemble, de les mettre à jour, de les analyser, d'accepter les aspects affectifs de la situation, puis de trouver ensemble des solutions efficaces et globales (pas seulement les chiffres et le rationnel, mais aussi les sentiments parfois inavoués et l'irrationnel !).

Les entretiens d'embauche

Faut-il privilégier une embauche « scientifique » au détriment d'une embauche plus classique où bon sens et intuition seraient de la partie ?

L'absence du sens du contact entraîne l'inflation des tests et outils de tous genres :

- entretiens ;
- tests psychotechniques ;
- tests d'intelligence ;
- tests d'aptitude ;
- tests de personnalité ;
- analyse graphologique ;
- morphopsychologie ;
- numérologie ;
- simulation et jeux de rôles.

Certains recruteurs utilisent l'astrologie (plus rarement) ou des techniques qu'ils ont eux-mêmes mises au point. Souvent, différentes méthodes sont cumulées.

Les *assessment center* se sont beaucoup développés ces cinq dernières années. Le candidat est placé dans une situation professionnelle fictive et très concrète : conflit avec un subordonné, compétition avec des collègues, ordres contradictoires, temps imparti pour une résolution de problème, etc. Cette méthode étant moins ressentie comme une intrusion dans leur personnalité, les candidats y seraient plutôt favorables.

Mais est-il possible de mesurer scientifiquement un comportement, une compétence ou une personnalité ? Les compétences mesurées par tous ces outils sont-elles effectivement celles qui seront mises en œuvre dans le cadre du travail ? Peut-on isoler l'apport individuel, en dehors des relations collectives de travail, du contexte de l'entreprise ? Les aptitudes et compétences d'une personne sont-elles stables ? « Il n'y a pas d'échelle universelle de compétences » décrètent

François Duvernay, économiste à l'université de Paris-X et Emmanuelle Marchal, chercheuse au Centre d'Études de l'Emploi.[2] Et surtout : comment diagnostiquer le contact humain, les aptitudes au management et la réelle personnalité du candidat ?

Ces outils donnent l'impression de se tromper le moins possible pour un recrutement, ou d'avoir tout mis en œuvre pour se couvrir vis-à-vis de la hiérarchie en cas d'échec.

« J'ai recruté moi-même la responsable-décoration de nos magasins, dit Alex, directeur des ventes. Elle ne me donne pas entière satisfaction et pourtant toute la batterie de tests que nous lui avons fait passer (subir ?) a démontré ses aptitudes pour le poste. Je devrais l'aider, la sortir de ce mauvais pas, mais indirectement je lui en veux. C'est comme si elle avait triché pendant l'embauche, qu'elle s'était arrangée pour avoir de bons scores et que sa motivation résidait davantage dans le fait d'être embauchée plutôt que de se donner à fond dans sa fonction par la suite.

– Avez-vous toujours recruté votre personnel de cette manière ?

– Non, dit Alex avec un petit sourire gêné. Vous savez, c'est un peu la mode maintenant de passer par une batterie de tests et cela me permet de prouver à mon responsable hiérarchique que j'ai fait « ce qu'il fallait ». Avant j'embauchais moi-même, au *feeling*, si je puis dire. Et la plupart des personnels recrutés de la sorte sont encore dans mon équipe et me donnent entière satisfaction. Je dialoguais avec le futur candidat, je le voyais plusieurs fois, j'essayais d'entrer en contact avec lui, et aussi de percevoir mon propre ressenti à son encontre. Mon intuition me renseignait sur ma capacité émotionnelle de travailler toute la journée ou non avec ce type de personne. Et lorsque le contact était réellement établi entre nous, il n'était plus possible au candidat de tricher sur ses comportements ou de mentir sur ses capacités professionnelles par exemple.

---

2. François Duvernay et Emmanuelle Marchal, *Façon de recruter*, éditions Métailié, 1997.

— Quelles conclusions en tirez-vous ?

— Il m'arrivait de réussir à faire préférer un candidat hors norme, car je sentais qu'il était capable de tenir le poste et sa réussite m'enchantait. Je crois que je vais m'y remettre ! Le CV et certains tests sont nécessaires, mais il n'est pas possible de faire fi du contact réel et du sentiment que vous inspire votre interlocuteur ! La personne parfaite n'existe pas, l'entreprise parfaite non plus. »

Les réunions avec les collaborateurs

- ***Exemple de Christophe***

Christophe a entrepris des séances de coaching individuel depuis plusieurs semaines. Il a beaucoup travaillé sur lui-même, son comportement managérial, le développement de son charisme. Il est satisfait de cette démarche et réalise de plus en plus que la place de l'affectif a un rôle important à jouer dans une équipe de travail, et notamment dans la sienne. Tout au long de son coaching, il a découvert que les émotions sont de véritables générateurs de performance, même si les années qui viennent de s'écouler ne l'ont pas habitué à un tel discours. Bien au contraire d'ailleurs.

Il arrive un matin à sa séance de coaching, l'air préoccupé, et déclare :

« J'ai bien réfléchi, il y a à présent une dichotomie entre ma façon de percevoir le management des membres de mon équipe et ma façon de l'appliquer sur le terrain. J'ai eu une réunion hier après-midi avec eux, et je me suis vu me comporter d'une manière rationnelle, orientée vers un planning d'action et mon discours orienté sur la performance, basé sur l'impératif des objectifs à atteindre. L'un de mes collaborateurs avait visiblement un problème d'un ordre différent, mais je le cantonnais obstinément vers la logique et la rigueur. C'est la première fois que mon attitude dépourvue "d'intelligence émotionnelle" m'est apparue aussi clairement.

— Sur quelle attitude calquez-vous la vôtre pendant ces réunions avec les collaborateurs ? Avez-vous un "modèle" en quelque sorte ?

Christophe se redresse vivement sur son fauteuil, mobilisant toute son énergie pour dire d'une voix forte :

— Mais bien sûr, je prends modèle sur mes propres hiérarchiques. Je suis un self-made-man, mes patrons m'ont toujours fait confiance, et lorsque je me suis vu confier une équipe, j'ai aussitôt appliqué le même style de management directif et un peu paternaliste de mon chef. Lorsqu'une personne « dévie » des thèmes prévus à l'ordre du jour et surtout lorsqu'elle se met à évoquer ses états d'âme, je recentre le débat, parfois assez brutalement.

— Quel serait le risque de ne pas recentrer, comme vous dites ?

— De me trouver du côté de l'affectif, répond Christophe. Et là, comme vous le savez, je ne me sens pas encore tellement à l'aise... Il m'arrive de fuir le contact dans ces cas-là. »

Christophe prend conscience que la place de l'émotion et du contact réel peut se révéler être une source de créativité au sein de sa structure. Si cette dernière étouffe cette capacité, il ne peut y avoir ni créativité, ni augmentation du bénéfice !

Or, la hiérarchie réticente à l'affectif n'est pas le seul ennemi dans cette affaire ! Créer implique la capacité de s'étonner, de s'ouvrir au monde, de cultiver le contact, de s'émouvoir. Mes émotions jouent un rôle prédominant dans la prise de décisions et influent énormément sur le potentiel de créativité et d'imagination d'une personne. Le stress et la crainte de s'exprimer peuvent inhiber ce potentiel, alors que la confiance et l'estime de soi peuvent le doper.

Nous nous apercevons que les entreprises qui se sont engagées dans un type de raisonnement logique et basé sur les objectifs à atteindre, commencent à réaliser qu'il faut réinjecter des valeurs humaines dans les pratiques managériales, à commencer par les réunions avec les collaborateurs, durant lesquelles cadres et collaborateurs auront à apprendre à se désinhiber, à comprendre et à exprimer leurs émotions. À commencer par le chef de service lui-même.

Dans le cas de Christophe, un véritable apprentissage de la prise en compte de cette dimension affective et du contact s'est imposé. Il avait l'avantage d'avoir déjà travaillé ses propres émotions et ressentis durant son coaching individuel, aussi l'utilisation de ce versant ne s'est-elle pas imposée trop difficilement dans son approche avec les membres de l'équipe.

- ***Exemples de nouveaux comportements durant la réunion de Christophe avec ses collaborateurs :***

– faire un tour de table « météo » ;

– laisser le temps nécessaire pour une (ou deux) personne afin qu'elle puisse exprimer un problème professionnel rencontré depuis la dernière réunion – le chef de service faisant office de « superviseur » à ce moment-là en aidant cette personne à travailler sur ses difficultés organisationnelles et surtout relationnelles ;

– profiter de la présence des autres membres du groupe pour leur demander un feed-back sur la situation, les impliquer dans la recherche de pistes et de solutions créatives et innovantes ;

– développer l'intuition et l'affectif du groupe ;

– permettre une lecture attentive du processus du contact, des qualités de chaque collaborateur à être en contact avec lui-même et son environnement, des blocages éventuels qui se profilent durant cette vie du groupe ;

– accroître l'autonomie de chacun, sa confiance en lui, afin de l'inciter à oser prendre des risques sur le plan professionnel.

Les réunions du comité de direction

Leur climat affectif et relationnel peut en fait se calquer sur ce que nous venons de voir précédemment sur les réunions avec les collaborateurs. Il s'agit également d'un groupe de professionnels, même si les statuts et les fonctions de ceux-ci correspondent à une hiérarchie plus élevée.

Si les membres du comité de direction donnent l'exemple sur ces nouvelles valeurs qui sont à cultiver telles que celle de l'intuition, du contact et de l'affectif, tout en ne négligeant bien sûr pas l'aspect rationnel, économique et financier de leur société, ces valeurs pourront se développer en cascade plus bas dans la hiérarchie. L'autorisation, l'exemplarité et l'incitation à ces valeurs de la direction permettront leur application en cascade dans les échelons inférieurs.

L'intelligence abstraite et le recrutement du personnel qui s'y adjoint devront, dans les années à venir, composer avec l'intelligence émotionnelle. Toute l'entreprise y sera gagnante et les valeurs ajoutées ne seront pas seulement repérables dans le bon climat ou la satisfaction des salariés, mais aussi dans le succès de l'entreprise, sa pérennité, sa capacité à l'ajustement des changements et à l'absorption des chocs de la concurrence du marché mondial.

Alors, membres du comité de direction et dirigeants, à vos émotions !

Le conflit avec un supérieur hiérarchique

• *Cas de Thibault*

Thibault est le directeur-adjoint d'un cabinet conseil en gestion. Il a 37 ans et émane d'une grande école commerciale. Il a brillamment réussi ses études et utilise beaucoup ses facultés mentales lorsqu'il se sent gagné par les émotions dans le milieu professionnel. La première impression qu'il donne est celle d'un « jeune cadre dynamique » plutôt réservé voire froid. Il observe le monde qui l'environne ainsi que les êtres humains avec attention et méfiance. On devine en lui une personne sensible et prudente dans l'élaboration des relations avec autrui.

Jacques, le responsable du cabinet et supérieur hiérarchique de Thibault, est un homme d'âge mûr, très cultivé, sûr de lui et doté d'une solide expérience professionnelle.

Thibault est en conflit avec lui ; il se heurte à Jacques au travers de détails de la vie au quotidien, mais également sur des questions plus importantes, touchant à la marche du cabinet et aux décisions à prendre. Ce conflit gangrène le climat de l'équipe en place et nuit de plus en plus au développement souhaité de la clientèle.

Thibault apparaît comme impatient, souhaitant trouver vite une issue à leurs démêlés. Il a des difficultés à se contrôler et il lui arrive de se comporter de manière désagréable avec Jacques, surtout devant un public : les autres salariés ou les clients. Jacques en profite alors pour lui asséner des reproches, le blâmant aux yeux des autres et parfois par écrit (messages électroniques).

Ils conviennent d'un coaching à deux, appelé « coaching de couple de professionnels ». Lorsque la première séance démarre, la situation est au plus mal, ils sont en pleine crise entre eux et le cabinet sur le point d'exploser.

Après leur avoir proposé d'évoquer leurs griefs réciproques, qui sont violents et emprunts d'émotions fortes et négatives, je leur propose d'étudier le mode de contact qui s'est établi entre eux, depuis le début de leur travail en commun jusqu'à ce jour.

« Dès que je parle à Jacques, commence Thibault, j'ai l'impression de rétrécir, jusqu'à disparaître si je n'y prenais garde. À son contact, je deviens un petit garçon. Pour me rattraper, je l'agresse, c'est la seule manière pour moi de ne pas me perdre…

Thibault est un adulte, continue Jacques, et lorsque je l'ai embauché, il n'était pas question que je le prenne sous mon aile. J'ai horreur de jouer le rôle du père, je n'ai pas envie de mâcher les difficultés pour Thibault, comme il semble me le demander. Je ne prends pas plus d'égard envers lui que pour les autres membres de l'équipe. Mon contact avec lui est de plus en plus épineux et je suis sur le point de le rompre définitivement… et de licencier mon adjoint qui ne remplit pas ses fonctions ».

Les deux hommes attendent des comportements que ni l'un, ni l'autre ne peuvent donner. Thibault est à la recherche d'un patron-père, qui l'aiderait à terminer sa croissance. Jacques voudrait pouvoir s'appuyer sur son directeur-adjoint, qu'il verrait nanti d'autonomie et de maturité relationnelle. Le contact entre les deux interlocuteurs est devenu inefficace et source de tensions.

« Chaque fois que nous essayons de nous parler, dit Jacques, c'est encore pire. Nous nous disons des choses blessantes qui ne font qu'envenimer notre problème. »

Que conviendrait-il d'entendre dans ce cas ? Je leur suggère de diagnostiquer les éléments de leur conflit selon cinq critères :

Quel est le climat de communication existant ?

S'agit-il d'un climat sécurisant dans lequel chacun peut s'exprimer librement, ou d'un climat répressif, disciplinaire et de non-dits ?

Dans cette équipe, il apparaît que le climat serait plutôt laxiste, voire anarchique. Chacun vaque à ses occupations professionnelles sans trop se soucier des autres, peu de cohérence de groupe est repérée. Le patron, Jacques, n'a pas instauré de règles précises de fonctionnement et de communication. Il aime travailler seul et n'est pas enclin à encourager ou aider les autres à progresser. Son système de délégation ne fonctionne pas, tout simplement parce qu'il n'existe pas.

Dans ce climat laxiste et flou, Thibault se sent perdu. Il aurait besoin d'un cadre de travail plus sécurisant, et d'un chef plus proche de lui, voire paternaliste avec lui.

Comment fonctionne le cycle du contact entre les deux personnes ?

Le processus du contact n'a plus aucune intensité et le contact voire le plein contact sont totalement inexistants à présent. La courbe du contact est inversée chez eux, c'est-à-dire qu'ils mettent de l'énergie dans les émotions et ressentis négatifs.

LES TROUBLES DU CONTACT

Quelles sont les attitudes adoptées par les deux antagonistes ?

Chacun est tour à tour persécuteur et victime. Thibaut a une attitude guerrière avec Jacques devant témoins, il l'agresse verbalement ou lui répond sèchement, jusqu'à ce qu'il devienne la victime malheureuse et incomprise de Jacques. Celui-ci dévalorise Thibault et se transforme en dictateur sadique et imprévisible. Puis il endosse le rôle de la victime lorsque le travail n'est pas fait et que Jacques est incapable de traiter une affaire seul de A à Z, faute d'informations et de moyens.

Quels sentiments et émotions ce conflit génère-t-il ?

Pour Thibaut : la tristesse et la colère.

Il a souvent la gorge serrée, ressent un malaise permanent et son attitude de victime malheureuse et parfois soumise peut provoquer une attitude de persécution, comme nous venons de le constater. Son message, exprimé par le sentiment de tristesse, est le suivant : j'ai besoin de réconfort dans cette équipe et à ce poste, j'ai besoin d'être entouré et compris par mon patron. La colère qui s'en suit est froide et facilement repérable sur son visage. Il devient presque exsangue en s'adressant à Jacques. Il se sent devant un obstacle insurmontable et se met en énergie pour le surmonter. « Je dois renoncer au père protecteur et bon, confie-t-il en aparté avec moi. Il faut que je grandisse totalement et que j'assume mon rôle d'adulte. »

Pour Jacques : la colère et la peur.

Son message est clair : il en a assez de cette situation et souhaite un changement dans l'attitude « petit garçon » de Thibault. Mais cette colère cache chez lui un autre sentiment et donc un autre message : c'est souvent la peur qui se cache derrière la colère. Comme il n'est pas admis d'avoir peur, surtout pour un homme et un homme responsable hiérarchique, la seule issue pour exprimer cette émotion, est la colère, sentiment plus « viril » et de remplacement. Lors d'une séance individuelle de coaching, Jacques se penche sur cette peur qu'il a lui aussi détectée dans son fonctionnement avec Thibault. « Je crois que j'ai peur de devenir vieux, de devoir laisser ma place à Thibault qui est plus jeune et plus séduisant que moi. Alors, je me venge en lui mettant des bâtons dans les roues… Je préfère le savoir jeune et… incompétent. »

Quels types de stress sont véhiculés par le conflit ?

Pour Thibault : vouloir trouver vite une issue et des solutions sans faille ni compromis.

Il est impatient de régler le désaccord et son impulsivité ne fait qu'augmenter le stress. Il se trouve en état de susceptibilité et d'angoisse chroniques. Ses valeurs humanistes et intègres le détournent d'un compromis, qui pourrait être légitime et honnête. Il a une sorte de candeur en lui, consistant à croire à une solution unique et sans faille.

Pour Jacques : se maîtriser, être contrôlé, pour cacher sa peur.

Il est l'inverse du « trop rapide » de Thibault. Son côté savant et beau-parleur cache sa peur d'être dépassé par les hommes plus jeunes que lui, jusqu'à devenir menteur. Il camoufle son stress par le côté « esbroufe » et invulnérabilité du vieux mâle dominant et par l'évitement du contact réel avec son adjoint.

Résultats du coaching

Thibault et Jacques ont d'abord rétabli leur dialogue en exprimant ce qui ne fonctionnait pas correctement entre eux, puis ils ont examiné les raisons plus « enfouies » voire inconscientes de leur conflit avec l'aide du coach, en posture de médiateur. Cela leur a permis de dépasser les non-dits et les clichés du démarrage et d'envisager des pistes, des compromis et ajustements nécessaires à la bonne marche de leur tandem. La restauration du contact entre eux a joué une place importante dans ce cas précis.

2. L'entreprise, malade du contact

Déficit de contact sur tous les fronts !

Avant même de nommer quelques troubles spécifiques du contact dans le milieu professionnel, il est aisé d'en repérer certains, au quotidien, si infimes que l'on pourrait les ignorer, s'ils n'étaient répétitifs et engendraient des conséquences désastreuses au fil du temps.

- *Hypocontact*

Cindy, assistante de direction, 36 ans : « Voilà 4 ans que je travaille avec mon patron. C'est un homme très occupé et pressé. Il arrive peu de temps après moi le matin, me salue vaguement et s'enferme dans son bureau. Je ne lui reproche pas son emploi du temps débordant, bien sûr, mais je pense qu'il pourrait parfois me considérer comme… un être humain. C'est un peu comme si j'étais une sorte de machine à taper des courriers, à répondre au téléphone, à lui préparer son café. Il m'arrive de plus en plus d'éprouver une sorte de déprime en me rendant à mon travail le matin… »

- *Déconsidération*

Jean-René, assistant de production, 31 ans : « Mon chef ne m'a plus félicité depuis des mois sur mon travail, pourtant de plus en plus fastidieux. En effet, les commandes ont augmenté considérablement et je suis toujours seul à en assurer la logistique. Lorsque j'essaie de lui en parler, il me tourne le dos et me conseille de me débrouiller avec les fournisseurs, d'aller leur rendre visite, de les menacer pour leur retard. Je sens bien qu'il est aussi débordé que moi, mais nous pourrions parfois faire le point et discuter clairement de ces problèmes afin de trouver des solutions plus adéquates. Mais j'ai l'impression qu'il me fuit en ce moment, qu'il évite de se retrouver en tête-à-tête avec moi. Ce manque de contact avec ma hiérarchie me met très mal à l'aise, et cela va en s'aggravant. Je me culpabilise de faire mal mon travail, j'ai aussi peur d'être licencié. Mon médecin m'a prescrit un antidépresseur. »

- *Pseudo-contact*

Nadine, secrétaire dans un pool d'informatique, 27 ans : « Notre chef de service a suivi un séminaire sur la communication et depuis elle vient nous serrer la main chaque jour. Mais elle fait cela tellement vite, que j'ai le sentiment qu'elle ne me voit même pas, lorsqu'elle me dit bonjour. Je ne suis qu'une main qu'on lui a recommandé de serrer et à laquelle elle demande machinalement : comment allez-vous ? Et si je lui disais que je ne vais pas bien du tout, que son comportement m'agace, que je préfèrerais qu'elle m'évite comme avant ? Cela l'embêterait drôlement et lui prendrait de son précieux temps ! »

- *Turn-over (renouvellement du personnel)*

Le turn-over est très important dans l'établissement bancaire dans lequel travaille Bertrand. Il est responsable de la formation et subit chaque année de nombreux allers et retours des consultants internes. « Je n'ai pas le temps de former une équipe cohérente autour de moi, à peine une personne est-elle opérationnelle pour l'animation en solo d'un séminaire, que déjà nos restructurations incessantes la conduisent à être mutée dans une autre ville. Il faut du temps pour établir la confiance dans une équipe, de l'énergie au quotidien, ainsi que la transmission du savoir-faire et du savoir-être. Mais le contact ne peut réellement se faire sur un laps de temps aussi court. D'ailleurs je viens d'apprendre que je quitterai sans doute mon poste en fin d'année pour me retrouver à la gestion des patrimoines. »

- *Bureaucratie, technocratie*

De nombreuses personnes vivent dans un service fantôme, entourées de collègues et de hiérarchiques fantômes. Toute l'information est transmise par des notes de service et le fameux entretien annuel de « progrès » n'a pas toujours lieu, alors qu'il constitue le seul moment de tête-à-tête avec le supérieur hiérarchique. C'est le cas de Fabien. « Je travaille dans une grande tour en verre, au 39e étage, je suis doté d'un bureau aux meubles *design* et j'ai un équipement informatique dernier cri. Dans la charte de notre management mis en place par un prestigieux cabinet extérieur, il est prévu un entretien annuel avec le chef direct. Celui-ci étant souvent en déplacement aux États-Unis, il n'a pas vraiment le temps, ni l'envie d'ailleurs, de me voir seul à seul. J'ai essayé de contacter mon N+2, le sollicitant à son tour, car j'aurais besoin de parler, d'exprimer ce que je ressens à mon travail, d'avoir un contact autre que bureaucratique. Le N+2 a décliné ma demande, elle ne correspond pas au règlement managérial en place qui ne lui permet pas de by-passer (*bypass* = déviation en anglais) mon N+1. Voilà, je gravite dans ce dédale rationnel inhumain, et pourtant je continue à bien aimer faire mon travail ! »

- ***Déshumanisation***

Georges est un jeune cadre embauché dans une grande société européenne. Il y a 2 ans, lors de son embauche, le DRH lui avait promis une évolution intéressante de carrière. En effet, Georges correspondait au profil idéal pour cela : diplômé, 32 ans, expérience préalable dans une autre entreprise de ce type, motivation, etc. Entre-temps, l'entreprise a été totalement restructurée et le poste envisagé pour Georges a été supprimé.

« Ma hiérarchie elle-même n'a plus existé d'un mois à l'autre et je ne savais pas à qui parler de ce problème. Qu'allais-je devenir ? Le DRH m'a demandé de patienter et de louer mes services au département auquel j'appartenais. Ne souhaitant être licencié, je me suis exécuté. »

C'est ainsi que notre jeune cadre s'est vu vaquer d'une tâche à une autre, pour des missions n'excédant parfois pas plus de deux semaines et n'ayant aucun rapport avec son profil professionnel.

« Un jour on m'a demandé de distribuer le courrier, et là j'ai craqué ! Je ne savais plus qui était mon supérieur hiérarchique. Je crois qu'il n'y en avait plus à ce moment-là. Je me sentais comme un pion que l'on déplace d'un endroit à un autre. J'avais honte, je n'osais pas en parler à ma femme le soir en rentrant chez moi. »

L'histoire de Georges se termine bien car sa situation absurde est détectée par un nouveau chef de département, qui établit le contact avec lui, lui confie une mission digne de ce nom et l'encourage à se remettre véritablement au travail.

Combien y a-t-il de « Georges » en quête du sens et d'humanisation de leur travail ?

Virtualisation du contact

- ***Le contact* as if *(comme si…) : Lotus Notes, Internet, messageries, textos, téléphones mobiles, vidéo-conférences, etc.***

Le téléphone mobile et le courrier électronique sont sans nul doute des moyens de communication appréciables. Ils permettent la rapidité, la confidentialité et un certain contact permanent avec nos interlocuteurs. Lorsque nous devons téléphoner immédiatement à notre assistante pour passer une commande urgente ou lui demander une information importante, lorsque nous sommes en panne sur la route, lorsque notre enfant nous laisse un petit message nous annonçant une bonne nouvelle, etc., alors nous apprécions pleinement ce « mobile ». Il en va de même pour les emails et leur efficacité.

Là où le bât blesse, c'est lorsque nous confondons message rapide et contact réel.

L'utilisation de Lotus Notes dans une entreprise est appréciable si elle ne remplace pas le contact et la relation entre les différents interlocuteurs.

Philippe, commercial, 42 ans : « Depuis que nous avons Lotus Notes, le contact direct avec les personnes du service est nettement réduit. Untel m'envoie un message électronique, que je suis sensé ne pas ignorer à partir du moment où il m'est adressé (ce qui augmente mon stress !), il attend une réponse qui doit souvent être rapide (stress) et surtout je ne peux pas discuter avec lui, puisqu'il ne vient plus dans mon bureau. L'un de mes collègues, dont le bureau est juste à côté du mien, préfère m'adresser un mail plutôt que de venir me voir. C'est dommage, nous perdons le sens du contact, même si nous nous "contactons" sans arrêt par Lotus Notes. »

Dans le cas cité, nous constatons que l'interaction est plus faible par mail que dans un contact de personne à personne et il en va de même pour l'exemple suivant.

- *Vidéo-conférences*

Destinées à faciliter la communication pour les interlocuteurs éloignés géographiquement, elles ont un intérêt non négligeable : possibilité de communiquer à plusieurs, de se réunir à n'importe quel endroit de la planète, d'utiliser des traducteurs si nécessaire, de voir apparaître le visage de chacun sur l'écran, etc. Là encore, attention à ne pas confondre pragmatisme et contact humain réel.

Magalie, directrice marketing, 39 ans : « Durant la vidéo-conférence, il faut être suffisamment discipliné pour ne pas parler en même temps que les autres personnes, être vigilant sur ce qui se dit, car cette technique accélère la cadence normale d'une réunion classique. Il m'arrive d'en sortir complètement exténuée. Ce qui me fatigue le plus c'est sans doute de ne pas avoir un contact total et direct avec mes interlocuteurs. Lorsque je les rencontre réellement, je perçois plus facilement lorsque quelque chose ne va pas, les états d'âme de certains. Avec la vidéo-conférence, c'est différent. Le contact est atténué, filtré, virtuel en quelque sorte. Nous avons le sentiment de communiquer, mais nous devons renoncer à une grande partie de la communication, de la relation. Il nous arrive à présent de privilégier un déplacement géographique ; il coûte plus cher à la société et nous "perdons" davantage de temps pour le voyage, mais le résultat est plus marquant. »

- *Absentéisme*

Il est le symptôme d'un malaise professionnel et souvent relationnel. En ne considérant pas les arrêts de travail dûs à des problématiques de santé ou d'accident, c'est bien souvent la maladie de contact qui est à l'origine de l'absentéisme – on peut même se demander si les problèmes de santé et même les accidents ne sont pas les symptômes d'un malaise plus général. Même si l'instauration des 35 heures a apporté un rythme de travail moins drastique pour certains, il n'en demeure pas moins qu'elle a aussi contribué à un accroissement de la rentabilité du temps de travail effectif. Julien est manutentionnaire dans une société de distribution agroalimentaire qui applique les 35 heures depuis une année. « L'ambiance n'est plus la même, confie-t-il, car l'ensemble des créneaux horaires a été revu. La pause café du matin a été supprimée, c'est dommage, car elle permettait aux personnes d'échanger quelques paroles, d'établir un peu de relationnel en dehors des consignes professionnelles. Cette pause durait quelques minutes, nous n'exagérions jamais en la prolongeant davantage. Maintenant chacun va se servir tout seul à la machine, il avale son café ou son thé, c'est un peu triste. Le rythme de la journée est aussi accéléré, ce qui oblige le chef d'atelier à courir sans arrêt, il n'a guère plus le temps de marquer un temps d'arrêt avec l'un des manutentionnaires. Je remarque que les absences sont plus nombreuses, je comprends. Il m'arrive moi-même de devoir faire un terrible effort à l'idée de prendre mon poste, tout est devenu impersonnel. »

L'intimité interdite de séjour dans l'entreprise

- ### *L'intimité : une affaire de femmes ?*

« Dès que l'on privilégie un choix intérieur plutôt que des solutions extérieures, la communication émotionnelle prend le dessus sur les formulations idéologiques. Ce mouvement a replacé au premier plan l'intimité dans ses différents aspects ; sexuels, corporels, affectifs et, pourquoi pas, intellectuels et spirituels. »[3]

Les formes plus fonctionnelles et énergétiques de la communication dans le milieu professionnel ont été valorisées, ne laissant que peu de place à l'intimité et au contact.

---

3. Willy Pasini, *L'Éloge de l'intimité*, Payot, Paris, 1991, p. 17.

Parler d'intimité dans un monde industriel masculin voire viril, est relativement difficile. Surtout pour les hommes, qui confondent intimité et banalité, ou encore intimité et féminité. Comme le souligne Willy Pasini, les hommes s'occupent par tradition de la guerre, de la politique, des idées ; et le monde un peu flou des sentiments est réservé aux femmes.

« Je suis auditeur Qualité, explique Marc, et l'organisme auquel j'appartiens préconise davantage de contact durant les entretiens d'audit. Avant je déroulais mon questionnaire établi préalablement, je prenais des notes sur les réponses des personnes auditées, je ne m'occupais pas de leur ressenti. À présent, mon attitude se doit d'être plus relationnelle, davantage à l'écoute des gens et de leurs états d'âme. J'avoue qu'au début j'étais un peu perdu. Intégrer du contact et de l'intimité dans un entretien professionnel avec un homme me semblait un peu bizarre, presque gênant… Avec les femmes je me sentais mieux, et puis elles ont plus de facilité dans ce domaine. »

Cette difficulté à établir une bonne distance intime sur le plan professionnel et dans la vie sociale ou privée est très présente. L'intimité sous-entend la capacité d'être à l'écoute de l'autre mais aussi à l'écoute de ses propres sensations. Nombreux sont les managers à se sentir mal à l'aise dans l'intimité.

Alex est un homme d'affaires de type « hyperactif ». Il passe beaucoup de son temps en avion, s'il ne donne pas des directives téléphoniques à son assistante avant de concrétiser un nouvel achat de société à l'étranger. Il ne manque pas de contacts, mais ceux-ci sont toujours à son image : rapides. Ses rapports avec les femmes sont du même ordre : il n'a pas réussi à stabiliser une relation dans la durée, car la durée lui fait peur, elle nécessite un engagement affectif et un plein contact. Il lui arrive de vivre une aventure érotique et exotique, davantage compatible avec son affairisme de manager et son désir de contrôler ses émotions. Il prend garde à ne pas tomber amoureux et c'est toujours lui qui prend l'initiative de rompre la relation lorsqu'elle devient trop encombrante et fusionnelle. « Je crois que j'ai aimé Anna, confie-t-il, mais j'ai constaté qu'elle m'en demandait toujours davantage. Elle s'était mise en tête d'entrer dans ma vie au quotidien, de vouloir un enfant avec moi ! J'ai aussitôt rompu. »

Dans la réalité, les besoins d'intimité des hommes sont aussi importants que ceux des femmes, sinon davantage. Mais de tels besoins sont inavouables sur le plan social et professionnel.

On comprend d'autant mieux que ces stéréotypes d'intériorité pour les femmes et d'extériorité pour les hommes aient provoqué une difficulté pour ces derniers à vivre une intimité véritable.

Or le contact nécessite de l'intimité.

L'intimité peut être considérée comme une faiblesse et un danger ou un privilège et l'accès à la communication affective. Il convient de différencier « l'expérience intime » qui a une durée limitée et se rapporte essentiellement à la vie amoureuse et érotique, de la « relation intime » qui prend forme dans le temps, qui engendre un rapport humain fondé sur l'empathie et favorise progressivement la complicité.

La véritable intimité, celle que le contact permet d'instaurer, implique la capacité de se mettre dans la peau de l'autre sans perdre la sienne. Il ne s'agit pas de la fusion (confluence) qui fait perdre sa propre frontière au profit d'une frontière commune parfois envahissante, mais de l'individuation, dans laquelle chacun reste maître à bord de chez lui.

Willy Pasini[4] cite Donald Winnicott, (pédopsychiatre et psychanalyste anglais). Celui-ci constate que les personnes qui ont des difficultés de contacts personnels sont en quelque sorte enveloppées d'une cuirasse servant à protéger leur structure interne (noyau) incertaine et molle. Ainsi, tout processus de maturation personnelle et de capacité à être dans le contact avec soi et les autres, consiste à acquérir progressivement une confiance en soi de plus en plus grande et stable. C'est à ce moment-là seulement que l'individu peut renoncer à sa cuirasse, pour

---

4. *Ibid.*, p. 50.

la transformer progressivement en un matériau plus souple et plus perméable.

Ainsi certaines personnes ont tendance à se barricader pour échapper au contact et à l'intimité, alors que d'autres ouvrent des brèches trop grandes et trop rapidement, ce qui s'avère aussi dangereux pour elles.

Pour que l'intimité affective puisse se développer, la membrane protectrice doit devenir souple et perméable, et le noyau dur. C'est de cette manière qu'il y a un véritable partage possible, dans les parties périphériques, sans danger pour le noyau.

Winnicott nomme aire intermédiaire ou « espace transitionnel » ce que les interlocuteurs peuvent mettre en commun. Cet espace a pour fonction d'unir tout en maintenant la séparation. C'est là qu'a lieu l'expérience intime.

Pour avoir une véritable intimité avec autrui, il convient d'abord d'en avoir une avec soi-même. Ce qui signifie de se connaître, avec ses qualités et parties lumineuses, mais aussi les points faibles et obscures de soi, ceux dont nous avons parfois honte, mais qui font partie de nous. Comme l'écrit Willy Pasini : « L'intimité avec soi-même implique de l'invention, de l'imagination. Autrement dit, il faut savoir créer et recréer des interfaces entre les différentes parties de soi, et entre soi-même et les autres. »[5]

Il est certain que le monde professionnel ne favorise pas l'intimité. Il est régi par le rationnel et une logique au premier degré qui engendrent une communication intellectuelle, servant parfois inconsciemment à ne pas entrer dans le contact. Pour Freud, la plupart des dysfonctionnements de l'intimité affective proviendraient d'une pathologie du préconscient, à une sorte d'excès de vigilance consciente qui ne permettrait pas à la personne de se laisser aller à l'expérience affective, sensorielle et sexuelle.

---

5. *Ibid.*, p. 53.

L'intimité nécessite deux mécanismes psychologiques : la projection (capacité de se mettre dans la peau de l'autre sans se perdre ni devenir l'autre) et l'introjection (recevoir de l'autre, être en mesure de le laisser entrer dans notre intimité sans avoir peur d'être envahi, contaminé ou anéanti par lui).

- **Pourquoi l'intimité fait-elle peur ?**

1. Parce que la fusion peut faire peur ; elle peut nous faire perdre notre identité pour s'adapter ou se confondre avec celle de l'autre. L'intimité nous rend parfois plus sensible, plus vulnérable et entraîne ainsi un affaiblissement des limites de soi.

« Il a tellement de personnalité, il a tellement confiance en lui, dit Marine, que je crains de me laisser prendre au piège en renonçant à une partie de moi, en me calquant sur lui. Alors je ne le laisse pas entrer trop dans mon intimité. Notre relation s'en ressent, elle ne progresse malheureusement plus. »

2. Parce que l'intimité nous fait dévoiler une partie de nous-même. Il y a là le risque de déplaire à l'autre, de le décevoir, de mettre en péril la confiance qu'il nous a accordée.

« J'ai souvent peur d'aller plus loin dans le contact avec une femme, nous confie Alexandre ; aussi longtemps que je suis dans la séduction avec elle, je maîtrise bien ce qui se passe, mais lorsque je me livre davantage je peux la décevoir. C'est un risque que j'hésite à prendre… »

3. Parce que nous avons peur de nous « lâcher » ! Le terme est devenu usuel. Qu'est-il donc question de « lâcher « sinon nous-même et nos barrières défensives ? Après « l'accrochage » (voir plus haut) vient le « lâchage », question de logique. Bébé, nous nous sommes accrochés à notre mère, comme le bébé singe s'agrippe à la sienne. Nous avions un besoin vital de cette fusion, elle nous a permis de grandir, de nous affirmer. Nous voilà grand et le secret du contact n'est plus dans « s'accrocher » mais « se lâcher », se laisser aller dans l'inattendu du contact et de l'intimité avec soi et les autres, et surtout l'autre. C'est comme un saut en parachute, il faut se laisser aller dans le vide tout d'abord, éprouver cette sensation de liberté étrange, se laisser emporter sans pouvoir intervenir ou contrôler.

Or, s'abandonner à une véritable intimité relationnelle, c'est peut-être vouloir abolir ses limites, devenir addictif à cette sensation (une véritable drogue !), s'y perdre… L'intimité revêt là une forme de passion amoureuse.

Dans le contexte du travail, de nombreuses personnes traversent toutes leurs difficultés professionnelles avec un sourire si ostensiblement affiché comme un masque et une telle volonté, qu'elles sont inaccessibles à l'intimité et au contact réel. Elles sont attirantes et séduisantes, bien souvent, on les envie d'avoir une telle énergie vitale, mais elles sont presque trop gaies, trop vives pour être « vraies ». C'est une façade.

Comment allez-vous ?

« Je dis toujours que je vais bien et cela agace mes collègues, je le sens, dit Édouard, responsable hiérarchique de 30 cadres. D'ailleurs je finis par me persuader que je vais bien, même si j'ai passé une mauvaise nuit, comme c'est le cas aujourd'hui.

Son coach : Et alors, comment vous sentez-vous maintenant ?

Édouard : Je n'ai pas de problème ! Non, honnêtement, je ne ressens pas grand-chose, je crois que je suis coupé de mes propres sensations, à force de faire semblant d'avoir la pêche !

Coach : Vous arrive-t-il de traverser une période difficile sur le plan affectif ou relationnel ?

Édouard : Oui, alors je m'isole, je me replie sur moi, je ne veux surtout pas que les autres s'en aperçoivent. Au travail, je renforce alors ma bonne humeur, comme un rempart autour de moi. »

Édouard n'a plus d'accès conscient à ce qu'il ressent ni à ses émotions. Il n'a jamais appris ou entendu dire qu'on pouvait vivre autrement. Son père était très sévère avec lui, ne le complimentait jamais sur un travail bien fait, et privilégiait comme seule valeur le travail, toujours le travail.

> Lorsqu'il déclare qu'il n'a pas de problème, cela signifie en fait qu'il ne veut pas se poser la question.
>
> Édouard a du mal à manager son équipe rapprochée car il n'est que dans un semblant d'intimité et de contact. Il évite soigneusement les entretiens individuels pourtant préconisés par la direction. Lorsqu'il lui arrive d'avoir un malentendu ou un conflit avec l'un de ses subordonnés, il préfère éviter ce dernier, plutôt que de traverser le problème. Le contact, déjà faible auparavant, devient inexistant. De plus, le camouflage incessant des affects se réalise au prix d'une tension interne importante. L'armure est d'autant plus épaisse que la détresse intérieure est grande. Édouard souffre d'un ulcère à l'estomac, avoue avoir des idées pessimistes sur la vie, et personne ne s'en douterait dans son entourage. Y a-t-il quelqu'un sous le masque ? (un bon élève, sans doute !)

L'entreprise macho

Être un homme dans la culture industrielle exige un certain niveau de performance dans certains milieux. L'image de virilité est fortement véhiculée dans l'entreprise : force, action, dureté, combativité, ambition, compétence. Elle entraîne le « décideur » comme son nom l'indique, à en avoir les comportements.

La notion de guerre, de combat intervient dans l'attitude du manager. Son corps et son caractère sont forgés pour combattre, son psychisme se trouve au centre de sa raison et de sa volonté, et si la colère lui est permise, les larmes ou toute autre forme de sentiments sont à proscrire.

Donnons l'exemple d'un coaching : Steave, un manager de 42 ans, a pour objectif d'optimiser ses « entretiens de progrès » (ou entretiens annuels) qu'il effectue avec chacun de ses collaborateurs une fois dans l'année. Aussi longtemps qu'il est dans le registre « du combat, de la guerre » (le chiffre d'affaires prévisionnel et celui réalisé, les objectifs atteints ou non, etc.) avec son collaborateur durant l'entretien, il se sent parfaitement à l'aise et gère bien son entretien. Mais dès qu'il quitte cette zone de l'énergie virile et productive, il se sent perdu. Steave se hâte de couper la parole à son interlocuteur lorsque celui-ci fait mine de s'engager dans un terrain plus relationnel ou émotionnel.

– Coaché : « Je faisais remarquer à mon collaborateur qu'il n'avait pas atteint la moitié du chiffre d'affaires prévu pour son secteur de vente, je me contenais d'ailleurs un peu pour ne pas lui exprimer mon agacement à ce moment-là, lorsqu'il s'est mis à évoquer sa démotivation actuellement, son angoisse d'être mis à la porte, son malaise avec le reste de l'équipe.

– Coach : Et alors, que s'est-il passé chez vous ?

– Coaché : J'étais désemparé, je ne m'attendais pas à cette réaction de sa part, il m'agaçait de plus en plus, mais sur un autre registre cette fois ! Il a fini par m'avouer qu'il se sentait nul, et là je n'en pouvais plus.

– Coach : Qu'auriez-vous souhaité faire à ce moment précis ?

– Coaché : J'aurais voulu le virer sur le champ. C'est moi qui l'avais embauché il y a un an, donc j'avais le sentiment de m'être fait grugé, d'avoir embauché un nul...

– Coach : Avec du recul, pensez-vous que ce collaborateur est véritablement nul ?

Silence...

– Coaché : Non, je crois que c'est plutôt moi qui aie des problèmes avec le côté plus affectif de ce type d'entretien. Je préférerais que leur déroulement se passe de façon virile (entre hommes !) et rationnelle (à tout problème des solutions techniques et organisationnelles). Et dès que mon interlocuteur se met sur le registre des sentiments, je me sens démuni. »

Nous constatons dans le cas de Steave, que ses idéaux de puissance et de rationalité sont perturbés par l'expression des sentiments de son interlocuteur. Derrière le comportement d'hypermasculinité de Steave se cache une fragilité évidente, où intimité et contact véritable terrifient notre héros. Par extension, nous pourrions ajouter que les sentiments l'effraient, mais aussi la nature, les femmes, la mort. En fait tout ce qui échappe à son contrôle. C'est à la fois un problème d'image narcissique (le « look viril ») et la manifestation du niveau phallique de développement de notre culture qui demande à l'homme d'être performant, pénétrant, agressif, excellent, gagnant, en un mot puissant.

Ainsi donc, l'entreprise, univers masculin dominé par les valeurs viriles est un lieu de pouvoir dans lequel s'expriment les valeurs viriles. Il y a peu de place pour les aspects plus féminins, doux, intériorisés dans un tel milieu.

Cependant, ce succès du pouvoir viril a un prix. Lorsque l'énergie est en perte de vitesse, que les motivations ne fonctionnent plus aussi fortement et que la demande de performance devient de plus en plus exigeante et pressante, alors s'installent des signaux d'alarme : stress, découragement, perte de créativité, psychosomatisation, burn out.

Le burn out se manifeste après une profonde lassitude du combat. Grand nombre d'entreprises perdent l'efficacité de leurs meilleurs cadres, en raison de ce mal-être qui s'installe sournoisement dans la vie professionnelle et bientôt personnelle du manager. Les causes sont multiples et imbriquées : vie à flux tendu, incertitude sur le devenir de son emploi, difficulté à organiser son travail ou à le concilier avec la vie privée, gestion permanente du changement, perte totale du contact avec soi et les autres personnes de l'environnement.

Prenons l'exemple de Martine, cadre supérieur d'une grande entreprise : « Mon énergie était décuplée au contact de celle des autres personnes de mon entourage professionnel. Je me suis donnée à fond, ne comptant ni les heures, ni les nuits passées à la tâche. Je me sentais investie d'une grande et noble tâche, et lorsque je voyais « la soupe à la grimace » de mes enfants quand je réapparaissais enfin un soir, je préférais ne pas m'en apercevoir ! Mais c'est lorsque mon patron m'a convoquée un matin, après mon retour d'un voyage professionnel pénible et harassant, et qu'il m'a demandé de lui rendre des comptes sur un objectif qu'il ne m'a pas été possible de réaliser, alors j'ai craqué, j'ai subitement craqué. Le plus surprenant, c'est que je n'étais pas consciente d'être au bout du rouleau à ce moment-là. Ma tête me tirait vers l'avant, alors que mon corps et mes émotions étaient loin derrière. »

Comme le dit le proverbe anglais, « c'est la paille qui a brisé le dos du chameau. ».

- ***Y a-t-il un changement de mentalité dans l'entreprise ?***

Le machisme des entreprises a confisqué aux hommes leur vie privée ; or les jeunes aspirent désormais à une vie plus équilibrée.

Les femmes accèdent quant à elles aux responsabilités dans le monde de l'entreprise et de cette évolution rapide. Cela profite aussi aux hommes qui bénéficient de la création d'un nouveau rapport au travail. Si la parité est en voie de s'imposer sans contrainte dans l'entreprise, il n'en va pas de même en politique où l'égalité a été obtenue par la loi.

L'entreprise macho, cette « entreprise d'hommes, construite et organisée d'abord par des hommes pour des hommes », comme la décrit Annika Joelsson, responsable de la diversité des produits chez Schlumberger, société d'ingénieurs, vivrait-elle ses derniers jours ?[6] On serait d'autant plus enclin à le croire, que parallèlement les hommes aussi ont changé. Le partage plus équilibré entre le travail et la vie privée, notamment dans les jeunes générations, est devenu une valeur sûre et il arrive de plus en plus souvent qu'un homme suive son épouse lorsque celle-ci se voit offrir un meilleur poste à l'étranger.

Vers 1990, le groupe franco-américain Schlumberger a pris conscience que leur « masculinité » les mettait en porte-à-faux avec l'évolution générale de la société. La direction a souhaité être en phase avec son environnement afin de mieux comprendre le business de ses clients. Si les premiers pas furent difficiles, le taux de féminisation des cadres est cependant passé de 6 à 13 %, pour un objectif ultime de 20 à 25 % de femmes à tous les niveaux d'encadrement d'ici 2010. En 2000, 3 de ces

---

6. Sources : Magazine *Enjeux*, mai 2001, p. 59.

dames ont déjà accédé au titre envié de « *geomarket manager* » pour le Canada, le Royaume-Uni et l'Alaska. 3 sur 28, convient-il de préciser !

Ainsi le management guerrier, autoritaire et pyramidal – taxé peut-être rapidement de masculin – fait place à un management plus consensuel, d'équipe et de conviction – taxé tout aussi rapidement de féminin !

- ***Les femmes dirigeantes ont-elles un meilleur contact que les hommes ?***

De plus en plus, les entreprises se choisissent une femme comme président !

Quelles sont les qualités et les compétences de ces femmes ?

– elles dialoguent ;

– elles ont le souci du concret ;

– elles sont plus directes pour exprimer un désaccord avec un collaborateur ;

– elles ont le courage non seulement de dire, mais aussi de faire ;

– elles savent écouter : elles sont au fait du dernier coup de *blues* de leurs collaborateurs ;

– elles parlent vrai ;

– elles travaillent avec le bureau ouvert ;

– elles affichent une certaine assurance en réunion ;

– elles instaurent des relations conviviales avec l'entourage ;

– elles responsabilisent leurs collaborateurs ;

– elles sont ouvertes au changement ;

– elles n'hésitent pas à faire un *mea culpa*.

Force est de constater que ces qualités et compétences sont étroitement liées au relationnel et au contact.

4. Renouer avec l'émotion, retrouver le contact

Contact et émotions

« L'*é-motion* est un mouvement vers le dehors, un élan qui naît à l'intérieur de soi et parle à l'entourage, une sensation qui nous dit qui nous sommes et nous met en relation avec le monde (…). Le rôle des émotions est de signaler les événements qui sont signifiants pour l'individu et de motiver les comportements permettant de les gérer. »[7]

L'auteur nous apprend que l'origine du mot désigne l'agitation populaire qui précède une sédition (révolte concertée contre l'autorité publique) et quelquefois la sédition elle-même. Sur le plan étymologique, le préfixe *é* indique la direction : vers l'extérieur ; alors que *motion* évoque le mouvement.

L'émotion est donc un mouvement provenant de notre « intérieur » et provoqué par une pensée, un souvenir ou une réalité extérieure. L'information qu'elle nous fournit sur le monde qui nous entoure est différente de notre mode de pensée rationnelle et « hypothético-déductive » (Jean Piaget). Cette émotion qui surgit en nous et hors de nous est un référent important pour nous, car il nous guide en nous rappelant ce que nous aimons ou détestons, ce vers quoi nous tendons et ce que nous essayons d'éloigner de nous.

Lorsque nous sommes attentifs à nos émotions, lorsque nous en avons conscience et que nous ne les masquons pas, elles deviennent un élément déterminant dans notre contact avec nous-même et avec les autres.

En effet, tout d'abord, elles nous confèrent une unicité d'être au monde : nous sommes seul à ressentir telle émotion devant tel souvenir. Le souvenir nous appartient, il fait partie de notre histoire et de notre sensibilité, et l'émotion qui en découle est unique elle aussi.

---

7. Isabelle Filliozat, *L'Intelligence du cœur*, Éditions Jean-Claude Lattès, 1997, p. 31.

Elle n'est pas comme celle de notre voisin, elle est systématiquement différente, personnelle.

Et puis les émotions qui sont ressenties et exprimées nous permettent de nous rapprocher des autres, de les contacter. Si les émotions sont propres à chacun, les mouvements internes qui les régissent sont semblables chez les êtres humains.

Affects, émotions ou sentiments ?

Il y a 3 niveaux :

– L'affect n'est pas exprimé, il est au départ sans mot. Il est le plus régressif (préverbal), il est disponible au nourrisson, sans demi-mesure quand il submerge l'expérience. La peine alors se traduit en désespoir, le plaisir en euphorie, la peur en terreur.

Pour les psychologues, la pleine expérience de l'affect n'aurait pas de mots, il n'est pas possible de la traduire, dans les deux extrêmes : l'horreur (comme le bébé, l'adulte qui vient de subir un traumatisme ne peut en parler ; c'est tellement violent que les mots ne sortent pas ou qu'il n'y en a pas pour décrire ce qui est ressenti) et l'amour fou (cette fois ce ne sont peut-être pas les mots qui manquent, mais le fait même de les prononcer « gâcherait » peut-être le vécu et le ressenti).

– Le terme « émotion » vient du latin *motus* donc « mouvoir, mouvement ».

Emovere signifie « ébranler, secousse, émotion de l'âme, émouvant » ; et aussi « promouvoir, élever à un rang supérieur » : « j'ai de l'émotion lorsque je te regarde, je t'élève à un rang supérieur. ». L'émotion arrive chez l'enfant avec le langage : « Je suis content, je suis inquiet. » L'enfant peut à présent décrire l'expérience qu'il vit avec peu de mots.

– Le mot « sentiment » a pour origine le latin *sensus*, qui signifie « éprouver une sensation, un sentiment ». Le sentiment évoque une émotion durable.

Les sentiments et émotions peuvent être regroupés selon quatre grandes familles de base :

– La peur (anxieux, désorienté, faible, coupable, tendu, angoissé, dévalorisé, etc.)

– La colère (fâché, contrarié, envieux, jaloux, sous pression, rancunier, choqué, frustré, etc.)

– La tristesse (apathique, honteux, vaincu, découragé, humilié, nostalgique, fatigué, etc.)

– La joie (affectueux, enthousiaste, libre, en forme, amoureux, gai, tendre, passionné, etc.).

Il est certain que nos affects, émotions et sentiments déterminent la nature de notre contact avec nous et les autres. Nous sommes pour la plupart pas toujours au clair avec nos émotions. Parfois il nous arrive de les nier (« mais non je ne suis pas triste, cela va très bien. »), de les déguiser (« Ce gosse, je suis en colère contre lui, il aurait pu se faire très mal avec cette scie ! », au lieu de : « j'ai eu très peur pour lui parce que je l'aime tant »), de les privilégier à d'autres sentiments car nous en retirons un bénéfice relationnel (par exemple, une personne hyperémotive peut faire une crise de nerfs, ou un accès de spasmophilie car les réactions que cela engendre dans l'entourage apportent un bénéfice : les autres la ménagent, les véritables émotions ne viennent pas à la surface et repartent encore plus profondément dans l'inconscient et enfin il y a une sorte de contrôle sur l'entourage, manipulé par de telles manifestations spectaculaires et de défense.

En restant dans le thème du contact, nous pourrions dire qu'un évitement extrême du contact est certainement l'évanouissement. La personne coupe instantanément avec la situation lorsqu'une question, une remarque ou d'autres éléments venus de l'environnement risquent d'ébranler les protections mises par la barrière et ainsi de réactiver les émotions enfouies. Alors, au lieu de profiter de cet état d'hyperémotivité pour mettre à jour, hurler des souffrances que personne ne veut peut-être entendre, (l'intéressé(e) y compris), le mur des larmes, des crises et de la perte de conscience est dressé et le contact est perdu.

Michael, l'un de mes clients coachés, souhaitait travailler sur ce type de problématique. Jeune cadre brillant, il était amené de plus en plus fréquemment à prendre la parole en public, aussi avait-il pour objectif d'avoir plus confiance en lui et d'améliorer son contact avec l'auditoire. Il souffrait d'un handicap : celui de s'évanouir au bout de quelques instants, lorsqu'il tenait le micro et qu'il était question pour lui de dérouler sa prestation. Cette rupture du contact lui était arrivée à deux reprises et durant une conférence importante pour sa société. Ce n'est qu'au terme de plusieurs séances, qu'il me confia que ce phénomène s'était produit pour la première fois dans son existence lors de l'annonce du décès de son père. « J'avais alors 16 ans, dit-il, et le choc a été terrible pour moi. Je me revois devant ma mère qui m'annonçait la mort de papa, et au fond de moi je me disais qu'il me fallait vite encaisser cette catastrophe, que maman aurait besoin de moi, qu'il fallait que je me redresse au plus vite sans pleurer. Sans doute était-ce trop me demander, en tout cas mon esprit a préféré se débrancher ! Depuis c'est devenu habituel, dès qu'il y a une difficulté à affronter dans le présent, dans le contact du moment, j'ai envie de tomber dans les pommes. » Sur mes conseils, Michael entreprit une psychothérapie qui s'avérait nécessaire pour venir à bout de ses problèmes de rupture de contact.

Nous voyons ainsi que le contact peut être entravé ou évité par la perspective des émotions ou sentiments qu'il peut susciter en nous, et qu'il nous arrive de tout mettre en œuvre afin de le contourner, ce terrible contact ! Or, comme nous l'avons vu, l'émotion est une information sur nous-même, sur le sens que nous attribuons à une situation, sur la façon dont nous nous situons dans un moment particulier, sur la relation que nous tissons avec les personnes qui nous entourent. Cette information sur nous-même est aussi une information sur une action à venir, sur un comportement ou une attitude que nous allons avoir.

En effet, une composante fondamentale de toute émotion est le vécu subjectif, ce sentiment diffus de plaisir ou de déplaisir, sorte de clignotant vers un mouvement d'approche ou d'évitement. Carlo Moiso (psychothérapeute transactionnel, prix Éric Berne pour son travail sur les émotions) décrit fort justement ce mouvement d'approche/évitement, qualifié de « comportement biologique originel ».

– Peur = signal de fuir, aller loin de…Besoin : être rassuré.
– Colère = signal d'attaquer, aller contre…Besoin : être respecté.
– Tristesse = mouvement de retrait, repli sur soi, aller en soi-même…Besoin : être consolé.
– Joie = mouvement d'ouverture, aller vers… Besoin : être aimé, apprécié, admiré.

Le contact avec autrui correspond bien souvent à ce type de besoins : n'éprouvons-nous pas souvent le besoin d'être rassuré, respecté, consolé, aimé, lorsque nous sommes dans un dialogue plus intime et donc en plein contact avec une personne ?

L'angoisse de séparation

Qui dit contact, dit séparation. L'angoisse de séparation est définie comme une anxiété excessive concernant la séparation d'avec les personnes auxquelles un jeune enfant est attaché. Cette angoisse de séparation, est une donnée normale, obligatoire et attendue au cours du développement de tout enfant. Le phénomène de détresse lorsque le bébé est séparé de la présence physique de sa mère ou de la principale figure d'attachement de son entourage, est observé dès le cinquième mois, avec des pics de fréquence à 8 et 11 mois. Entre 12 et 24 mois il est présent chez la plupart des bébés. En présence d'un inconnu, il y a un refus net de contact.

La présence maternelle est d'une importance vitale à cette période de la vie. Une absence prolongée de sa part entraîne la perte de ce lien spécifique, pouvant porter préjudice à la capacité de contact de l'enfant devenu adulte plus tard. L'angoisse de séparation peut porter atteinte au modèle interne que la personne a d'elle-même, ternir ou empêcher le contact avec ses pairs et les autres adultes, et guider d'une manière appauvrie et terne sa vie affective.

5. Profil du manager du XXIe siècle

Foncer d'abord, vivre là où les choses se passent, rechercher la croissance interne, constituer des équipes hybrides, être crédible, incarner ce qu'on dit, etc. Et le contact dans tout cela ?

Avez-vous l'étoffe d'un manager ?

Voici l'inventaire des 21 propositions pour avoir l'étoffe du manager du XXIe siècle, proposé par le magazine Management[8]. Il y est précisé que si cet inventaire est sans doute incomplet, si telle idée peut paraître évidente et telle autre farfelue, les managers qui les appliquent ont gagné pourtant en dynamisme et en efficacité.

> **Les 21 propositions pour avoir l'étoffe d'un manager**
>
> 1. foncer d'abord : dans un monde d'hyper compétition, l'agilité est l'avantage concurrentiel de base.
>
> 2. Inoculer l'esprit *start-up* à ses équipes : les collaborateurs peuvent devenir de véritables entrepreneurs qui dirigent leur service comme un centre de profit (notion de start-ups internes).
>
> 3. Bannir les réunions tardives : ne plus convoquer ses cadres avant 8 h et après 19 h 30. Pourquoi serait-on condamné en France à faire plus d'heures de présence qu'ailleurs ?
>
> 4. Oublier son budget : il vaut mieux parler de gestion anticipative. Les prévisions doivent être glissantes et souples et les ressources ne sont plus allouées pour l'année mais seulement pour la prochaine étape du plan d'action.
>
> 5. Se faire business angel : ces managers « anges des affaires » consacrent une partie de leur temps et de leur patrimoine personnel à soutenir de jeunes entreprises. Cela permet d'anticiper l'émergence de nouveaux business.

---

[8]. Magazine *Management*, extraits du numéro de janvier 2000.

6. Être un leader « sensoriel » : avoir du charisme, de la répartie, être capable d'intuition, accepter la contradiction (différence entre savoir et sentir).

7. Se mettre au Palm, Pocket PC, email, portable, etc. Le fait d'en déléguer l'usage à la secrétaire catalogue parmi les dinosaures !

8. Fonctionner en tandem : un cerveau et une locomotive par exemple, ou un introverti et un extraverti.

9. Vivre là où les choses se passent : vivre à New York, par exemple, ou au Japon.

10. Virer les mauvais : pousser les 10 % des salariés les moins performants vers la sortie.

11. Organiser des « réunions d'abandon » : chaque mois, décider du sort de chaque produit, service, marché ou process.

12. Mettre du plaisir dans son boulot : mettre du *fun* dans son management, ajouter une fonction plaisir aux missions des salariés.

13. Rechercher la croissance interne : chacun peut trouver en soi des ressources insoupçonnées.

14. Intéresser tous les salariés : tout le monde possède des stock-options, du DG à la femme de ménage, « actionnariat salarié ».

15. Constituer des équipes hybrides : glisser un sociologue, un biologiste dans un paquet d'ingénieurs, est souvent fécond. S'intéresser aux passions secrètes des salariés.

16. Accepter l'échec : l'échec est une option, une expérience enrichissante, un essai.

17. Devenir parano : ou avoir un parano dans son équipe pour la sécurité.

18. Maîtriser ses deux langues : le monolinguisme devient une infirmité, il faut savoir parler l'anglais, même si la maîtrise de la langue maternelle reste indispensable pour s'exprimer correctement en public.

19. Descendre de son trône : un vrai leader n'a pas besoin des apparences du pouvoir pour l'exercer et savoir qu'il est écouté.

> 20. Pratiquer la transparence : la transparence des rémunérations s'imposera de plus en plus chez les dirigeants des sociétés cotées. Garder l'information confidentielle n'est plus un argument de valeur.
> 21. Débrancher : il est vital de se ménager. Les breaks et les congés sont des périodes sacrées.

Cet intéressant portrait du dirigeant « branché » nous incite d'abord à faire le constat qu'un certain nombre de managers et cadres sont loin de ces comportements et décisions.

Petite conversation révélatrice entre coach et coaché : proposition n° 7 : se mettre au Palm Pilot

– Coach : « J'ai essayé de vous adresser le compte rendu de notre dernière séance, comme nous en étions convenu. L'adresse email que vous m'avez communiquée n'est pas correcte, me semble-t-il.

– Coaché : Ah ? Avez-vous demandé à mon assistante, c'est elle qui s'occupe de « tout cela » d'habitude.

– Coach : Oui, elle était surprise que je veuille vous adresser un dossier directement.

– Coaché : Tout passe par elle en général…

– Coach : Je ne comprends pas…

– Coaché : Pour tout vous dire, je ne me sers pas du courrier électronique, ni d'Internet d'ailleurs, il est prévu que je fasse un stage prochainement. »

Et pourtant notre coaché n'a pas encore l'âge d'être classé parmi les dinosaures et il est capable de diriger plusieurs centaines de salariés. Au démarrage de l'ère électronique, il considérait que ces tâches et interactions étaient subalternes et les déléguait à son assistante. Un patron n'avait pas à savoir se servir d'un ordinateur ni consulter le cours du marché sur le net. Entre-temps les choses ont évolué et la rapidité ainsi que l'échange des informations nécessitent quelques connaissances dans l'utilisation des Palm Pilot, ordinateurs portables et autres outils de ce style ! Notre patron coaché se fait distancer par sa secrétaire, mais surtout par ses concurrents.

Proposition n° 10 : virer les mauvais

Patrick s'occupe d'une équipe de vendeurs dont l'un d'entre eux, Jean, lui pose de gros problèmes. En effet, malgré sa motivation, Jean ne parvient pas à atteindre les objectifs de chiffre d'affaires qui lui ont été imposés en début d'année par la direction générale. Il n'a pas assez d'agressivité commerciale et malgré les stages auxquels il a participé, force est de constater que la vente n'est pas son domaine de prédilection. La société perd de l'argent depuis un certain temps et n'a plus les moyens de dysfonctionner dans un secteur ou dans un autre. Patrick se sent pris en otage entre le discours managérial de ses supérieurs hiérarchiques (pas de vagues sur le plan social, pas de licenciement « abusif ») et les contraintes de la réalité : Jean est un piètre vendeur et la société ne peut plus guère se payer le luxe de le garder.

« Je voudrais parler franchement à Jean, dit Patrick, lui expliquer clairement que nous avons tous fait de nombreux efforts, lui y compris, et qu'il est temps de nous séparer. J'ai une sorte de colère que je garde au fond de moi, cette situation ne peut plus durer. Pourquoi n'est-il pas possible de faire les choses simplement, d'admettre l'incompétence d'un individu à un poste et de le remplacer par une autre personne plus capable ? Notre management est paternaliste, dépassé et malsain. Nous finirons par couler tous. »

D'autres dirigeants sont cependant plus proches de ces propositions. Voyons plutôt !

Proposition n° 8 : fonctionner en tandem

Alex et Michel s'occupent tous deux d'une société d'informatique. Ils se sont rencontrés par hasard chez un fournisseur et le premier a réussi à convaincre le second de le rejoindre. Alex a un cerveau brillant, prêt à programmer l'avenir de son entreprise sur un millénaire, mais il est par ailleurs un petit homme introverti et insignifiant que l'on ne remarque pas dans une réunion ou un meeting. Michel, quant à lui, est trapu comme un capitaine d'équipe de hockey, sa voix porte et il est une véritable boule d'énergie. Les clients lui font confiance et il a un sens naturel du contact. Si Alex est le cerveau, Michel est la locomotive. Leur société évolue rapidement et ils sont aussi indispensables l'un que l'autre. Leur tandem fonctionne à merveille et il leur arrive de s'amuser de leur « casquette » respective auprès de leurs interlocuteurs et de leurs salariés.

Proposition n° 19 : descendre de son trône

Didier fait un coaching d'une douzaine de séances suite au rachat d'une société agroalimentaire qu'il a effectué dans le Nord de la France. Il est déjà le patron « classique » et d'origine familiale d'une autre société implantée dans l'est de la France. Didier souhaite devenir un patron « plus branché » cette fois, modifier radicalement son style de management, descendre de son piédestal et se rapprocher du terrain. Il remplace la délégation par l'autonomie dont dispose chaque échelon pour traiter les problèmes de sa compétence (subsidiarité). Il déménage son bureau au beau milieu de l'usine et décrète un management décontracté à la mode californienne. Didier se prend à son propre jeu et déclare à l'issue d'une année de ce nouveau « régime » : « Je suis fils de patron et maintenant patron, et c'est la première fois que je me sens vraiment à l'aise dans une structure hiérarchique. Je suis abordable et disponible, je ne me réfugie pas derrière mon pouvoir ou mon autorité et toute la société y gagne. Les gens viennent davantage vers moi, je les sens plus honnêtes dans leurs rapports avec moi, l'esprit critique fonctionne véritablement. Notre chiffre d'affaires est en train d'augmenter considérablement. C'est une conséquence directe et j'en suis le premier ravi et convaincu. »

Ne faites pas l'impasse sur le sensoriel !

En considérant ces propositions, nous pourrions les classer en quelques familles bien distinctes, notamment budgétaires, managériales, organisationnelles, etc. Il y a cependant une famille qui nous tient particulièrement « à cœur », c'est la famille « sensorielle » (proposition n° 6). Tout comme nous écrivions précédemment qu'un manager efficace gagne à travailler avec son pôle masculin (prise de risque, énergie virile) mais également féminin (intimité et écoute), nous allons rajouter que les forums de discussion et les villages planétaires doivent nécessairement être complétés par du sensoriel et de l'intuitif.

« Je suis une intuitive, décrète Clémence, je capte immédiatement lorsque quelque chose ne va pas dans mon équipe ou avec l'un de mes clients. J'arrive à me brancher sur la personne et à sentir qu'elle éprouve un malaise, qu'elle n'ose peut-être pas m'exprimer. Je n'ai pas appris à avoir de l'intuition, je crois que j'en ai toujours eu. Simplement mes parents et plus tard mes professeurs m'ont toujours fait confiance sur ce terrain-là. Ensuite je l'ai cultivée dans le monde professionnel. Par exemple, lors d'une réunion importante l'autre jour, j'ai senti qu'il y aurait un conflit entre deux personnes et que le point stratégique à l'ordre du jour allait échouer dans de telles conditions. Avant le démarrage, j'ai parlé avec l'une deux personnes, je lui ai fait part de mon point de vue sur le sujet, pourtant à l'opposé du sien, et lui ai demandé de nous aider par son attitude et sa neutralité comportementale. La réunion s'est bien passée, nous avons pu traverser le problème, rester en contact et trouver des solutions constructives. »

Si être un leader sensoriel signifie avoir du charisme, de la répartie, de l'intuition, accepter la contradiction et reculer le cas échéant, nous pensons qu'il s'agit aussi de la capacité à instaurer avec soi, les autres, l'entreprise et son environnement, un contact réel et fructueux. Ce contact doit bénéficier d'une certaine intensité, être un contact de qualité, circuler de façon fluide entre l'agressivité et la tendresse. Un manager détenteur d'un tel contact est en phase avec lui-même, et aussi en phase avec ses interlocuteurs, car il est capable de s'ajuster à tout moment, dans toutes les circonstances qui se présentent à lui. Ne pas excepter la sensorialité, ravaler les sentiments, faire fi de ses intuitions, induit un management rigide et prédéterminé.

C'est le cas de Thierry qui travaille avec son coach sur la problématique rencontrée avec son assistante, Marie-Claire.

– Coach : « Au lieu de toujours me dire ce que vous *pensez* de Marie-Claire, pourriez-vous aujourd'hui exprimer ce que vous sentez à son encontre ?

– Thierry, décontenancé : Mais je ne sens rien de spécial, je vous dis qu'elle me reproche sans arrêt de lui donner des contre-directives et je pense qu'elle est de mauvaise foi. Je n'arrête pas de le lui dire et…

– Coach : Essayez de visualiser Marie-Claire, un peu comme si elle était là avec vous. Regardez-là et donnez votre ressenti.

– Thierry : Lorsque je la regarde, je vois de la colère dans ses yeux, alors j'évite de la regarder !

– Coach : Que ressentez-vous donc en la regardant ?

Silence, Thierry se balance sur sa chaise, penaud… Il a l'air d'un gamin pris en défaut.

– Thierry : Ce que je ressens quand je la regarde ? Elle me fait peur, oui, je réalise à l'instant que Marie-Claire me fait peur, ses yeux surtout.

– Coach : Ses yeux vous rappellent-ils une personne de votre connaissance ?

– Thierry, aussitôt : Oui, maintenant qu'on en parle, les yeux de Marie-Claire, dans les moments où elle m'en veut, me rappellent une institutrice que j'avais en primaire. Elle me regardait férocement lorsque je récitais mes leçons de travers. J'avais tellement peur d'elle, elle ressemblait à un serpent ou à un fauve enragé. Je bloquais ma respiration alors et j'attendais qu'elle se calme.

– Coach : Comprenez-vous à présent pourquoi vous ne vous autorisez pas à ressentir ce qui se passe entre Marie-Claire et vous ?

– Thierry : Oui, j'ai pris conscience de ce qui m'arrive. Je préfère me réfugier dans le rationnel et le mental avec Marie-Claire plutôt que de m'autoriser à explorer réellement ce qui se passe dans ce contact visuel entre elle et moi. Marie-Claire n'est pas mon institutrice, elle fait partie de ma vie présente ; dorénavant je n'aurais plus peur de son regard et nous parviendrons tous les deux à régler nos différents. »

Et la femme manager ?

Le contact est-il différent chez les femmes que chez les hommes ? Y a-t-il des incidences sur le management, sur l'évolution des carrières ? Lesquelles et comment ?

Dans le *Figaro Entreprises* du lundi 10 juillet 2001, il est écrit que le point commun entre IBM France, Aubade, Vivendi Universal Publishing et Coca-Cola France est que ces sociétés, de tailles et de secteurs différents, sont toutes dirigées par des femmes. Ainsi donc, leurs qualités sont de plus en plus reconnues et elles ont réussi à devenir « pédégères » malgré le machisme ambiant.

Cependant la proportion des femmes « cadres sup » demeure faible en France : 7 %. Les entreprises ne souhaitent pas mettre en place une politique de quotas et celles du CAC 40 y sont carrément hostiles.

Par ailleurs, un ouvrage collectif appelé *Le Quotient féminin dans l'entreprise*[9], évoque largement les « valeurs féminines » dont les dirigeants sont invités à s'inspirer davantage.

- **Quelles pourraient être les qualités et compétences recensées chez les femmes au travail ?**

Il convient de préciser au préalable qu'il ne s'agit pas de dresser une liste exhaustive, car ces qualités, compétences, comportements dépendent de facteurs tels que l'environnement, la culture de l'entreprise, la fonction et aussi la personnalité des femmes et de leurs interlocuteurs. Voici cependant quelques traits féminins recensés fréquemment :

– Elles sont courageuses : elles ont le courage d'écouter, de dire, d'accepter l'expression des doléances ou des désaccords, elles sont

---

9. Agnès Arcier [dir.], *Le Quotient féminin dans l'entreprise*, collection « CPA Questions de dirigeants », Village Mondial.

promptes à admettre leurs erreurs, elles n'ont pas peur lorsqu'un collaborateur a des émotions ou même s'il se met à pleurer et elles peuvent facilement l'aider à traverser un coup de blues.

— Elles sont déterminées, pragmatiques, organisées avec le souci du concret et du terrain : si un homme conçoit une stratégie, une femme va davantage la vérifier. Dans sa vie familiale et personnelle elle a l'habitude d'organiser avec rapidité et efficacité : il en va de même dans le monde du travail.

— Elles passent aisément du routinier au complexe.

— Elles sont mordantes : elles sont capables d'agressivité envers autrui dans le sens étymologique du terme : *ad-gressere* : aller vers l'autre, sans craindre de s'exprimer ou d'entrer dans le conflit.

— Elles sont à l'aise dans le dialogue, l'écoute et capables de motiver : elles instaurent des relations conviviales et parfois chaleureuses avec les personnes de l'entourage, les aident à se motiver, et les convainquent de travailler ensemble.

— Elles ont le sens de la délégation, de l'ouverture et de la responsabilisation de leurs collaborateurs par le droit à l'erreur, le soutien, la confiance, l'ouverture ainsi que le brassage des cultures et des profils.

— Elles sont intuitives : elles savent faire confiance à leur intuition, écouter cette petite voix intérieure qui peut faire renoncer pour un temps à une logique rationnelle et une part de contrôle pour mieux affronter l'incertain et l'imprévisible.

— Elles sont créatives : la créativité est d'autant plus nécessaire à tous les échelons actuellement que l'incertitude et les ruptures sont grandes dans les entreprises. C'est la volonté de se renouveler en permanence, d'adhérer au changement, d'accepter que ce qui a fonctionné hier ne fonctionnera peut-être pas demain…

- ***Quels seraient les points à améliorer ?***

— Elles devraient moins snober les hochets du pouvoir : les femmes apprécient peu les titres ronflants et les grosses voitures – « Ma nouvelle entreprise m'a offert une 607… je l'ai donnée à mon mari ! »

et cela les dessert parfois, les empêche de tisser un réseau relationnel et stratégique.

– Elles devraient avoir davantage de mobilité : dans le couple classique, c'est l'épouse qui suit son mari s'il obtient une promotion à l'étranger, rarement l'inverse.

– Elles devraient instaurer un partage plus équitable des tâches familiales et des responsabilités envers les enfants : malgré la progression des mentalités dans les couples, il incombe encore trop souvent à la femme d'assurer la bonne marche de la famille, de vérifier si les devoirs scolaires des enfants sont bien faits, d'être prioritairement présente en cas de « coup dur », de « coup émotionnel » ou de maladie chez l'un des membres de la famille. Cette responsabilité au quotidien ne lui permet pas une fluidité et une décontraction aussi grandes au travail, car elle est plus reliée par un fil émotionnel et affectif que son conjoint aux différentes préoccupations de la vie quotidienne.

– Elles ne devraient pas se sous-estimer sur le plan de la rémunération : oser demander un salaire équivalent à celui d'un homme, voire davantage.

– Elles devraient davantage mettre en valeur leurs qualités et compétences féminines !

En conclusion nous pourrions dire qu'il existe réellement des différences entre les hommes et les femmes sur le management et la manière d'être en contact ! Ces différences confèrent toute la richesse et la complexité aux relations et au mode de fonctionnement professionnel des uns et des autres. Plutôt que de les combattre, ne serait-il pas préférable de les cultiver, de les mettre à disposition dans le monde du travail ?

CHAPITRE 3

Conflits et contacts hostiles

1. Les quatre variétés d'agressivité selon C. Crépault

L'agressivité est souvent confondue avec l'hostilité, visant à causer des dommages à autrui (sur un mode réel ou imaginaire).

Mais tous les actes considérés comme agressifs n'ont pas la même signification. Par exemple si on envisage les jeux physiques des garçons, les rencontres sportives, (football, hockey sur glace, rugby, football américain, catch, boxe, judo, karaté, pour citer les plus violents), la notion d'agressivité ne rend pas compte de la réalité.

Crépault préfère donc envisager quatre formes principales d'agressivité :

– l'agressivité de préservation ;

– l'agressivité d'affirmation ;

– l'agressivité destructive ;

– l'agressivité phallique.

L'éthologue K. Lorentz, dans son livre sur *L'Agression* (1969), reconnaît que « l'agressivité dont les effets sont souvent identifiés à ceux de la pulsion de mort, est un instinct comme les autres, et dans des conditions naturelles il contribue comme tous les autres à la conservation de la vie et de l'espèce ».

Donc l'agressivité de préservation ou de survie que nous préférons nommer vitale, a pour but de préserver l'intégrité physique et psychique de la personne.

Cela rejoint la notion de « violence fondamentale » de Bergeret qui, pour cet auteur, ne doit pas être assimilée à l'agressivité de destruction.

La seconde forme d'agressivité, celle d'affirmation, a pour but de favoriser l'individuation. Par le verbe ou l'action, cette agressivité ne concerne que le sujet et non ses effets sur autrui. Elle permet à la personne de se libérer des influences fusionnelles, des confluences et symbioses parentales.

Il est écrit : « Tu quitteras ton père et ta mère » pour, dans l'esprit biblique, sortir de l'idolâtrie qui consiste à demeurer soumis à l'emprise de l'autre. Devenir adulte nécessite beaucoup d'énergie pour accomplir cette séparation à la fois physique (couper le cordon) et mentale (devenir soi-même). Dans le monde du travail, il est important d'expérimenter plusieurs postes, plusieurs entreprises, de quitter sa région voire son pays. Devenir un professionnel, implique de faire son « tour de France » comme autrefois les Compagnons, et maintenant de faire le tour du monde. Cela nécessite une énergie agressive et d'affirmation de soi : combativité, dynamisme, pugnacité.

L'agressivité destructrice est en rapport avec la haine, l'hostilité, la malignité. Elle comporte le désir de faire le mal, de nuire, de détruire, à l'extrême d'anéantir. L'ouvrage récent du philosophe André Glucksmann, *Dostoïevski à New York*[1], sur les événements terroristes du 11 septembre 2001, fait le point sur ce nihilisme total.

Le désir de détruire est mobilisé par la frustration, la colère, la rage, la fureur, la vengeance, à partir de sentiments d'infériorité, de vide narcissique.

L'agressivité phallique, quant à elle, vise à démonter la puissance virile et à imposer une domination à composante sexuelle. C'est une situa-

---

1. André Glucksmann, *Dostoïevski à New York*.

tion fréquente dans les combats guerriers et le monde des affaires que de vouloir dominer les rivaux du même sexe et de soumettre les personnes de l'autre sexe dans une jouissance réelle ou sublimée.

Pourquoi enfin l'agressivité est-elle si différente selon les individus ? C'est affaire de milieu social, de culture, et surtout d'histoire personnelle. Une de nos coachées particulièrement agressive en paroles menaçantes parfois obscènes et en comportements hostiles, avait été victime d'une tentative de viol à l'adolescence.

Quand l'agressivité est bénéfique

Aujourd'hui, les Gestaltistes valorisent l'agressivité vitale et n'hésitent pas à utiliser, le cas échéant, la provocation ou la confrontation thérapeutique pour mobiliser les ressources énergétiques du client, évitant ainsi à la fois la surprotection aliénante d'un thérapeute ou d'un coach trop « maternant », et la frustration excessive ou prolongée d'un thérapeute distant, qui ne répond jamais aux sollicitations – deux attitudes qui peuvent décourager le coaché et l'installer dans un sentiment d'abandon ou de passivité.

Ils restent en cela fidèles à l'étymologie du terme, puisque *ad-gressere* signifie aller à la rencontre de l'autre, (comme *pro-gressere* : progresser, aller vers l'avant), s'opposant ainsi à *re-gressere* (régresser, marcher vers l'arrière).

2. Le contact et les stades de la libido

On doit à Sigmund Freud et à ses élèves psychanalystes, une classification des stades de la libido (pulsion de vie), en relation avec les principales zones érogènes du corps dont le développement est progressif. Ces stades s'emboîtent les uns dans les autres sur le modèle des poupées russes. Freud distingue quatre étapes principales dans le développement psychosexuel, avec de nombreuses variantes individuelles : le stade oral, le stade anal, le stade phallique et le stade génital.

Cette notion du développement par étapes est aussi intéressante, car elle permet de comprendre nombre de troubles du comportement et du contact comme une fixation à un stade particulier, voire même une régression à un stade antérieurement dépassé.

Le stade oral

Pour Fritz Perls, comme pour Mélanie Klein, les pulsions archaïques agressives apparaissent dès le stade oral : avant même d'avoir des dents, le nourrisson mord, et c'est par l'agression qu'il assimile son environnement. Tout au long de sa vie, l'homme continue « d'agresser » pour progresser : l'air qu'il respire, la nourriture qu'il mastique, détruit, avale et digère.

Ce thème de l'agressivité orale a constitué l'un des prétextes de la brouille de Perls avec Freud – qui rattachait l'agressivité au stade anal, puis à la pulsion de mort.

Le stade oral, occupe la première année de la vie. Une symbiose se crée entre la mère et l'enfant, nécessaire pour que la mère réponde aux besoins de son enfant qui ne les exprime pas encore sur le mode relationnel « des humains socialisés ». Le plaisir de la succion est un des premiers plaisirs sexualisés, le sein n'est pas le premier objet d'amour. L'oralité, l'époque du besoin, mais aussi du manque et de la carence, va débuter par une période de succions et de demandes de satisfaction des besoins primaires (être nourri, chauffé, sécurisé, aimé, etc.). Quand les réponses sont inadéquates, l'agressivité et la rage vont apparaître, manifestant alors l'ambivalence face à l'objet.

Avide, le caractère oral est difficile à satisfaire, il ne supporte pas les frustrations. Son insatiabilité lui permet, tout en « parasitant » l'autre pour se gaver, de culpabiliser l'autre dans une relation où il est dans la revendication. Dans le désir qu'on s'occupe de lui, mais rejetant l'autre, il refuse ce qui peut lui être apporté, mettant ainsi l'autre dans l'impuissance. On peut caractériser les traits oraux par une difficulté fondamentale de contact, soit de type passif (dépendance), soit de type actif (agressivité orale). L'érotisme oral sera satisfait par la nourriture, la boisson, le tabac, la drogue, les baisers… L'oralité oriente le comportement de l'adulte vers la possessivité liée à la peur d'abandon. Il y a tout de même des « oraux » heureux. Pleins de rondeur et de complétude, satisfaits de ce qu'on leur offre ; ils sont capables de donner et de recevoir.

L'insatisfaction liée à l'allaitement ou au sevrage précoce et la relative perte du sein maternel engendrent une position dépressive qui marquera toute l'existence de l'individu. Il faut, bien sûr, distinguer les aspects de l'insatisfaction de ceux de la frustration liée à la perte du sein. Le manque ou l'insatisfaction dans l'allaitement déterminent une tendance à la dépression devant certaines situations.

Le stade anal

Le stade anal, puis sadique-anal (de 2 à 4 ans) est la période pendant laquelle le plaisir et le déplaisir sont fixés sur la défécation. La région anale et périnéale vont devenir source de satisfaction ou de désagrément. « Rétention » et « libération » du caca, « colère », « mutisme » et « opposition agressive » caractérisent cette période. Le contrôle de cette région va permettre à l'enfant de dire oui ou non, « d'offrir ou de ne pas offrir ». La région anale peut être l'objet de soins qui paraissent parfois plus satisfaire l'adulte que l'enfant (usage intempestif de pommade, du thermomètre ou des suppositoires). Le stade anal est l'étape la plus importante entre l'oralité et la découverte de la sexualité.

Sigmund Freud décrit le caractère anal comme une triade de traits fondamentaux : parcimonie, exactitude et obstination. L'érotisme anal se met en place sous l'action de comportements érotisant l'enfant et surtout au niveau de l'apprentissage du contrôle des sphincters et de l'éducation. L'agressivité sadique-anale va orienter le comportement de l'adulte vers la prise de pouvoir, la manipulation, l'obsessionalité et les comportements sado-masochistes.

En résumé, les principaux traits de caractère sadique-anal tournés vers le plaisir, sont les suivants :

– fixation au plaisir de la rétention, avec difficulté d'abandonner les objets ;

– obstination ;

– entêtement ;

– collectionnisme.

Les réactions aux injonctions de propreté provoquent un mécanisme de rébellion : la saleté, le rejet, les injures et tendances scatologiques, la tendance au désordre, l'ironie, les sarcasmes.

La lutte contre le plaisir anal se manifeste par les traits opposés : tendance aux cadeaux, à la prodigalité, à la résignation, à la soumission. Il y a aussi hyperpropreté, politesse obséquieuse, défense des faibles, respect intégriste de l'autorité.

Le stade phallique

Pendant ce stade, l'investissement libidinal se porte principalement sur les organes génitaux. Le phallus est fortement investi par les enfants des deux sexes d'une fonction de pouvoir. C'est la découverte très importante et structurante de la différence des sexes.

La sexualité prégénitale va laisser des empreintes qui modifieront, selon les individus, le fonctionnement sexuel de l'adulte selon deux grands axes :

– l'oralité oriente le comportement de l'adulte vers la possessivité liée à l'angoisse d'abandon ;

– l'agressivité sadique-anale oriente le comportement de l'adulte vers la prise de pouvoir, la manipulation, l'obsessionalité, les comportements sado-masochistes.

De nombreux fantasmes et comportements sexuels liés à ces stades prégénitaux peuvent persister chez l'adulte.

Nous sommes déjà dans la différence des sexes et la compétition ; le « phallus » (représentation symbolique du pénis) va être investi du pouvoir que va lui conférer l'enfant. L'objet d'amour risque de moins compter que la possession du phallus lié au pouvoir et à la puissance que cela apporte. À l'extrême, l'individu s'identifie et devient un « phallus » incapable de supporter la contradiction ou l'échec, comme pour la personnalité phallique narcissique (W. Reich).

Le complexe d'Œdipe est vécu entre l'âge de trois et cinq ans, lors de la phase phallique.

C'est un « ensemble organisé de désirs amoureux et hostiles que l'enfant éprouve à l'égard de ses parents. Sous sa forme dite positive, le complexe se présente comme dans l'histoire d'Œdipe-Roi : désir de la mort de ce rival qu'est le personnage du même sexe et désir sexuel pour le personnage de sexe opposé » (Laplanche et Pontalis).

Le stade génital

Le caractère génital a résolu la problématique œdipienne. Par conséquent, il ne se crée pas, de sentiment de culpabilité et toute la prégénitalité (pulsions orales, anales et phalliques) est sublimée en expression culturelle ou dans une dynamique érotique. Elles deviennent un pré-plaisir. Ces pulsions font par conséquent partie des préliminaires du rapport amoureux, mais n'en constituent pas le but final.

Le Surmoi (instance morale du psychisme) du caractère génital pose comme principe, le respect de la vie, et si les pulsions du Ça (la partie pulsionnelle et instinctive) sont des pulsions vitales, il ne trouve rien à redire à ce qu'elles soient satisfaites. C'est pourquoi la structure du Surmoi génital est avant tout de type sexo-assertif. La libido est satisfaite directement, sans la nécessité de se cacher.

Le Moi (structure consciente de l'esprit, le pilote) du caractère génital est un Moi en continuel développement, parce que les instances du Ça et du Surmoi ont des limites existentielles acceptables et solides en ce qui concerne le rapport avec les autres et la possibilité de socialisation et de convivialité. Toute l'agressivité et la prégénitalité seraient sublimées et/ou érotisées, les perversions laissant la place à ce que nous nommons le « libertinage ». Le caractère génital peut renoncer à la monogamie si cette monogamie devait lui coûter, le faire vivre mal. Il s'agit donc d'une personne responsable qui accepte la réalité de façon dynamique et qui considère l'intellect comme un aspect aussi primordial que la génitalité.

Le caractère génital est dans la création, qui est la sublimation de la procréation. Créer c'est « donner chair à… ». Un couple dont les deux partenaires fonctionnent et communiquent au niveau génital, a surmonté ses problèmes d'abandon et de manque, du stade oral, les problèmes de domination/soumission, de contrôle du stade anal, et enfin de pouvoir et de rivalité du stade phallique. Ce couple peut se magnifier dans la magie de la création qu'il s'agisse d'enfants, ou de construire ensemble sur les plans professionnel, culturel ou spirituel.

3. Harcèlement moral et sexuel

Le harcèlement moral

Qu'est-ce que le harcèlement moral et comment peut-il gravement nuire au contact dans le monde du travail ?

Cette violence occulte, d'ordre psychologique, se manifeste par différents harcèlements, brimades, persécutions et donne immanquablement lieu à des dégâts psychologiques et physiques. Ces dégâts sont d'autant plus graves que les personnes visées sont terrifiées et éprouvent des difficultés à parler de leur situation et à être reconnues comme victimes.

La gestion par le stress est à l'évidence un calcul erroné, sacrifiant la relation, le contact et le climat d'une entreprise à des profits à court terme. À plus long terme, les tensions et conflits vont entraîner arrêts maladie, grèves, sabotages, baisses de productivité, et destruction du service, voire de l'entreprise.

Certains théoriciens du management et enseignants d'écoles de commerce ont recommandé la gestion par le stress comme plus efficace que des formes paternalistes de gestion, pourtant elles sont aussi inefficaces et parfois perverses, et sont allés jusqu'à l'ériger en système.

LES TROUBLES DU CONTACT

« La perversité, c'est manipuler les gens sans leur dire ce qu'on leur reproche, de les casser à petit feu, par des phrases assassines. On ne leur parle pas, on les isole. On coupe court à toute communication : un grand classique est de déposer des notes de service sur le bureau de l'employé alors qu'on vient de le voir et qu'on aurait pu lui donner les instructions de vive voix. ».[2]

Le harcèlement est l'anti-contact, il ne laisse pas de place à la victime, il l'enferme dans des contradictions terrifiantes et folles.

Quelques chiffres sur les formes d'intimidation et le harcèlement moral et sexuel[3]

En Europe, 8 % des actifs se disent soumis à une forme d'intimidation de harcèlement psychologique, 4 % sont victimes de violences physiques et 2 % de harcèlement sexuel.

Le harcèlement se manifeste de façon horizontale (entre collègues du même niveau hiérarchique) dans 44 % des cas, de façon descendante (entre supérieur hiérarchique et subordonné) dans 47 % des cas, de façon remontante (de subordonné à supérieur hiérarchique) dans 9 % des cas. Les administrations sont le secteur le plus touché, puis viennent les banques et les assurances.

En France, 30 % des salariés vivent des situations de tensions avec la hiérarchie, 21 % avec leurs collègues. Plus on est ancien, plus on est qualifié, plus les tensions avec la hiérarchie sont élevées. 60 % des salariés pensent qu'une erreur de leur part les exposerait à un risque de sanction sur leur emploi ou leur rémunération.

Si les techniques du harcèlement relèvent de l'anti-contact, c'est parce que le harceleur empêche la victime de parler, de façon à continuer de bénéficier du soutien passif (quelquefois actif) des collègues.

---

2. Marie-France Hirigoyen, *Le Harcèlement moral : la violence perverse au quotidien*, Syros, 1998.
3. Source : ministère de l'Emploi, Fondation européenne pour l'amélioration des conditions de vie et de travail, 1997.

> De plus il va tenter de l'isoler : on n'adresse plus la parole à la victime et on incite l'entourage à pratiquer de même. Si la malheureuse victime se plaint, elle est accusée de paranoïa et de pensées de persécution fantasmatiques !

Le harcèlement sexuel.

> **Et que dit le Code pénal ?**
>
> Selon le code pénal français, le harcèlement sexuel est : « le fait de harceler autrui en usant d'ordres, de menaces ou de contraintes dans le but d'obtenir des faveurs de nature sexuelle par une personne abusant de l'autorité que lui confèrent ses fonctions. »

Notons que le délit est constitué quel que soit le sexe du harceleur, et pas seulement dans le cadre du travail ou de l'entreprise.

Voici quelques exemples de harcèlement sexuel :

– un intérêt sexuel persistant et abusif, de la part d'une personne qui sait ou devrait savoir qu'un tel intérêt n'est pas souhaité ou partagé ;

– des remarques ou des comportements abusifs à caractère sexuel qui peuvent être perçus comme portant atteinte à un environnement propice au travail ;

– une menace implicite ou explicite de récompense liée à la satisfaction d'une demande d'ordre sexuel.

Le harcèlement sexuel peut entraîner de graves conséquences, tant pour la victime que pour la personne qui fait l'objet d'une plainte. Il crée une atmosphère d'intimidation et d'hostilité qui peut se révéler néfaste pour le travail de la victime. Quant au ou à la coupable, il ou elle peut voir sa carrière menacée et passible de poursuites judiciaires (en France un an d'emprisonnement et plus de 15 000 euros d'amende au maximum).

« Suicide : la relation humaine en question »
(Palais de l'Unesco, 4-7 février 2002)

Le suicide est une issue qui n'est pas rare par exemple pour des cadres placardisés ou retraités récents.

Le coaching serait très utile pour dépister et prévenir le suicide d'un professionnel en quête désespérée de reconnaissance, en manque de contact ou comme Vatel dépassé par une situation imprévue.

Le coach peut, par exemple, orienter ce professionnel frustré ou traumatisé vers des investissements extérieurs à l'entreprise – car il n'y a pas que le travail dans la vie –, l'aider à mieux gérer ses relations humaines, et à travers la relation de coaching rétablir un contact et des potentialités d'expression.

4. Contact et méchanceté

Le contact peut passer par la méchanceté. D'ailleurs, il y a des raisons de s'identifier au méchant :

- il est fort : physiquement, moralement ;
- il est puissant : en position dominante ;
- il est libre : affranchi des règles et de la morale, hors-la-loi.

Par opposition au « bon », le « méchant » s'affranchit de toute culpabilité.

En fait, le vrai et entier méchant, ne se considère pas comme tel. A-t-il conscience de faire du mal ? Pas nécessairement dans tous les cas.

C'est l'autre qui le perçoit ainsi en considérant que le méchant ose être ce que lui n'ose pas être, ce qui réactive son sentiment d'impuissance.

> **Techniques pour procéder à la régulation de ce contact avec la méchanceté et la violence**
>
> – Éviter la méchanceté : vivre ou imaginer un monde dans lequel il n'y aurait que des gentils, refuser de voir un film violent, ne pas lire les journaux ou regarder le journal télévisé, éviter les images irreprésentables ;
> – contre-balancer l'existence des méchants avec celle des bons. Vivre dans un monde virtuel, avec des games de bons et de méchants ;
> – accepter la part de méchanceté en soi, une part d'ombre ;
> – déresponsabiliser le méchant : il vient d'une famille méchante ; ou encore rejeter la faute sur la société : le méchant se transforme en victime ;
> – racheter le méchant par la religion, la rédemption.

Certains existent en faisant le bien, et d'autres n'y arrivent pas et existent en tant que méchant (serial killers).

La méchanceté en guise de contact peut se manifester à des graduations diverses.

Donnons un exemple : Anna a 42 ans, un garçon et une fille, un mari, Jacques, qui est devenu sourd et muet dans la relation avec son épouse. Il néglige Anna, ne pense pas à fêter ses anniversaires, achète pour Noël le même coffret de chocolat à sa femme qu'à ses collaboratrices (c'est plus pratique selon lui et c'est surtout vite fait), ne lui parle plus que des sujets strictement quotidiens. Par ailleurs, il s'étonne du peu d'ardeur de Anna sur le plan sexuel et ne cesse de lui en faire le reproche. Anna est une personne plutôt dynamique et gaie, mais son problème conjugal la fait aller de plus en plus mal, elle sombre dans une sorte de lassitude puis commence à somatiser (migraines persistantes, rougeurs dermatologiques, brûlures d'estomac). Le psychiatre qu'elle consulte lui administre des antidépresseurs.

Le jour vient où Anna n'en peut plus de courber l'échine, d'attendre calmement que son mari reprenne le dialogue avec elle, de l'entendre la traiter de folle !

« C'est depuis là que je suis devenue méchante, confie-t-elle à sa psychothérapeute. La méchante pouvait enfin sortir sa colère, hurler, injurier mon mari. Anna la gentille, celle qui attendait patiemment Jacques le soir, qui lui réchauffait le dîner en se contentant d'une réflexion bourrue, celle qui quémandait une marque de tendresse ou un compliment sur sa coiffure, eh bien, cette Anna a fait le choix de changer, pour ne pas se détruire intérieurement. C'est ma forme de contact avec Jacques à présent, elle vaut mieux pour moi qu'aucun contact du tout. C'est un contact dur, froid, tranchant, mais c'est un contact qui a le mérite d'exister, et parfois même de faire réagir mon mari. Ce qui me fait du bien, c'est de savoir que je suis capable d'être gentille et à l'écoute avec mes enfants, je ne suis pas devenue méchante globalement et systématiquement. »

Nous abordons là les polarités blanc/noir du psychisme, le gentil/méchant évoqué par Anna. En considérant le concept du champ, l'ensemble des interactions à la frontière-contact, ce sentiment de méchanceté peut être vécu de façon intrapsychique et/ou interpsychique. Anna ne se sent pas être une personne méchante au fond d'elle-même, elle est capable de s'apprécier et de distinguer son manque de confiance en elle et ses qualités humaines réelles. De même, le concept de « méchanceté » se dissout-il avec d'autres personnes dans l'interpsychique, avec ses enfants par exemple.

Autre exemple de la méchanceté et du contact au travers de la violence : dans les banlieues.[4]

Le regard est le premier moyen de communication en banlieue, explique une éducatrice, car haine et amour se transmettent par lui. Avoir un regard déplacé peut engendrer de gros ennuis. Les jeunes

---

4. Jean-Baptiste Drouet, « Pourquoi aime-t-on si mal en banlieue ? », *in Psychologies*, déc. 2001.

souffrent d'autant plus du regard des flics, des commerçants, des contrôleurs ou des jeunes filles qu'ils tentent de draguer en dehors de la banlieue ! Les jeunes vivent dans un rapport de force permanent, un corps à corps basé sur la solidarité du groupe, contre les autorités et les bandes rivales. Le besoin de marquer leur propre territorialité identitaire vis-à-vis d'une société qui les rejette, les incite à parler fort dans les transports publics, à taguer pour laisser une trace existentielle, à commettre des violences sexuelles. Ce déficit d'amour et d'appartenance engendre un mode de contact particulier, traversé par l'agressivité et une morale sociale qui a renoncé à un comportement affectif ou sexuel adéquat ou basé sur la réciprocité.

Grèves et médiation : quand rien ne va plus

Les grèves sont un exemple révélateur du déficit de contact ou de la perte du contact avec les salariés. Le contact est remplacé par des revendications d'un côté et des réactions procédurières de l'autre. Le conflit éclate, parfois larvé car les deux parties n'osent le traverser totalement.

Dans la grève il y a un contact hostile avec un rapport de force et une lutte des classes, aboutissement de manipulations, mensonges, fausses promesses, affrontements.

TROISIÈME PARTIE

Comment mieux vivre et construire le contact ?

Cette quatrième partie traite du processus du contact, du contact avec soi-même et des évitements du contact[1]. Nous appelons « contactologie » une vision psychologique et originale du contact au service de la vie au quotidien et aussi des entreprises et organisations.

Nous avons développé une représentation graphique permettant un diagnostic global et précis du contact : « la roue du contact ». Celle-ci comporte six axes et six diagnostics spécifiques, allant du diagnostic personnel à celui de l'équipe et de l'organisation.

Une boîte à outils complète la fin de cette partie ; elle est orientée vers un apprentissage de l'observation, de l'attention et de la construction du contact dans ses dimensions personnelles, interpersonnelles et environnementales.

---

1. Nous avons pris en compte les hypothèses de la Gestalt, système psychologique pluriel et intégré, associé à une approche existentielle des phénomènes humains.

CHAPITRE 1

La psychocontactologie

1. Historique, définitions, notions de base

Le processus du contact

Le terme de « contactologie » apparaît dans la préface que Jean-Marie Robine a consacrée au livre d'André Jacques[2]. Jusque-là, la contactologie concernait uniquement la technique de réalisation des verres de contact en ophtalmologie.

Afin d'éviter toute ambiguïté, nous proposons donc le terme de « psychocontactologie » pour désigner cette vision psychologique originale apportée par la Gestalt-thérapie.[3]

La notion de contact a pris de l'importance en psychologie en fonction de la notion de « champ » (Kurt Lewin), notion déjà utilisée en physique, théorie de la matière, et mécanique quantique. Le processus de contact résulte en effet de l'assimilation d'éléments de l'environnement, ce qui fonde la survie et la croissance de l'organisme. Le champ peut être compris d'une part comme l'ensemble organisme/environnement, d'autre part en termes de sa perception comme l'ensemble

---

2. André Jacques, *Le Soi, fond et figures de la Gestalt-thérapie,* éd. L'Exprimerie, Bordeaux, 1999, p. 14.
3. Voir notre historique dans *Le Coaching,* Éditions d'Organisation, Paris, 2002.

figures/fond. Les figures en question étant des formes (gestalts[4]), d'où aussi le terme de « psychologie de la forme ».

Le contact renvoie à deux notions : celle de la frontière-contact (ou interface) entre l'organisme et l'environnement et celle du contact comme processus ; le processus de la formation des gestalts ou formation figures/fond.

Cela permet d'avoir recours à des critères de santé psychologique originaux, non pas en conformité à des modèles sociaux (comme en comportementalisme), ni à des modèles liés aux contenus de l'expérience, mais à des critères liés aux qualités formelles de l'expérience. La forme de l'expérience prime sur le contenu.

Notre approche consiste en une analyse de la forme (gestalt). L'objet de l'analyse « n'est pas ce qui est vécu, remémoré, fait, dit, etc., mais comment je me souviens, comment ce qui est dit est dit, avec quelles expressions du visage, avec quel ton de voix, avec quelle syntaxe, posture, émotion, omission, attention ou inattention à l'autre... » (Perls, Hefferline et Goodman)

La thérapie consiste en l'atteinte de « bonnes gestalts », c'est-à-dire de configurations claires, vives, pleines de fascination, de grâce, de vigueur. Toutes ces propriétés sont observables, objectives. Leur absence indique que l'organisme n'est pas là tout entier, qu'un besoin n'est pas exprimé, qu'un élément de l'environnement est refusé, bloqué. La gestalt est alors faible, incomplète, confuse, dépourvue d'énergie, émoussée, sans grâce.

Parler de gestalt incomplète, est souvent entendu en référence à une expérience passée, dans laquelle l'organisme n'aurait pas exprimé ou déchargé une tension liée à la situation : situation de besoin (besoin de pleurer, de frapper, de toucher, d'être bercé ou câliné), situation de manque, de désir. La situation inachevée peut aussi souvent se rapporter à un traumatisme physique (accident, agression) ou

---

4. Nous avons francisé le pluriel de *Gestalt* qui, en allemand, est *Gestalten*.

psychique (rejet, abandon, échec professionnel). Cette gestalt inachevée (voir la théorie de la Gestalt-thérapie, dans le chapitre « Pour en savoir plus ») laisse des traces qu'il serait possible d'amener à résolution (comment boucler, achever…).

Dans une perspective plus gestaltiste, l'incomplétude, le non achèvement est ce qui se trame dans le présent, dans le déficit actuel des qualités formelles, dans l'impossibilité d'aller au terme de ses contacts, dans l'habitude de laisser des formes en suspens.

Le Self en Gestalt-thérapie

La notion de Self est imparfaitement traduisible par « soi ».

Le Self est en Gestalt « le système des contacts à tout moment », « la frontière-contact en action », « le processus figure-fond dans les situations de contact », « le responsable de tous les ajustements créateurs ».[5]

Le Self est le centre et la totalité du monde du contact et de l'expérience, « l'artiste de la vie personnelle ». Il est l'individu en tant que centre conscient de son monde, en interaction dynamique avec lui.

Dans *Le Moi, la faim et l'agressivité,* Perls présente ce qu'il appelle « le cycle de l'interdépendance organisme/environnement », ébauche du futur « cycle du contact.

1. Au début du cycle, l'organisme est au repos.

2. Un facteur perturbant survient soit externe qui met l'organisme sur la défensive, soit interne comme un besoin, une attente.

3. Ce besoin entraîne la création d'une image ou d'une réalité, par émergence d'une forme (gestalt).

4. Le besoin entraîne une réponse à la situation.

5. Cette réponse produit une réduction de tension.

6. L'organisme retourne à l'équilibre.

---

5. *Gestalt Thérapie,* Perls, Hefferline et Goodman.

Dans la version de Goodman (1951) le cycle se déroule en quatre étapes :

1. Dans l'étape de précontact : pour la conscience, le corps représente le fond, tandis que le besoin de l'organisme ou la stimulation externe est la figure.

2. Dans l'étape de contact : l'excitation liée au besoin ou à la stimulation externe devient le fond. Un ensemble de possibles devient la figure. L'organisme se mobilise avec apparition d'émotion. Le Moi s'identifie à certains possibles et en écarte d'autres.

3. Lors du « contact final », le but est là, à portée dans toute sa vivacité. Mouvement et émotion se confondent. La « conscience de… » est maximale. La figure (gestalt) attire et dynamise.

4. Enfin lors du « post contact », le Self mobilisé dans le contact s'estompe. Un sentiment diffus de détachement emplit le champ de conscience.

Quelqu'un me provoque en parole ou geste. La conscience de cette provocation constitue la donnée de la situation, sur fond de quoi je vais réagir.

Ma réaction consiste en une émotion de colère dirigée vers l'objet et dans la riposte.

La riposte est le « contact final », la décharge spontanée de l'organisme en contact avec l'objet.

Quand la décharge est suffisante, un sentiment diffus de relative indifférence, succède à la colère.

2. Les six phases du cycle du contact (C. Higy-Lang et S. Ginger)

1. Le précontact ou émergence d'une « attente » (attente = besoin, désir, manque ou demande), est essentiellement une phase de sensations, durant laquelle la perception ou l'excitation naissante dans le

corps – généralement face à un stimulus de l'environnement – va devenir la figure (forme, gestalt) qui sollicite mon intérêt. Ainsi, par exemple, mon cœur se met à battre plus fort à la vue de la personne aimée.

2. L'engagement représente une courte période où la décision est prise, consciente ou non de passer à une phase d'action, d'accepter le contact.

3. Le contact ou plutôt la prise de contact (*contacting*) constitue une phase active au cours de laquelle l'organisme va affronter l'environnement. Il s'agit ici non du contact réalisé, mais de l'établissement du contact, d'un processus et non d'un état. Généralement cette phase est accompagnée d'une émotion.

4. Le contact final ou plein contact est un moment d'échange, de rencontre entre l'organisme et l'environnement, entre le Je et le Tu, un moment d'ouverture à la frontière-contact. L'action est unifiée, dans l'ici et maintenant : il y a cohésion entre la perception, l'émotion et le mouvement.

5. Le désengagement est une période brève de décision qui amorce la fin du contact.

6. Le postcontact suivi du retrait est une phase d'assimilation, favorisant la croissance. Je « digère » mon expérience.

La conscience diminue progressivement et le sujet se retrouve disponible pour une autre action : la Gestalt (forme, figure) est bouclée, un cycle s'est achevé.

Ce qui nous intéresse ici est le principe même de la succession des phases en plusieurs étapes. Ce cycle ne se déroule pas toujours d'une manière régulière et certains individus s'adonnent de façon chronique à l'auto-interruption. Ces perturbations peuvent constituer des mécanismes de défense appropriés à la situation (par exemple, si nous stoppons volontairement la phase précédant le plein contact avec une personne particulièrement intrusive à nos yeux), ou au contraire des blocages rigidifiés et automatiques (timidité pathologique, évitements, phobies organisées) attestant une réelle difficulté à instaurer un contact authentique avec l'autre ou les autres.

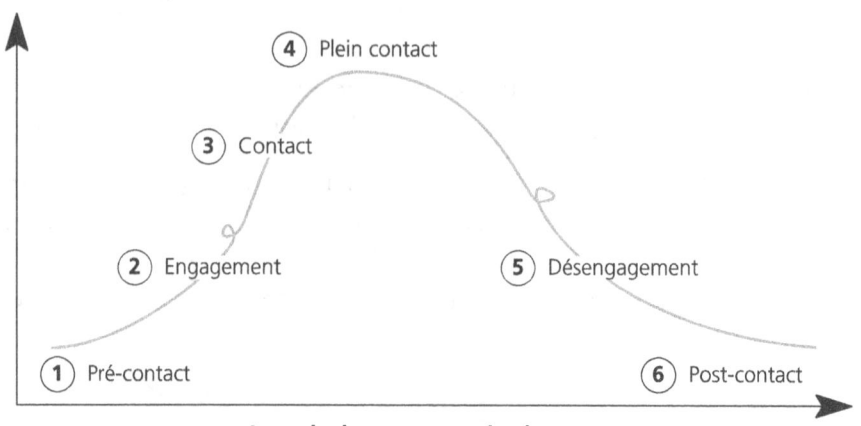

Le cycle de contact en six phases

3. Techniques de bonne gestion du contact

La Gestalt, en avance en cela sur certains courants de la psychologie, ne se base pas sur une conception de notre psyché limitée aux seuls facteurs sociaux et culturels. Ce sur quoi elle met l'accent est plutôt notre nature animale/humaine, qu'elle considère comme une intelligence et une force primordiales. Ainsi, la Gestalt s'ouvre-t-elle très largement sur les aspects physiologiques et écologiques de l'humain.

Axée sur notre nature physique, cette approche ne nous propose donc ni de nier nos pulsions, ni de chercher à dominer notre nature, mais bien plutôt de tenter de coopérer avec elle. Cette coopération implique d'ailleurs la réunion de l'organisme et de son environnement en une seule et unique entité. Ainsi, dans la philosophie de la Gestalt, on parle d'un champ organisme/environnement, véritable monde individuel qui n'est ni le monde, ni le corps, mais l'indissociable interaction des deux.

Sur la base de cette réalité première, le gestaltiste considère donc l'organisme comme une simple fonction du champ en question, et observe que cette fonction est capable d'autorégulation.

Malheureusement, lorsque le champ est perturbé, l'autorégulation ne peut plus se dérouler sainement. C'est à ce moment que la Gestalt, en tant que thérapie ou coaching, intervient, à la frontière entre la biologie et l'écologie, entre la physiologie et la sociologie pour rétablir une autorégulation plus fluide et plus créative.

L'expérimentation est reine !

La Gestalt faisant partie de ces thérapies qui cherchent à s'adapter à chaque client, il n'existe pas, à proprement parler, de techniques standards.

L'expérimentation est essentielle dans cette méthode. Elle peut être dirigée, très classiquement, sur une prise de conscience de la respiration ou d'une partie du corps. Mais elle peut aussi passer par une amplification des mots ou des gestes utilisés spontanément. Ainsi, par exemple, on peut mettre en scène, durant une séance, la projection démesurée des peurs, des fantaisies ou des situations inachevées qui, jusqu'alors, bloquaient le patient dans son évolution.

De la même manière, le sujet peut explorer diverses frontières de son identité : là où il se sent limité dans son expression, dans ses mouvements ou dans ses sensations.

Mais chacune de ces expérimentations se déploie avant tout dans le présent, évitant les plongées vers le passé si familier à la psychanalyse. Même lorsque le patient évoque des souvenirs, c'est ici et maintenant qu'il se souvient ; et ce rappel systématique au présent prend une grande importance, dans la Gestalt.

L'exploration du rêve, elle aussi, est replacée dans l'ici et maintenant, c'est-à-dire dans le contexte de la séance.

Enfin, l'approche corporelle n'est pas absente, mais s'intègre totalement aux autres dimensions, émotionnelles, cognitives, intellectuelles, oniriques, imaginaires, comportementales et expressives du sujet ; car il ne s'agit en aucun cas de séparer le corps de l'esprit, et de faire de la thérapie corporelle, mais, au contraire, d'aider le patient à reconstruire son unité.

La Gestalt se pratique en groupe ou en relation duelle. Enfin, en tant que méthode de développement personnel, la Gestalt est également utilisée en formation professionnelle ou en coaching.

L'insuffisance d'efficience des dérivés psychanalytiques a poussé les thérapeutes à modifier le cadre et à associer d'autres techniques : émotionnelles, corporelles, comportementales, groupales.

L'association de techniques différentes est souvent un progrès par rapport à un mode de fonctionnement en pensée unique.

Cependant si ces techniques ou outils sont utilisés en dehors d'une prise en charge globale, cela peut conduire à des abords composites ou éclectiques. On peut se retrouver alors avec un patchwork ou un « sandwich » de techniques, la boîte à outils du coach s'alourdit dans l'accumulation indéfinie desdits outils. C'est aussi l'émiettement théorique et le risque de perte de sens au profit du faire immédiat.

À l'opposé, la Gestalt thérapie s'intéresse plus au processus unifiant et intégrateur, qu'aux techniques elles-mêmes et elle permet à chaque coach de développer son style personnel dans le champ psychologique. Le meilleur outil, c'est le coach lui-même.

Le processus de civilisation est souvent dommageable en ce qui concerne les besoins de l'individu. Freud, dans *Malaise dans la civilisation,* et Marcuse, dans *Éros et la civilisation,* ont montré que la société industrielle est à un niveau sado-masochiste de développement.

Fritz Perls créateur de la Gestalt-thérapie pensait que pour échapper à la répression de la vie instinctuelle, il fallait que la thérapie soit centrée sur le présent, la prise de conscience des besoins réprimés dans la globalité et la complexité des dimensions humaines ainsi que sur l'interaction avec tout l'environnement. Une approche écologique donc, avant même que ce terme devienne d'actualité.

La Gestalt (abréviation de Gestalt-thérapie) est une psychothérapie moderne intégrative et un processus de croissance et de développement. L'attention (focus) est portée sur ce qui se déroule « ici et maintenant », « maintenant et comment ». Dans un cadre convivial et permissif, il est possible d'expérimenter en paroles, en sensations, en émotions, en imagination et aussi de vivre des régressions. Ces expériences ont des effets correcteurs et réparateurs. Les étapes expérientielles sont suivies d'étapes d'analyse et de réflexion théorique sur les vécus. Pour résumer, l'accent est principalement porté sur comment changer l'expérience, plutôt qu'analyser pourquoi elle dysfonctionne.

Nous vous proposons, dans la section « Pour en savoir plus », de découvrir la richesse des principaux concepts mis en œuvre durant les séances de coaching ou de psychothérapie gestaltistes. Nous tenons d'ailleurs à remercier Serge Ginger ; nous lui avons emprunté beaucoup, à travers ses livres, articles (voir en Bibliographie), et son enseignement oral.

« GESTALT » : étymologie

Subst. fém. allemand : « Apparence, manière d'être, état. Constituer, constater, se présenter au regard, diriger sur un objectif ».

En psychologie, « Gestalt » désigne le fait que le tout est plus grand et différent de ses parties, et que la forme est indépendante des propriétés de ses parties.

Pour Kant on peut considérer le concept de Gestalt comme l'unicité et la cohérence parfaites refermées sur elles-mêmes d'un objet (globalité).

4. Le sentiment de dignité : le contact avec soi

L'œuvre philosophique la plus célèbre de Sartre est certainement *L'Être et le Néant* qui est une réflexion sur les rapports entre la conscience et la liberté. Sartre élabora ses thèses à travers un dialogue et un travail sur Hegel, Husserl et Heidegger. Dans son surgissement premier, la conscience a à la fois conscience d'être, et conscience qu'elle n'est pas ce dont elle a conscience. Sartre appelle « l'en-soi » ce qui est et que la conscience appréhende comme différent d'elle-même. L'en-soi est pure coïncidence avec lui-même. Ce qui caractérise, en revanche, la conscience, c'est « l'être-pour-soi », à savoir la distance par rapport à soi-même. L'être propre de la réalité humaine, qui se présente sur le mode de l'attente, de l'angoisse et du regret, est remis en cause de son être en tant que réalité, c'est-à-dire négation de l'en-soi. Dans cette négation, le pour-soi se saisit comme liberté en faisant l'expérience de l'indétermination des possibles. La liberté est vécue comme angoisse. À ce moment, la conscience fait l'expérience de la mauvaise foi et de l'esprit de sérieux, qui sont deux façons de fuir la liberté. Cette analyse débouche sur une pensée de la nécessité de la liberté et de la situation historique de l'homme. L'étape suivante consiste à examiner le statut d'autrui dans la constitution de la conscience. J'affronte l'existence d'autrui, ce non-moi qui n'est pas un objet, dans l'expérience du regard. Le regard de l'autre m'objective et me dépossède du monde.

Exister c'est donc être pour quelqu'un et être pour soi : l'existence est un nœud de relations, un ensemble de mouvements : un devenir qui s'apparaît à lui-même non par un raisonnement mais par une expérience, une épreuve de soi, une présence à soi.

La notion de contact avec soi est controversée par certains qui doutent de l'existence d'une frontière-contact avec soi-même ou qui pensent que la notion de contact avec soi est en contradiction avec le caractère global et donc indivisible de l'individu.

Cependant le contact avec soi est une évidence : je contacte mon corps, mes émotions, mes pensées, et je suis témoin de mes états de conscience.

Il nous a paru important par rapport à ces notions d'explorer le sentiment et les problèmes liés à la notion de dignité. Au départ, la dignité est une fonction, un titre qui donne à une personne un rang éminent. L'autre sens important est le respect que mérite un individu, c'est le principe de la dignité de la personne humaine, selon lequel un être humain doit être traité comme une fin en soi. « Toute la dignité de l'homme est en la pensée » (Pascal).

La dignité est le respect de soi, l'amour-propre, la fierté, l'honneur. On dit : « avoir de la/sa dignité », « manquer de dignité », « perdre toute dignité ». La dignité fait aussi référence à l'allure, au comportement qui traduit ce sentiment. Avoir de la dignité dans ses manières, une gravité qui inspire le respect (noblesse, réserve, retenue) : garder son calme et sa dignité, refuser une proposition avec dignité.

Les contraires de dignité sont : indignité ; bassesse, veulerie ; familiarité, laisser-aller, vulgarité.

À propos de la dignité humaine

Très fréquent aussi aujourd'hui est l'emploi du mot dans un sens moral. Il est lié au précédent, car les dignités sociales sont accordées, en théorie, en fonction des mérites personnels. Sans qu'aucun titre social ne soit accordé, l'opinion publique peut aussi en venir à reconnaître les grandes qualités, le courage, la grandeur d'âme.

Un troisième sens ne fait plus référence à une attitude morale, mais simplement à l'état de la personne. Sa simple existence et son apparence, le spectacle qu'elle offre peuvent être source de gêne, de malaise pour autrui, de répulsion même. « En ce sens est réputé digne celui ou celle qui correspond à l'image idéale qu'on se fait dans la société de la personne humaine, ou ne s'en éloigne pas trop. Cela concerne le corps et le psychisme. Il s'agit de conserver un look présentable, et, dans notre société qui valorise tellement l'indépendance et l'autonomie, de garder la maîtrise de soi ». Quand le corps est trop altéré ou la maîtrise de soi trop diminuée, l'on parlera de perte de dignité.

Enfin, le terme « dignité » en est venu à désigner la grandeur, et le droit au respect, de tout homme et de toute femme, en raison de son humanité, c'est-à-dire de son « humanitude » si l'on désigne ainsi le fait d'être un humain avec ce qui caractérise un tel mode d'exister, et de son appartenance à l'ensemble de l'humanité, ensemble tissé de multiples liens. Que ce sens du mot « dignité » soit gardé en mémoire par tous donne une grande portée à l'emploi de termes tels qu'« indignité » ou « perte de dignité ».

Les clochards, SDF, toxicomanes, par exemple, atteints de graves altérations sont désignés par des expressions telles que « légume », ou « épave », « loque », « déchet », et sont ainsi relégués au rang de végétal ou d'objet de rebut, ce qui leur dénie toute « humanité ».

Si, à l'apparition de cette notion, la dignité pouvait être assimilée à un simple droit de vivre, elle est devenue droit à l'identité individuelle, droit de manger et de posséder, avant celui de douter et de penser et bien avant le droit de voter, puis celui de faire grève.

La dignité est donc une dimension spirituelle de l'humain : celui-ci a une capacité de penser, donc de choix, quant aux axes de développement qu'il souhaite privilégier dans le cadre de la société. L'humain est également doté d'une conscience, qui le guide dans son cheminement vers la liberté et la dignité, en l'aidant à se libérer de lui-même. Mais, ce faisant, il pourra également mieux découvrir l'autre et le respecter dans sa différence.

Jamais le désir de reconnaissance réciproque ne s'est manifesté avec autant d'ampleur qu'aujourd'hui, où tant d'individus et de peuples ressentent le mépris, ou l'indifférence, comme des atteintes à leur liberté même. Femmes et hommes luttent avec ardeur pour qu'on reconnaisse en eux les agents responsables, autonomes, uniques, qu'ils veulent être, plutôt que des entités statistiques, des numéros, sans nom propre. C'est là une des nouveautés les plus remarquables de notre temps. Les conséquences de ce désir de compréhension mutuelle, de solidarité, dont la portée échappe à trop de politiques et de managers, sont souvent paradoxales. « Dans mon âpre quête de reconnaissance, je puis par exemple préférer être maltraité et mal gouverné par quelqu'un qui me tient pour un égal, plutôt que d'être bien traité mais avec condescendance par un individu qui ne me reconnaît pas pour ce que je veux être. » (Thomas de Koninck)

En dehors de toute violence physique, la dignité humaine peut aussi être atteinte moralement par le racisme, la xénophobie, l'antisémitisme, l'homophobie, le sexisme qui sévissent toujours actuellement et dans toutes les sociétés, plus ou moins ouvertement.

Une compréhension du mécanisme psychologique lié à la perte du sentiment de dignité nous est apportée par le retentissement traumatique du viol. Quelque chose de très important a été tué chez la femme violée, peut-être le sentiment de sa valeur personnelle, de son identité d'être une femme. C'est non seulement le poids moral ou social du drame, ni l'injure ou l'avilissement, mais le bouleversement d'une conscience, une souffrance psychologique intense, durable, voire irréversible. L'enjeu tragique du viol devient celui d'une identité brisée.

Sur le plan social, on note depuis deux décennies, une progression spectaculaire des interventions judiciaires visant à faire respecter le droit à la dignité. Ainsi, les traités internationaux intègrent tous, désormais, le concept de dignité parmi les droits humains. Le nouveau Code pénal intègre un chapitre relatif à l'atteinte à la dignité de la personne. Mais le juge peut également employer ces notions dans le champ du contrat entre un salarié et son employeur, par exemple.

En résumé la notion de dignité nous ouvre à un problème beaucoup plus vaste : qu'est-ce qu'une personne ?
– ujn être dans une enveloppe corporelle ;
– un sujet, c'est-à-dire un être pensant ;
– un être dans son histoire ;

- un être inséré dans son groupe social ;
- un être égal aux autres mais totalement unique ;
- un être spirituel ouvert à la dignité d'autrui.

5. Les évitements et interruptions du contact

Notre état de bien-être et de santé se caractérise par un processus permanent d'homéostasie interne – qui maintient les équilibres biochimiques vitaux – et d'ajustement externe aux conditions, sans cesse fluctuantes, de l'environnement social, physique et relationnel.

Ainsi nous arrive-t-il de mettre en place des mécanismes de défense afin d'éviter ou d'interrompre le contact, dans le but de trouver un équilibre ou une solution à un interlocuteur ou une situation qui nous posent problème. Ces évitements peuvent être conscients – nous savons délibérément que nous évitons telle personne en changeant de trottoir, par exemple – ou inconscients, comme certaines attitudes que nous adoptons sans même le savoir. Ces évitements sont parfois sains, c'est-à-dire qu'ils vont contribuer à rétablir une sûreté en nous, ils nous sont utiles et servent à améliorer l'environnement ; ou bien ils peuvent être malsains, en d'autres termes ils nous desservent à notre insu, ou encore invalident le contact que nous aurions souhaité établir avec autrui.

Ces évitements du contact sont constamment présents dans notre vie, comme ils trouvent leur place dans le milieu professionnel également. Nous allons citer un exemple permettant d'illustrer les principaux évitements, avant d'en venir à une explication plus théorique.

Mathieu ou le mécanisme d'urgence

Mathieu a une formation d'expert comptable et de commissaire aux comptes. Il travaille durant quelques années à l'étranger dans un important cabinet, pour finalement accepter un poste de gestionnaire dans l'entreprise familiale, dirigée par son père. Ce dernier tombe gravement malade et Mathieu se voit nommé PDG, d'une semaine à l'autre.

« Je suis un gestionnaire compétent, mais un piètre communicateur et me voilà tenu d'assurer les comités de direction et les réunions houleuses avec les actionnaires. J'en suis malade déjà la veille, j'ai mal à la tête, au ventre, j'ai l'impression d'être un gosse qui va passer un examen le lendemain. Mais le pire reste à venir, car dans la situation réelle, lorsque je suis debout devant eux, j'en arrive à éprouver un malaise grandissant, une sorte de nausée. »

La semaine suivante, Mathieu est mis en difficulté par un membre de la direction, plus âgé que lui et d'un caractère dominant. Notre malheureux PDG bafouille, cherche ses mots et sa respiration, ne trouve ni l'un ni l'autre, sent sa vue se troubler… et s'évanouit !

Nous nous trouvons là devant l'un des plus importants évitements mis en place par l'être humain : c'est l'évitement total, la coupure de contact immédiate, le néant qui remplace la réalité trop difficile à vivre. Il en va de même lorsque nous sommes soumis à une douleur physique trop importante, ou encore à un traumatisme psychique violent (apprendre une mauvaise nouvelle, par exemple). Le réalisateur du film « Il faut sauver le soldat Ryan » a bien mis en scène ce mécanisme : lorsque les autorités gouvernementales viennent annoncer à la mère des fils Ryan qu'ils sont morts sur le champ de bataille, la pauvre femme s'accroupit d'abord en voyant arriver la voiture officielle, avant de s'effondrer totalement.

Félix ou la projection

Guy pense que sa femme Marie est devenue une « non-femme » suite à la démarche thérapeutique qu'elle entreprend depuis plusieurs années. Il demeure persuadé que la thérapeute de son épouse influence celle-ci très négativement à l'encontre de son mari et que tout cela se terminera mal, selon lui. Guy ne tente pas de vérifier si ses propos sont fondés ou s'ils ne sont que le fruit du mécanisme de son imaginaire. Il attribue à

Marie ses propres sentiments agressifs car il a du mal à dialoguer avec elle actuellement et que leurs relations de couple s'en ressentent. Au lieu de lui confier son chagrin et son sentiment d'être abandonné par elle, d'établir le contact en cessant de se plaindre de ses attitudes, de ce qu'elle devrait faire et qu'elle ne fait pas, Guy pourrait s'exprimer véritablement et se départir de ses projections incessantes.

Au lieu de lui dire « Tu ne m'écoutes pas, tu es influencée par les propos de ta psy, je le vois bien. » il pourrait dire : « Je crois que tu ne m'as pas bien compris les derniers temps, je me sens malheureux et j'ai peur pour notre couple. »

Bien souvent la projection est quelque chose qui est en nous et que nous attribuons à autrui. Par exemple, Guy va dire à Marie : « Je vois bien que tu a l'air en colère contre moi ce matin ! Je sens bien que je t'agace ces derniers temps. »

En réalité, c'est Guy qui éprouve de la colère au fond de lui. Il a de sérieux problèmes à son travail ; il occupe un poste de conducteur de travaux sur d'importants chantiers et la surcharge ainsi que les responsabilités croissantes de ses fonctions, le rendent de plus en plus nerveux et fatigué. Lorsqu'il rentre dans cet état le soir, il s'écroule devant le poste de télévision et n'a plus le courage de s'occuper de ses deux petites filles ni même de dialoguer avec Marie.

La projection devient pour lui un mécanisme de défense pour éviter le contact et s'enfermer dans un monde dans lequel il attribue de manière systématique et presque pathologique ses propres sentiments négatifs à autrui.

Gaétan ou l'introjection

Gaétan occupe un nouveau poste de manager dans une grande entreprise depuis près de six mois. Il a de plus en plus de difficultés à assumer ses responsabilités et demande l'aide d'un coach pour lui permettre de mieux cibler ses problèmes.

Les deux premières séances mettent en lumière le champ professionnel de Gaétan, ses missions de manager, ses interlocuteurs et ses principaux « points noirs ».

Les introjections constituent la base de l'éducation de l'enfant, de la croissance, du démarrage de la vie professionnelle. Il nous est possible de croître en assimilant progressivement le monde extérieur, les aliments par exemple, certaines idées, certains principes. Nos introjections parentales, sociales, religieuses, morales, idéologiques et professionnelles peuvent être nombreuses et parfois même invalidantes pour notre vie d'adulte. C'est le cas de Gaétan. Il a été l'enfant modèle de sa mère, n'a pas eu de crise d'adolescence marquée, s'est plié sagement au système scolaire puis universitaire.

« J'ai toujours obéi, dit-il, je n'ai jamais transgressé aucune règle, et en me voyant promu à ce poste de manager dans mon entreprise, je me suis senti investi d'une mission primordiale : faire progresser mes collaborateurs, leur apporter toute l'aide nécessaire afin qu'ils réussissent dans leur travail, me donner corps et âme à mon usine…

– Et que se passe-t-il depuis ces six derniers mois ? demande le coach.

– Plus rien ne va. J'ai pris dix kilos, je ne dors plus, je ramène des tas de dossiers à la maison pour le week-end, et surtout, j'ai l'impression que mes collaborateurs, voire mes hiérarchiques me prennent pour un imbécile.

– Que ressentez-vous en exprimant cela ?

– Je réalise que je devrais réfléchir autrement, que les gens attendent autre chose de moi que cette aide et cette soumission perpétuelles que je leur offre sur un plateau. Mes principes volent en éclat, et cela m'insécurise. »

Gaétan va travailler progressivement sur ses introjections, ses « il faut que, on doit, les autres attendent de moi que, je dois être un modèle de chef, un modèle de salarié, il faut respecter ses chefs, il faut être toujours motivé à son travail, etc. ».

En effet, ses introjections demeurent en lui comme des corps étrangers parasites. Il a « avalé » tout rond les idées, habitudes, croyances des autres et depuis toujours, sans prendre la peine de les transformer ou de les assimiler véritablement.

Gaétan va commencer par recenser ses valeurs d'adulte, les comparer à ses croyances, puis mâcher véritablement ce qui est bon et juste pour lui afin de le digérer et devenir un manager responsable de lui-même, de ses idées, de ses principes.

Sarah ou la confluence

Sarah est amoureuse de Franco. Elle le connaît depuis une année et se sent très proche de lui. Franco sort d'un divorce pénible, ne voit ses deux enfants, un garçon de huit ans et une fille de quinze ans que dans le cadre de la loi des « un week-end sur deux et la moitié des vacances scolaires » et vit dans un appartement minuscule depuis quelques mois. Il s'accroche à sa vie professionnelle qui lui apporte des satisfactions, s'est remis à faire du sport (natation et footing une fois dans la semaine) et a entamé un travail de développement personnel au sein d'un groupe. Il se sent aussi amoureux de Sarah, mais « différemment » selon ses propos. Il aurait besoin d'une relation sécurisante et pas encore trop impliquante, mais Sarah lui reproche alors de ne pas vouloir s'engager avec elle, de la prendre pour une femme-objet, de ne rechercher qu'une relation d'ordre sexuel auprès d'elle.

Sarah a beaucoup souffert de l'absence de son père lorsqu'elle était petite. Celui-ci a quitté le foyer conjugal lorsqu'elle n'avait que trois ans et sa mère s'est ensuite remariée avec un homme froid et distant qui n'a pas pu satisfaire le besoin d'amour et de tendresse de Sarah.

Sarah a eu du mal à établir une relation harmonieuse avec les hommes qu'elle a rencontrés en devenant adulte. Ils étaient souvent plus âgés qu'elle, lui servaient de soutien, de père, ou alors ils étaient très peu investis dans la relation avec elle et elle ne les considérait que comme une aventure passagère.

En rencontrant Franco, Sarah a vécu un véritable coup de foudre. Elle s'était immédiatement sentie très proche de lui, lui faisant de grandes déclarations d'amour, bâtissant des projets d'avenir avec lui, lui signifiant qu'il était le bienvenu dans l'ensemble de son existence et tout de suite. Cette symbiose ainsi annoncée a d'abord été accueillie avec fierté et joie par Franco, Sarah étant une belle et intéressante jeune femme, mais ces sentiments ont bientôt fait place à une impression d'envahissement, d'étouffement et finalement de rejet de la part de Franco.

« Je sors d'une rupture difficile de couple, je n'ai pas eu le temps de me ressaisir, de faire une sorte de transition, et voilà que Sarah me demande une telle symbiose avec elle. Je n'y suis pas prêt, cela me rend anxieux, et lorsqu'elle pleure en me reprochant ma distance avec elle, je me sens culpabilisé de lui faire du mal, de ne pas pouvoir accueillir cette fusion.

– Que conviendrait-il de dire à Sarah ?

– Je voudrais lui dire que je l'aime, qu'elle a une véritable place dans ma vie, mais qu'il me faut du temps pour envisager de me remettre en couple, et aussi pour réfléchir à un nouveau mode de fonctionnement de ce couple. Mon ex-femme et moi étions sans doute très fusionnels l'un envers l'autre, mais nous avons fini par nous étouffer mutuellement. Tout était partagé, les activités professionnelles et les loisirs, nous n'avions aucun « jardin secret », tout était transparent et connu par l'autre. C'est une symbiose qui ne peut pas durer dans un couple, il faut à nouveau se distancier l'un de l'autre, cultiver sa propre personnalité, redevenir soi après avoir été la moitié de l'autre. »

Sans doute Franco a-t-il bien raison. La confluence n'est bonne que si elle est suivie d'un retrait, permettant à chacun de reconquérir sa frontière-contact, sa propre identité, marquée par la singularité et la différence.

Lorsque ce retrait s'avère difficile, comme nous l'avons vu dans l'exemple de Sarah, que la confluence devient systématique et imposée, alors l'équilibre du couple, des interlocuteurs concernés devient précaire et un fonctionnement pathologique (névrotique, voire psychotique) peut s'installer. Cette situation se rencontre dans le fonctionnement de nombreux couples dont aucun des partenaires ne s'autorise la moindre activité séparée, vécue alors comme une trahison.

Ludovic ou la rétroflexion

Ludovic a 36 ans et il vient de vivre deux années en incapacité totale de travailler. Son métier d'origine était mécanicien de moteurs diesel et de camions. À présent, il doit se contenter d'un simple poste de manutentionnaire, moins contraignant physiquement mais sans aucun intérêt technique pour Ludovic. Lorsque je le rencontre pour la première fois je suis un peu surprise par ses propos, Ludovic ne donnant pas l'impression d'un handicap physique quelconque : il est muscle, se déplace aisément, son port de tête est fier, en fait il a plutôt l'air d'un sportif avec son jeans et son polo blanc. Je lui fais part de mes réflexions, il sourit et me raconte son histoire :

« En fait j'ai été opéré deux fois au dos, et presque une troisième, si mon chirurgien ne m'avait pas conseillé de réfléchir aux conséquences de cette nouvelle intervention.

– Que vous est-il arrivé ? Avez-vous eu un accident du travail ?

– Non, je crois plutôt que c'étaient mes nerfs. Je me sentais de plus en plus tendu au fond de moi, j'avais de graves problèmes conjugaux, ma femme voulait me quitter et emmener nos trois enfants avec elle, l'horreur.

– Et avez-vous une idée du motif de cette tension ?

– J'ai toujours eu l'habitude de prendre sur moi, je suis le fils aîné d'une famille à gros problèmes : mon père battait sauvagement ma mère et celle-ci était alcoolique. De plus l'une de mes sœurs a eu un jour un accident de voiture, durant lequel elle a tué un enfant. J'ai assumé tout cela, j'étais le pilier sans faille de tous les membres de ma famille, je me suis blindé.

– Et comment étaient vos relations avec votre épouse ?

– Comme je vous l'ai dit, j'étais blindé, et je le suis d'ailleurs encore. J'ai toujours aimé ma femme, mais sans jamais pouvoir le lui exprimer, j'ai même été souvent dur et brutal avec elle et les enfants. J'aurais dû régler mes problèmes avec mon père, lorsque ma mère est décédée à l'âge de 48 ans, mais je n'ai pas osé, j'ai préféré avaler, et avaler encore.

– En somme, vous vouliez épargner votre père, ne pas lui exprimer votre colère à son égard ?

– Tout à fait. Mais en l'épargnant, je ne me suis pas épargné. C'est ainsi que sont nés tous mes problèmes physiques, le dos, l'ulcère à l'estomac, l'insomnie. »

Nous constatons dans l'exemple de Ludovic que la rétroflexion consiste à retourner contre soi-même l'énergie mobilisée, à se faire à soi ce que l'on voudrait et devrait faire aux autres, comme par exemple se donner l'autorisation d'exprimer le désaccord et d'engendrer un conflit. Si Ludovic avait pu être encouragé à exprimer ses émotions à l'égard des membres de sa famille, s'il avait pu formuler des colères interdites, il n'aurait sans doute pas subi de tels problèmes de santé, de telles psychosomatisations.

Si la rétroflexion est saine lorsqu'il s'agit de faire preuve de self-control, c'est-à-dire qu'elle est le signe de l'éducation sociale et de la maturité psychique de l'individu, elle devient malsaine si elle s'établit de manière chronique et engendre des troubles somatiques.

Il existe trois graduations dans la rétroflexion :

– Stade n° 1 : troubles légers comme, par exemple, légers maux de tête, de ventre, de dos, quelques insomnies, de la fatigue injustifiée, des boutons sur la peau.

– Stade n° 2 : maladies ou troubles plus conséquents comme : inflammation, ulcère à l'estomac, problèmes cardio-vasculaires, hernies discales, psoriasis, déséquilibre du système immunitaire.

– Stade n° 3 : maladies graves telles que le cancer, la crise cardiaque.

Ainsi les personnes trop contrôlées comme Ludovic, qui n'ont jamais appris à manifester leurs émotions, accumulent stress sur stress et usent les ressources de leurs mécanismes immunitaires.

Charlotte ou la déflexion

Charlotte est une jeune femme chaleureuse et dynamique. Elle est mère de deux enfants déjà adolescents et est mariée à un homme qu'elle qualifie de charmant et dont elle est toujours amoureuse après une quinzaine d'années de mariage. Elle travaille quatre jours par semaine et se déclare de plus en plus débordée. Charlotte somatise beaucoup ; elle souffre de spasmes abdominaux, de nervosité chronique, de dérèglement hormonal. Après une batterie d'examens et d'interminables discussions avec son médecin, le verdict est tombé : ses problèmes physiques sont dûs au stress. Le stress rend malade et il a des zones de prédilection ; la pression use l'organisme et celui-ci cède là où il est le plus fragile. Les premiers symptômes de Charlotte sont la fatigue et la baisse de sa libido. Elle décide de consulter un psychothérapeute et commence par déclarer que tout va bien dans sa vie, qu'elle a une famille adorable et un patron compréhensif. Première déflexion ! Elle se lance dans un monologue interminable, avec de nombreux détails insignifiants décrivant sa vie personnelle et professionnelle : deuxième déflexion. Puis elle généralise sa propre situation : « Tout le monde a ce genre de stress de nos jours, nous en faisons trop, surtout avec deux enfants en pleine adolescence et un mari très occupé par son propre travail ! ». Et enfin, elle intellectualise en fournissant des statistiques précises sur les maladies psychosomatiques dues au surmenage et à la fatigue chronique.

La déflexion permet d'éviter tout bonnement le vrai sujet, le vrai problème. Elle sert à ne pas atteindre le but de la conversation, et donc à ne pas trouver de solution. Pendant que Charlotte se plaint et enchaîne phrases après phases avec son psychothérapeute, elle ne parle pas véritablement d'elle et de ses problèmes existentiels actuels. Si elle allait « droit au but » elle raconterait que son mari ne l'aide pas à la maison, que ses enfants ne la respectent pas, que son patron lui demande d'être corvéable à merci et aussi qu'elle-même ne sait pas dire non, qu'elle ne peut pas refuser de subir le stress.

Lionel ou l'égotisme

Lionel a vendu les parts de son entreprise pour démarrer une activité de conseil en management. Il a 62 ans, est divorcé et a tourné une page de sa vie, selon ses propres dires. Cependant il s'étonne de ne pas réussir dans cette nouvelle activité, et entreprend quelques séances de coaching pour détecter la faille. Très rapidement, le coach découvre que la faille de Lionel, c'est lui-même ! Lionel parle beaucoup, se lance dans des circonvolutions de langage, a réponse à tout, renchérit sur ses propres expériences vécues, n'écoute aucunement le feed-back de son interlocuteur. Il peut passer pour un bon vivant dans un premier temps, cordial à l'extrême, enjoué, mais très vite son contact devient envahissant, ne laissant aucune place au dialogue. Lionel ramène tout à lui, ne faisant aucun silence dans ses monologues ; son contact est un pseudo-contact, il n'y a que lui qui est intéressant. Le coach l'interroge sur ses difficultés passées au sein de l'entreprise qu'il a vendue. Et voilà que Lionel reprend ses interminables explications sur le personnel incompétent, le manque de motivation de ses cadres et le peu de responsabilisation de ses commerciaux. En réalité Lionel était un piètre manager, occupant toujours le terrain verbalement, se mettant en avant, ne laissant aucun véritable dialogue s'instaurer entre lui et son équipe de direction.

L'égotisme est un facteur de rupture du contact, mais aussi un signe de contrôle permanent de la situation relationnelle : Lionel parle beaucoup pour ne pas parler en réalité, et surtout pas de lui. Il met en avant un flot de paroles qui fait rempart au contact et à la vraie vie. Les personnes qui l'ont trouvé sympathique et dynamique au départ, s'aperçoivent bientôt que rien n'est possible entre elles et lui, que la communication ne peut s'établir. Les employés et cadres sont restés dans un rapport social de politesse avec Lionel, ses amis ou proches ont fini par se détourner de lui. C'est ainsi qu'il se retrouve seul à 62 ans, son épouse ayant fini par le quitter elle aussi, et surpris de l'être !

Julia ou la proflexion

Julia est une journaliste de 27 ans. C'est son deuxième job dans un journal en province, elle a besoin de faire ses preuves et se sent parfois peu sûre d'elle et timide. Elle travaille en tandem avec Sam, un journaliste plus chevronné, qui a du talent et écrit des articles prisés par les lecteurs. Julia aimerait davantage entrer en contact avec lui, lui exposer ses difficultés, son manque de confiance sur le terrain, mais elle n'ose pas. Sam la traite un peu avec rudesse, il s'impatiente rapidement et exige des délais très brefs pour la remise des textes. Julia profite d'un trajet en voiture avec Sam pour lui faire une « proflexion », c'est-à-dire pour faire à Sam ce qu'elle aimerait qu'il lui fasse, à savoir un compliment sur son travail.

« À propos, dit-elle, j'ai lu votre article paru hier dans la rubrique économique, et je dois dire qu'il m'a impressionnée. Votre analyse de la situation est remarquable et vous avez su donner un style plaisant et non rébarbatif à un thème pourtant technique et complexe. »

En réalité, Julia a elle aussi signé un article dans cette même rubrique économique, et elle attend que Sam lui en parle à son tour pour la féliciter. Mais son collègue ne le perçoit pas de cette manière et répond :

« Oui, cet article que j'ai écrit a bien plu à nos lecteurs. Je le développerai d'ailleurs la semaine prochaine. »

Et voilà notre malheureuse Julia au point de départ. Dans le cas présent, la proflexion n'a pas fonctionné et le contact de Julia ne s'est pas amélioré avec elle-même (elle se sent toujours aussi nulle sinon davantage), ni avec Sam (le dialogue ne s'instaure pas).

Mais faisons une marche arrière et imaginons que Sam ait eu la bonne idée de faire quelques éloges à Julia, ce qui donnerait :

« Je te remercie de me dire que tu as apprécié mon article Julia. Je me donne à fond dans ce métier et ton avis favorable me fait du bien. Je tiens aussi à préciser que j'ai également lu ton texte dans cette même rubrique économique, et sincèrement je pense que tu t'es bien débrouillée ! Ton écrit est clair, attractif, le titre est bien ciblé. Bravo Julia ! »

Cette fois la proflexion a bien fonctionné et le contact entre Julia et Sam s'en trouve intensifié et enrichi. Julia avait besoin d'être rassurée, et cette « caresse positive », terme utilisé par l'analyse transactionnelle, a été bénéfique pour elle.

Séparations : éloignement, coupure, break, rupture, divorce, abandon

« L'inégalité des traumatismes nous mène à penser que l'histoire n'est pas un destin », écrit Boris Cyrulnik[6]. Nos souffrances nous contraignent en effet à la métamorphose et nous espérons toujours changer notre manière de vivre. C'est pourquoi une carence précoce, un abandon, une rupture, peuvent créer une vulnérabilité momentanée, que nos rencontres affectives et sociales pourront restaurer ou aggraver. « Quand le réel est terrifiant, la rêverie donne un espoir fou. À Auschwitz ou lors de la guerre du Pacifique, le surhomme était un poète. »

Rituel de séparation

Sous l'influence de la théorie de l'information et de la linguistique, le rituel est aujourd'hui envisagé principalement comme fait de communication. On peut donner deux explications complémentaires : les uns considèrent qu'avant tout l'action rituelle « dit quelque chose » : elle a une fonction expressive, symbolique, productrice de signification ; les autres estiment qu'elle « fait quelque chose » : sa fonction est « instrumentale », « pragmatique », situationnelle.

---

6. Boris Cyrulnik, *Un merveilleux malheur,* éd. Odile Jacob, 1999.

Le rituel fait classiquement référence à une séquence d'actes ordonnés et prescrits, répétitifs, « expressifs et dramatiques ». Ce n'est pas une catégorie distincte de comportement, mais un aspect possible de toute activité humaine. Certaines activités servent à « faire des choses », à modifier l'état physique du monde. Dans ce cas, la relation entre les moyens et les fins est rationnelle (ainsi, se couvrir s'il fait froid). D'autres activités servent à « dire des choses » (ainsi, le type de vêtements choisi) ; elles communiquent de l'information, qui peut être comprise par autrui.

La force figurative des symboles rituels est due à ce qu'ils expriment des idées abstraites de grande importance qu'on a de la peine à se représenter directement. Le rituel est une gestalt (forme) qui parle directement et immédiatement à l'esprit, sans analyse (Voir le chapitre sur la Gestalt). Il diffère de la communication verbale, et se rapproche de l'art.

L'espoir est le suivant : se libérer d'une relation qui est mal vécue, d'un divorce, d'un deuil, d'une séparation partielle, d'une dépendance affective.

Le rituel par sa force symbolique permet la coupure complète du lien et rend ainsi la personne disponible et libre pour une autre gestalt relationnelle. Il peut se pratiquer avec la personne dont on est déjà séparé et avec laquelle subsistent encore des liens que l'on souhaite dissoudre.

La métaphore zen de la tasse de thé, est l'illustration du fait que pour recevoir du thé, il faut disposer d'une tasse vide. Être disponible et ouvert à une nouvelle relation nécessite ainsi, d'être sorti de la précédente.

Ce rituel, que je nomme « je coupe mes liens », dure environ une heure.

En position fœtale, je prends contact mentalement avec la personne avec laquelle je n'ai pas fait la paix.

Dans cette position je respire bouche entrouverte en hyperventilation pour monter en énergie environ trente minutes puis je médite yeux fermés sur ce qui s'est passé depuis le début.

Ensuite, assis, je visualise mes connexions avec cette personne. La puissance du rituel tient beaucoup au fait que la séparation symbolique ne va pas se limiter à un global « je te quitte », mais va détailler toutes les connexions possibles et à tous les niveaux relationnels.

Dans la tradition tantrique, on peut détailler la relation entre les chakras, considérés un par un de chaque personne.

Dans une expérimentation et une mise en acte gestaltiste je vais travailler sur la séparation au niveau mental, au niveau du regard, au niveau de la parole, au niveau du cœur, au niveau du ventre et au niveau du sexe.

Chaque étape du rituel de séparation comprend :
– Une posture : je lève les bras au-dessus de ma tête, les mains jointes.
– Une phrase : par exemple, « je coupe le lien avec ton mental ».
– Un mouvement : j'abaisse rapidement mes bras en avant, dans le geste de couper.
– Un cri qui accompagne le mouvement.

Voici les différentes étapes du processus qui peut provoquer un état émotionnel intense :
– « je coupe mon lien avec ton mental » ;
– « je coupe mon lien avec ton regard » ;
– « je coupe mon lien avec ta parole » ;
– « je coupe mon lien avec ton cœur » ;
– « je coupe mon lien avec ton ventre » ;
– « je coupe mon lien avec ton sexe ».

Ce travail se termine par une méditation et une exploration du ressenti.

Le rituel peut se pratiquer en séance individuelle, en séance de couple par exemple avec un ex-partenaire, en individuel devant un groupe où la personne choisira un participant pour l'accompagner.

Il est possible aussi de faire ce rituel collectivement, chacun choisissant intérieurement une personne, un objet, ou une situation pour s'en séparer.

Ce rituel n'est pas anodin et il est à utiliser avec précaution chez des dépressifs ou en cas de fantasmes suicidaires ou abandonniques. Il faut l'éviter aussi lors de conflits aigus chez des couples non séparés.

Pourquoi ce rituel est-il opérant ? Il associe la respiration, la méditation, la verbalisation, le mouvement, le cri en un processus unifié et répétitif : c'est une gestalt complète, indispensable pour faire le ménage avec son passé et ses relations personnelles.

6. Pensées négatives, les impasses du contact

La prise de conscience de ses pensées permet de prendre le contrôle de sa vie, ce qui est aussi indispensable que de savoir dans d'autres circonstances, lâcher prise.

De même « que la carte n'est pas le territoire, qu'un mot n'est pas ce qu'il représente, qu'un mot ne représente pas l'ensemble des faits »[7], les pensées ne sont que des pensées et non pas la réalité. Les pensées ne sont qu'une traduction, un aspect partiel, personnel et totalement subjectif de la réalité. Beaucoup de pensées ou d'habitudes de fonctionnement mental ont une connotation négative, qui perturbe le contact avec la réalité, et aboutit alors à des impasses psychiques.

En voici quelques exemples :

– Le jugement automatique de soi-même, et des autres, avec des préoccupations continuelles concernant les jugements d'autrui.

---

7. Alfred Korzybski, *Une carte n'est pas le territoire*, L'Éclat, 1998.

- La comparaison focalisée sur un seul exemple, et donc non significative, au lieu d'être effectuée sur une échelle large.
- Le perfectionnisme qui s'attache aux détails de façon excessive.
- La pensée binaire en noir et blanc, 0 ou 1, tout ou rien. C'est une pensée extrémiste, qui voit la vie en bon ou mauvais, merveilleux ou terrible, vrai ou faux, maintenant ou jamais.
- L'exagération, l'amplification, qui transforme les faits pour obtenir approbation ou attention, compassion.
- La généralisation qui fait porter des conclusions collectives à des individus : les femmes sont ceci ou cela.
- Le saut aux conclusions, sans raisonnement intermédiaire.
- Le raisonnement émotionnel, qui entraîne des surréactions : le signal émotionnel fait croire que l'image est la réalité.
- L'anticipation pessimiste (« tout ce qui peut arriver, arrive, et même pire ! » liée à des fantasmes anxieux.
- La disqualification du positif, pour se maintenir en position de victime.
- Les pensées conditionnelles : « il faudrait que, cela serait bien si, oui mais », qui renforcent le sentiment d'impuissance.
- Les pensées dogmatiques proclamées comme des vérités intangibles sans examen, ni critiques.
- Le déni pur et simple d'une réalité actuelle ou historique (négationnisme).
- La personnalisation : se considérer comme la cause de tous les problèmes, assumer des responsabilités ou des culpabilités sans critique, se positionner sur un mode passif/agressif.
- L'autojustification : développer une argumentation rationnelle pour rejeter toute responsabilité.
- La prédiction : activité prophétique négative (syndrome de Cassandre).

Les impasses et ornières du langage :
- Question sans réponse : « qu'est-ce que je vais pouvoir lui dire ? ».
- Oui mais.
- Expression confuse.
- Expression complexe.
- Pensée circulaire qui revient à son point de départ.

Comme il est facile de perdre contact avec la réalité et d'aller dans des pensées perdantes ou sans issues !

CHAPITRE 2

La roue du contact

Il s'agit d'une représentation graphique permettant un diagnostic global et précis du contact.

La roue du contact est un outil de diagnostic holistique de notre manière d'être en contact avec nous-même, avec l'autre, avec l'environnement. Elle nous permet d'analyser les différents éléments du contact au travers de six axes comprenant chacun deux polarités : par exemple, l'axe émotionnel a une polarité « émotions négatives et hostiles », comme la haine, et une polarité « émotions positives », comme l'amour ou la complicité. Chacun des axes est gradué : il faut partir du centre de la roue (degré 0) et se diriger vers l'extérieur du cercle (degré 10) : la note que l'on s'octroie en établissant son propre diagnostic sera donc de 0 à 10 et il conviendra de mettre une croix y correspondant sur l'axe.

La roue se compose de six axes, chacun ayant deux polarités opposées comme nous l'avions écrit précédemment, et ces axes sont spécifiques à chacune des situations de contact observées, ainsi que des cibles concernées (voir les diagnostics plus loin) :

— Axe de l'intensité du contact (faible à fort).

— Axe relationnel (de vide à intime).

— Axe du mouvement (du statique au mobile).

— Axe de la cible (vers moi, vers l'autre).

- Axe émotionnel (de la haine à l'amour).
- Axe du processus (interrompu à achevé).

1. Diagnostics

Pour chacune de ces roues du contact, nous vous proposons un exemple de diagnostic :
- Diagnostic personnel.
- Diagnostic du couple.
- Diagnostic de la famille.
- Diagnostic du couple professionnel.
- Diagnostic de l'équipe.
- Diagnostic de l'entreprise, de l'organisation.

COMMENT MIEUX VIVRE ET CONSTRUIRE LE CONTACT ?

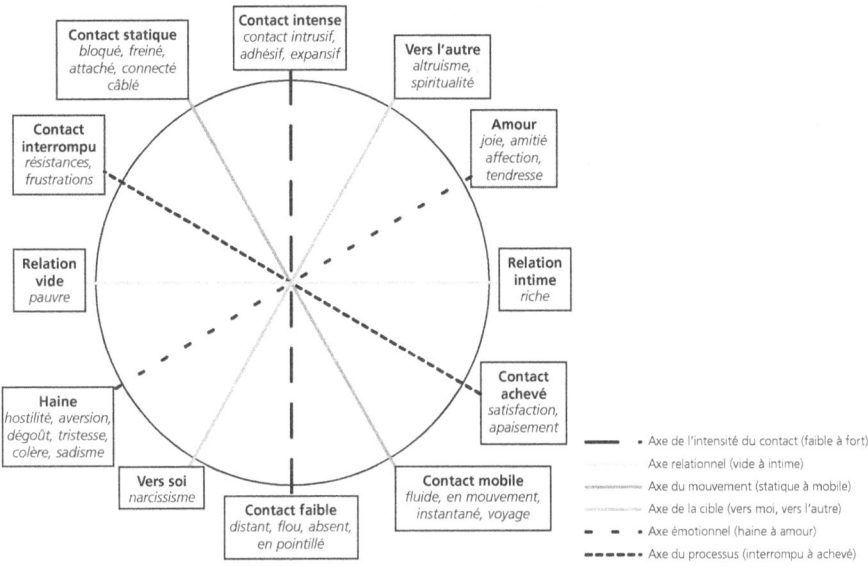

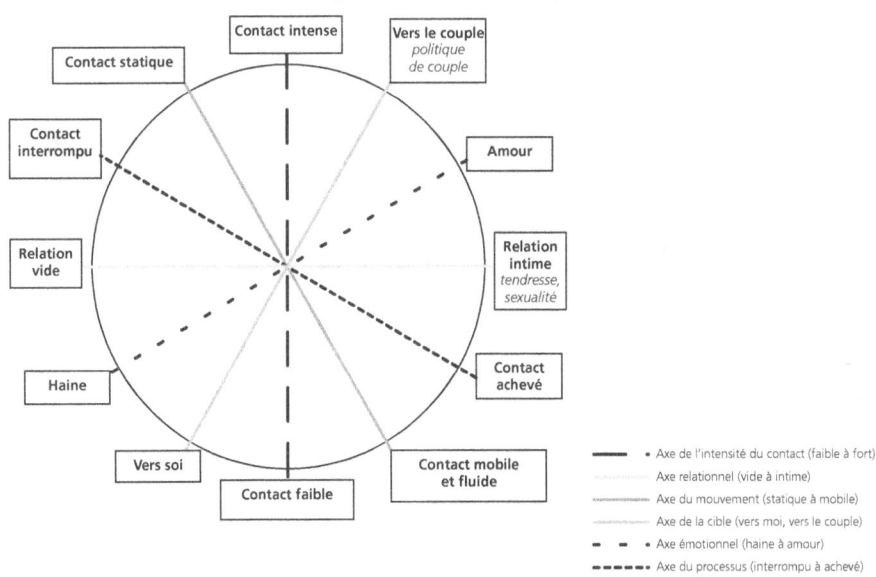

L'ART DU CONTACT

Polarités du contact : diagostic de la famille

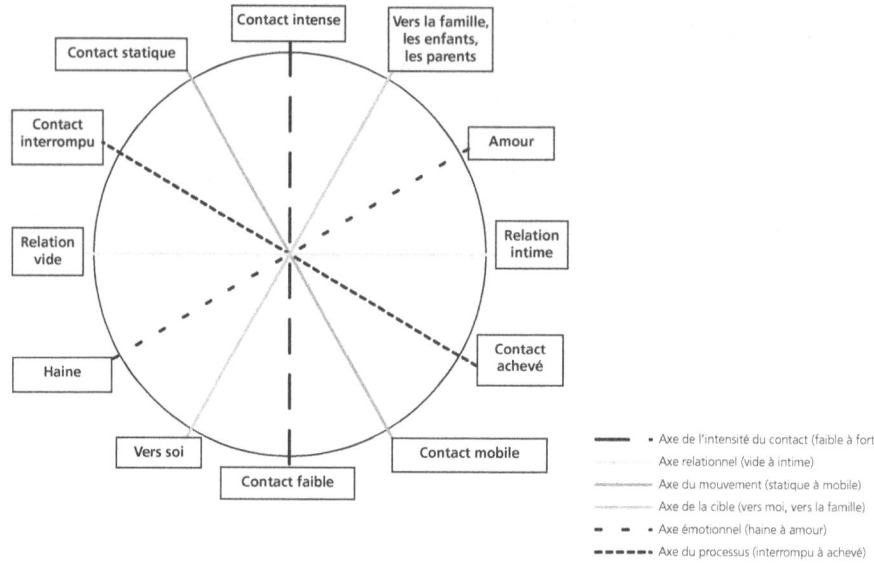

Polarités du contact : diagnostic du couple professionnel

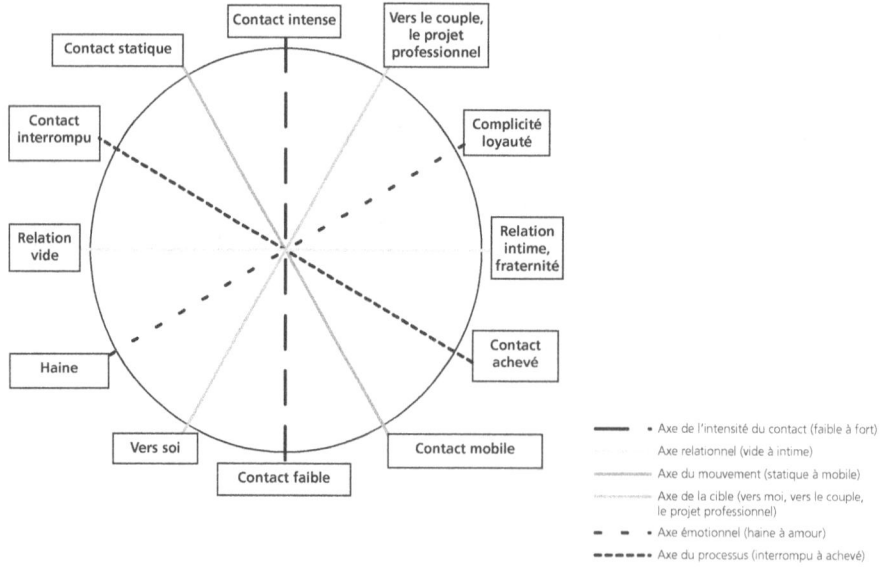

COMMENT MIEUX VIVRE ET CONSTRUIRE LE CONTACT ?

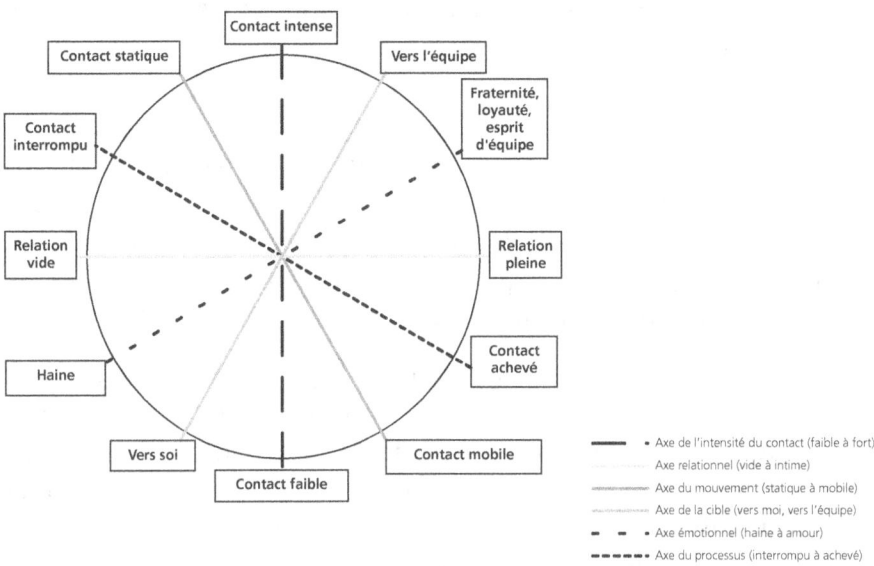

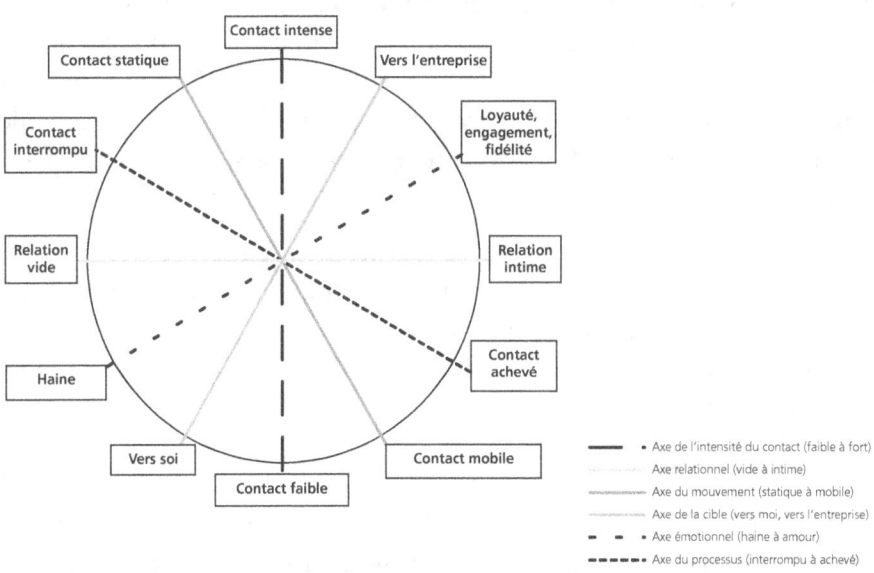

2. Mode d'emploi de la roue du contact

1. Lire attentivement les explications et clarifications de chacun des axes suivants.

Axe de l'intensité du contact

Contact intense : il s'agit d'un contact qui est l'objet d'une pulsion intense, soutenue, forte, puissante, vive. Ce contact peut paraître intrusif, adhésif, expansif, violent. Si le potentiel d'un courant se mesure en volts, ce contact pourrait être capable de faire « péter les plombs » ! Il transporte de l'énergie, de la fermeté, de la solidité.

Contact faible : c'est un contact distant, flou, absent ou presque, en pointillé, diminué, de faible intensité, dans lequel « le courant ne passe pas ». Un contact faible manque de force, de vigueur, il est délicat, fluet, fragile ou encore fatigué, affaibli, las. Il n'est pas en état de résister, de lutter et est suivi de peu ou d'aucun effet. C'est aussi un contact doux, parfois apathique, indécis, lâche.

Axe relationnel

Relation intime : ici la relation est profonde, liée étroitement à l'autre, unie, c'est aussi une relation qui peut être tenue secrète, que les autres peuvent ignorer, très personnelle, étroite, intérieure. L'ambiance y est intime, feutrée, privée, protégée du superficiel ou du public, elle correspond à l'essence de l'être. Elle engendre la sérénité et la plénitude.

Relation vide : c'est une relation superficielle, dénuée de sens, qui ne contient rien de personnel, elle manque d'intérêt, de substance, de réalité, elle est creuse et vaine. Elle n'a aucun effet utile et engendre la vacuité et le néant. Elle ressemble à un mécanisme qui tourne à vide, dans l'indifférence.

Axe du mouvement

Contact mobile : ce contact est changeant, fluide, en mouvement, variable, plein de vivacité, impulsif, il se déplace et peut devenir fluctuant et instable. Il change rapidement d'aspect ou d'expression et peut générer l'enthousiasme, le dynamisme ou la fatigue et la lassitude.

Contact statique : c'est un contact stable, fixe, immobile ou qui évolue peu. Ce peut être un état d'équilibre, même s'il n'est pas évolutif ou dynamique.

Axe de la cible

Contact vers l'autre : il s'agit d'un contact dont l'intérêt est tourné vers l'autre, celui qui n'est donc pas soi, qui est différent, qui n'est pas le même que soi. Il tente d'établir le lien avec l'autre, de l'apprivoiser, de le comprendre, de le percevoir, dans l'ouverture.

Contact vers soi : c'est un contact intériorisé avec soi-même, un narcissisme qui ne cherche pas à aller vers l'autre, qui est préoccupé par la conscience et l'image de soi, c'est le repli, le recul, le retrait qui peut être réparateur, créatif ou encore entraîner l'isolement, la dépression, la folie.

Axe émotionnel

Amour : c'est un contact dans la joie, l'amitié, l'affection, la tendresse, l'attachement. Il peut revêtir un caractère passionnel, excessif, à la recherche du plaisir, de l'érotisme et de la sexualité. Ce contact peut aussi être de nature altruiste et philanthropique, ou encore privilégier l'aventure, le flirt, la passade. Il est aussi à l'origine du sentiment amoureux. Il engendre la joie de vivre, la chaleur, la douceur et l'exubérance relationnelle.

Haine : c'est un contact froid, il engendre l'angoisse, le dégoût, la tristesse, la colère. Il est négligent envers l'autre, non prévenant, indifférent et méchant. Il peut aller jusqu'à l'hostilité furieuse et un sentiment violent qui pousse à vouloir du mal et à se réjouir de ce mal. Il est fielleux, venimeux, malveillant, vindicatif. Il engendre l'aversion et la répulsion. Ce contact déteste et exècre l'autre, les autres et parfois soi-même jusqu'au suicide.

Axe du processus

Contact achevé : ce contact est mené à bonne fin, il a vécu tout son cycle de vie du contact et a été terminé complètement. Il permet de clore la tension psychique, d'être dans la satisfaction de l'expérience accomplie et de s'engager dans un retrait fertile. Ce type de contact achevé harmonieusement, permet l'ouverture à un nouveau cycle.

Contact interrompu : le contact n'a pas été mené jusqu'au bout, il a été arrêté, coupé, parfois non commencé, suspendu dans sa continuité. Cela engendre insatisfaction, tension psychique, inconfort et incapacité de reprendre le cours normal d'un nouveau contact. Ce contact est vécu de manière négative et frustrante, il est inachevé et imparfait.

2. Commencez par votre propre diagnostic, afin de faciliter votre utilisation et compréhension de l'outil : remplissez les graduations de chacun des axes sur « Polarités du contact – Diagnostic personnel ». Il est préférable de commencer par le premier axe cité : « axe de l'intensité de la roue ». Donnez une note selon votre propre appréciation sur votre capacité ou non d'être dans un « contact intense » de 0 à 10. Si vous avez le sentiment que votre contact personnel avec les autres est plutôt fort, ferme, soutenu, vous pouvez vous octroyer un 8. Dans l'autre polarité « contact faible » il s'agit de vous interroger si vous éprouvez fréquemment ou pas ce type de contact. Dans le cas où cela vous arrive quelquefois, seulement lorsque vous vous sentez fatigué(e) ou débordé(e) vous pouvez vous donner une note de 2 ou de 3.

3. Lorsque vous avez terminé de donner les cotations à l'ensemble des axes de la roue, reliez les différents points par un trait, comme une « toile d'araignée ».

4. Poursuivez le diagnostic avec les autres roues et notamment celle « Polarités du contact – Diagnostic du couple ». Les trois premières roues concernent davantage l'aspect personnel alors que les trois suivantes s'attachent davantage à la sphère professionnelle.

5. En fin d'exercice il vous est possible de comparer vos différentes roues entre elles, de constater, par exemple, les polarités dans lesquelles vous avez systématiquement des notes fortes ou au contraire faibles, et aussi d'observer vos résultats en fonction des deux demi-cercles de chacune des roues : le demi-cercle de droite comporte essentiellement des éléments de qualités de contact tels que l'intensité du contact, sa capacité à s'orienter vers autrui, les sentiments tels que l'amour ou l'amitié, la richesse et l'intimité de la relation, la satisfaction d'un contact mené jusqu'au bout ou encore la fluidité d'un échange. Le demi-cercle de gauche décrit surtout les imperfections de notre contact telles que les blocages, les interruptions, les relations vides et pauvres, des sentiments négatifs comme la haine ou l'hostilité, une propension à se replier sur soi et un contact distant et en pointillé.

6. N'hésitez pas à vous reporter aux différents chapitres de notre ouvrage afin de compléter par là une meilleure compréhension de vos résultats. Par exemple, sur « l'axe du processus », le « contact interrompu » mériterait une lecture de notre chapitre sur les évitements du contact.

Afin d'illustrer l'utilisation de cet outil, nous vous présenterons à la fin de ce chapitre un exemple concret, concernant le diagnostic complet de Benoît, 40 ans, marié et père de trois garçons, patron d'une PME dans le sud de la France. Le diagnostic de Benoît s'est effectué en tête-à-tête avec lui : il a tout d'abord rempli les cotations des différentes roues puis nous avons dialogué avec lui, ce qui explique la précision de certains éléments de son contact, qui n'apparaîtraient bien sûr pas si le diagnostic n'avait eu lieu que par écrit.

3. Diagnostic de Benoît

Polarités du contact : diagnostic personnel

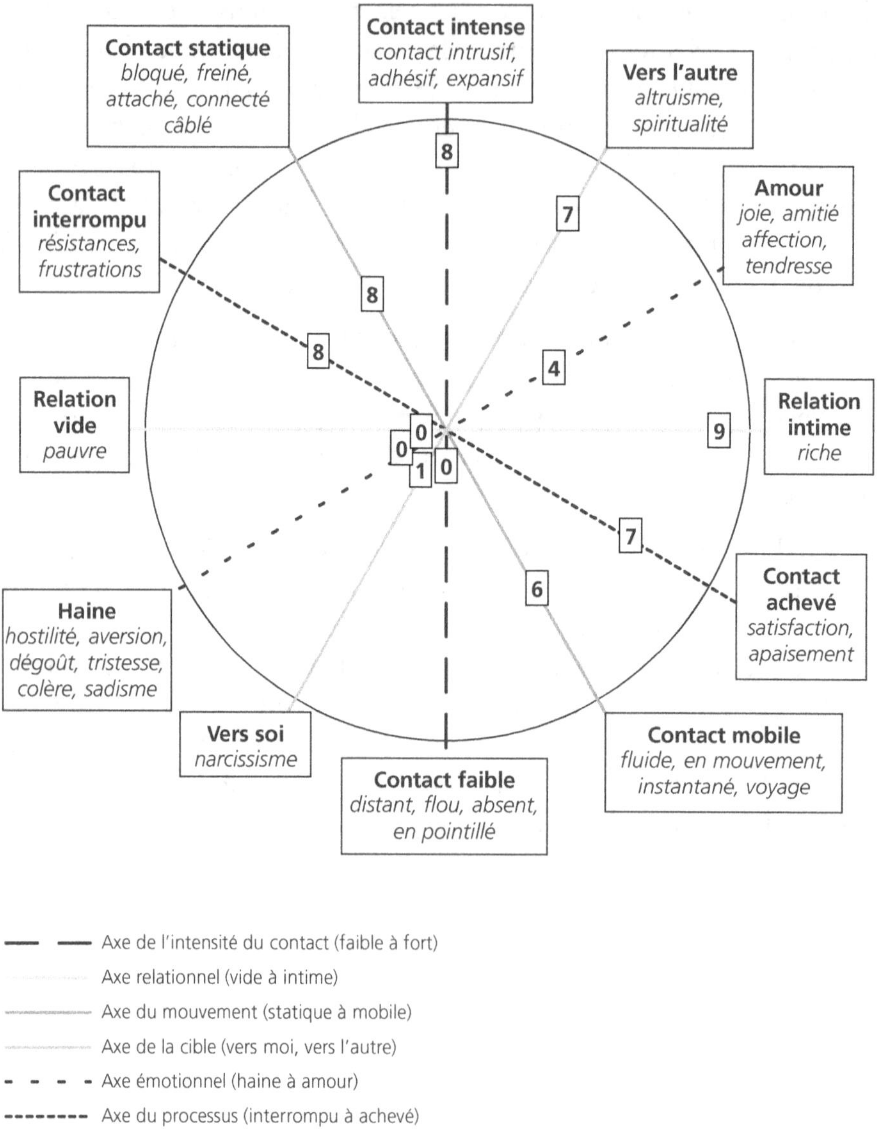

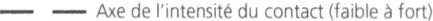

Contact intense
contact intrusif, adhésif, expansif
Contact statique
bloqué, freiné, attaché, connecté câblé
Vers l'autre
altruisme, spiritualité
Amour
joie, amitié affection, tendresse
Contact interrompu
résistances, frustrations
Relation vide
pauvre
Relation intime
riche
Contact achevé
satisfaction, apaisement
Haine
hostilité, aversion, dégoût, tristesse, colère, sadisme
Vers soi
narcissisme
Contact faible
distant, flou, absent, en pointillé
Contact mobile
fluide, en mouvement, instantané, voyage
8
7
8
8
4
9
0
0
1
0
7
6
Axe de l'intensité du contact (faible à fort)
Axe relationnel (vide à intime)
Axe du mouvement (statique à mobile)
Axe de la cible (vers moi, vers l'autre)
Axe émotionnel (haine à amour)
Axe du processus (interrompu à achevé)

Dans ce diagnostic de contact personnel, le demi-cercle situé à droite de Benoît comporte des notes plutôt élevées : il considère qu'il a un contact intense, il est capable d'établir une relation intime et approfondie avec autrui, son contact est la plupart du temps achevé, c'est-à-dire mené jusqu'à son terme et donc empreint de satisfaction, il est également fluide, vivant, et pouvant générer du dynamisme. Seule l'expression de ses sentiments est peu marquée ; Benoît exprime peu ses élans de joie, de tendresse, d'amour.

Le demi-cercle de gauche est doté de notes « faibles » : Benoît ne se sent pas dans des relations vides ou des sentiments négatifs tels que la haine ou l'hostilité, il n'est pas non plus tourné vers lui, même s'il lui arrive d'éprouver parfois une interruption du contact ou un blocage selon des circonstances.

Polarités du contact : diagnostic du couple

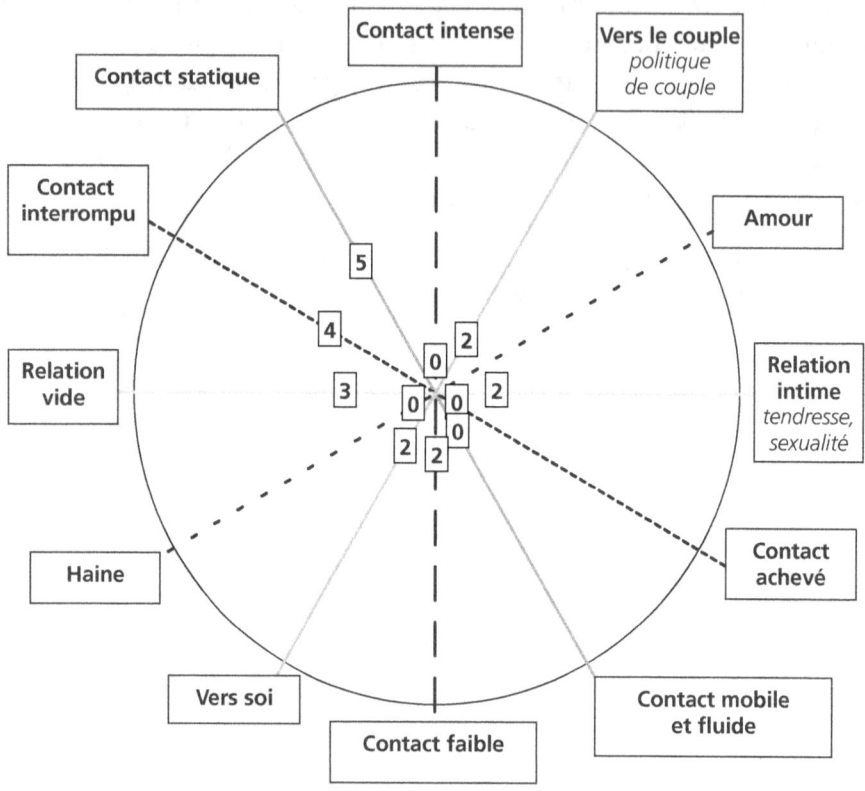

— — Axe de l'intensité du contact (faible à fort)
  Axe relationnel (vide à intime)
  Axe du mouvement (statique à mobile)
  Axe de la cible (vers moi, vers le couple)
- - - - Axe émotionnel (haine à amour)
-------- Axe du processus (interrompu à achevé)

Le diagnostic de son couple est différent. Dans cette sphère, le contact de Benoît s'avère plutôt « rétréci » et les notes allouées au demi-cercle de gauche sont plus élevées. En effet, Benoît vit des difficultés au sein de son couple. Son contact en général et notamment celui de sa relation intime avec son épouse sont devenus presque inexistants, même s'il reste des sentiments d'amour. Le demi-cercle de gauche a pris de l'ampleur dans ce schéma, où en effet l'on constate des interruptions de contact, un contact statique car il n'y a plus de projet qui permettrait de mobiliser le couple, une relation souvent vide. Cependant aucun sentiment négatif pour sa partenaire n'est apparu, ce qui permet sans doute de maintenir des liens et de l'attachement.

Polarités du contact : diagnostic de la famille

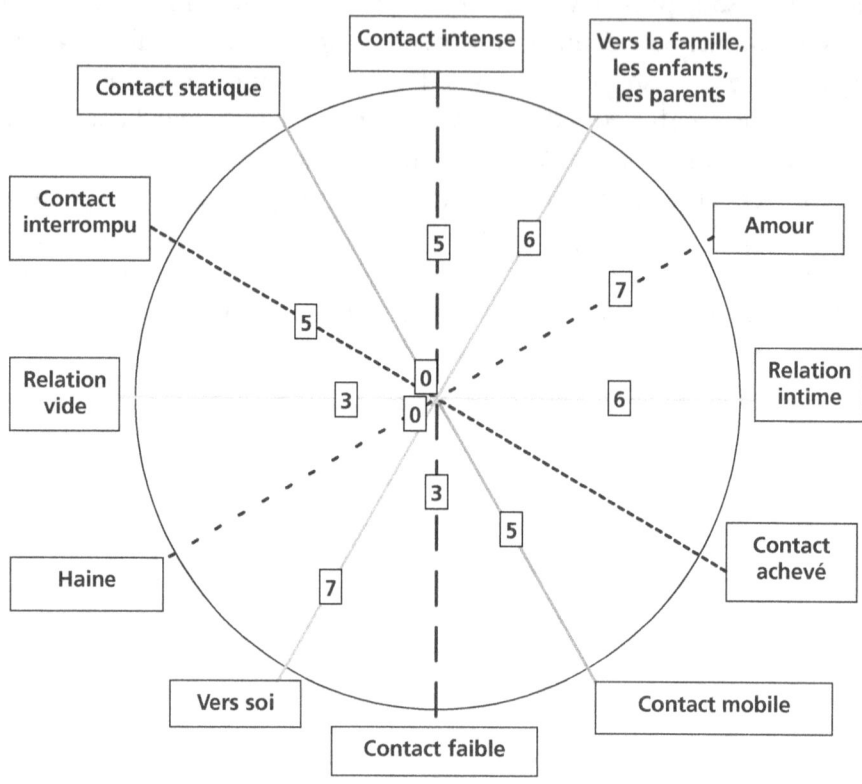

— — Axe de l'intensité du contact (faible à fort)
.... Axe relationnel (vide à intime)
———— Axe du mouvement (statique à mobile)
.... Axe de la cible (vers moi, vers la famille)
- - - - Axe émotionnel (haine à amour)
-------- Axe du processus (interrompu à achevé)

Le diagnostic familial est intéressant : Benoît se sent davantage investi dans la relation avec ses trois enfants que dans celle de son couple. L'expression de ses sentiments à leur égard est forte, il y a une véritable intimité entre eux, le contact est « mobile » ce qui signifie que Benoît se sent vivant, dynamique, en action avec eux, car il partage des activités sportives et culturelles et il y prend du plaisir. Cependant le demi-cercle de gauche comporte aussi des notes relativement élevées, notamment dans le repli sur soi, l'interruption du contact et parfois le vide du contact. Benoît entre parfois dans une sorte de mutisme, ses problèmes de couple rejaillissent sur l'ambiance familiale et il lui arrive souvent de s'isoler dans son bureau pour travailler longuement à son ordinateur.

Polarités du contact : diagnostic du couple professionnel

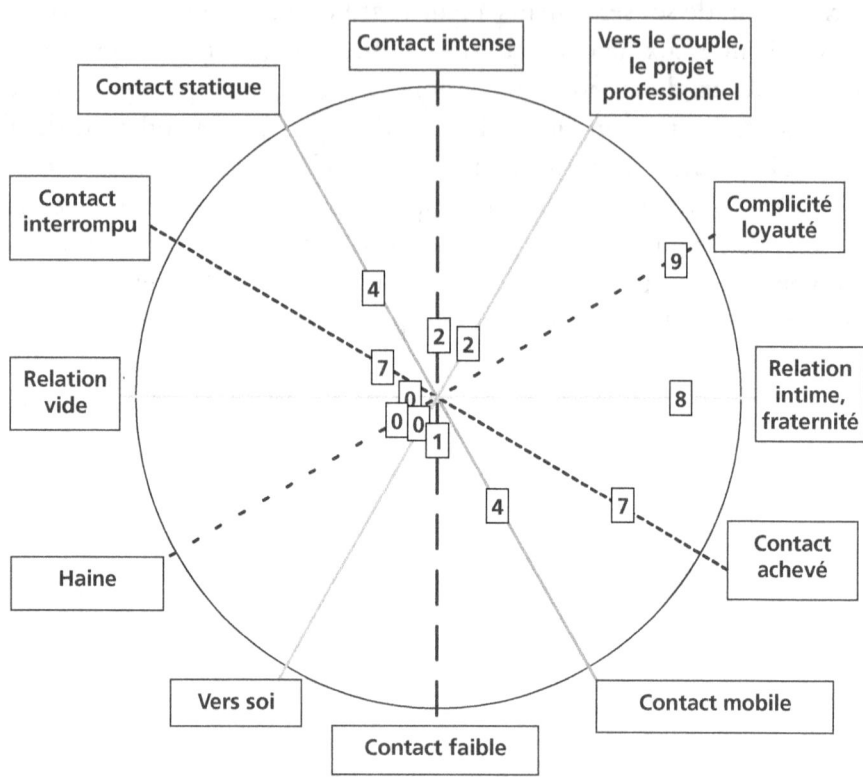

- — — Axe de l'intensité du contact (faible à fort)
- Axe relationnel (vide à intime)
- Axe du mouvement (statique à mobile)
- Axe de la cible (vers moi, vers le couple, le projet professionnel)
- - - - - Axe émotionnel (haine à amour)
- -------- Axe du processus (interrompu à achevé)

Les trois roues suivantes traitent davantage de la vie professionnelle. Par « couple professionnel » nous entendons le contact de Benoît avec son « bras droit » de l'entreprise, une jeune femme nommée Clarisse. Ils travaillent ensemble depuis une dizaine d'années et les notes constatées sur le demi-cercle de droite sont fortes, notamment concernant leur complicité et loyauté professionnelles, la fraternité et la capacité d'intimité et de profondeur de leur relation, ainsi que celle d'un contact « achevé » c'est-à-dire pouvant aller jusqu'au bout de leur réflexion en se disant clairement les choses. Une petite entorse se décèle cependant. Leur contact devient moins intense qu'auparavant et peut aller jusqu'à s'interrompre. En effet, Clarisse a déménagé à l'extérieur de la ville ce qui la contraint à assumer des trajets longs et pénibles. Elle se trouve fréquemment coincée dans les embouteillages, arrive de plus en plus tard au bureau. Elle est de ce fait moins disponible pour une éventuelle réunion ou discussion tardives et Benoît la sent parfois irritable. Il craint qu'elle ne veuille démissionner prochainement et ne sait comment faire pour retenir une alliée et une complice professionnelle aussi précieuse. Mais une fois encore il n'éprouve aucun sentiment négatif envers la jeune femme, leur relation n'est pas vide et il ne se replie pas sur lui pour éviter la discussion sur le sujet.

Polarités du contact : diagnostic de l'équipe

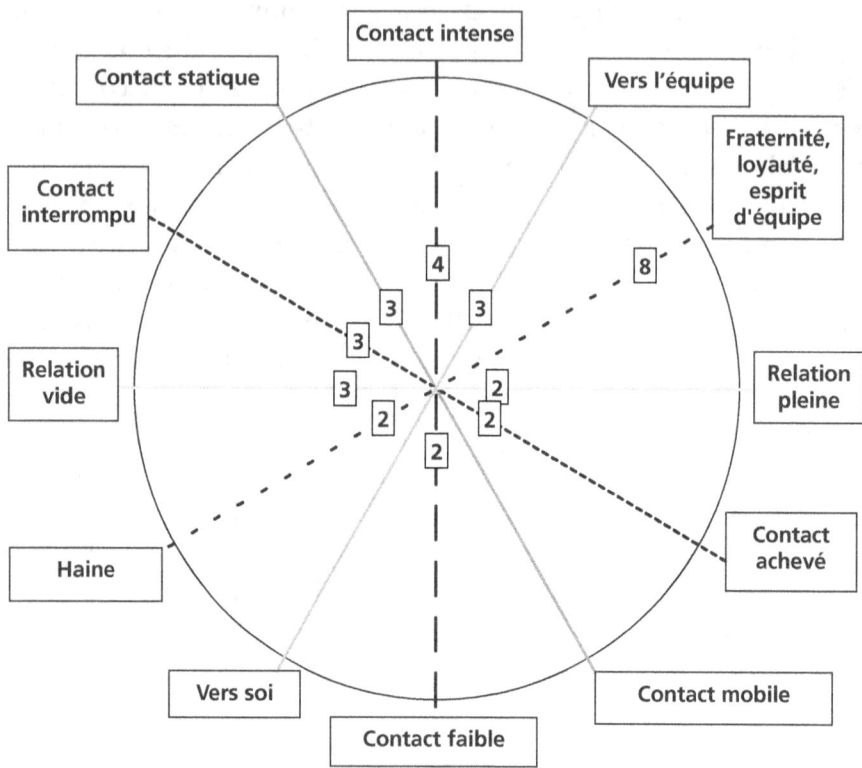

———   ——   Axe de l'intensité du contact (faible à fort)
Axe relationnel (vide à intime)
——————   Axe du mouvement (statique à mobile)
——————   Axe de la cible (vers moi, vers l'équipe)
- - - -   Axe émotionnel (haine à amour)
--------   Axe du processus (interrompu à achevé)

Le diagnostic de l'équipe rapprochée de Benoît comporte des notations assez similaires dans les deux demi-cercles, oscillant entre 2 et 4. Lorsque Benoît endosse sa casquette de dirigeant, son contact pourrait être qualifié d'assez moyen, à l'égard de son équipe de cadres. Contact ni très intense ni très faible, peu orienté vers les personnes, la relation n'est pas pleine et le contact peu achevé, en bref Benoît utilise peu l'outil contact et relationnel avec ses cadres et il le déplore d'ailleurs. Cette distance relationnelle dans le groupe, ce contact atténué peut contraster avec l'homme chaleureux qu'est Benoît dans des circonstances plus personnelles ou intimes. A-t-il des craintes de se « laisser bouffer » par l'équipe, ou encore de manquer de charisme en se rapprochant des personnes, serait-il en compétition avec certaines d'entre elles ? Un aspect très positif est à noter cependant : la fraternité et la loyauté. Si Benoît manque de relationnel et de marques d'affection, il a des valeurs humaines qu'il respecte envers ses collaborateurs et l'esprit d'équipe semble bien fonctionner en cas de coup dur. Le contact mobile a une note élevée : 8. Benoît aime le mouvement, le changement, il est dynamique et parfois impulsif. Il est un patron capable de bien gérer le changement lui-même, mais qu'en est-il vis-à-vis des autres personnes ?

Le demi-cercle de gauche est pour une fois doté d'une note de 2 pour les sentiments négatifs, ce qui n'a jamais été le cas jusqu'alors dans ses diagnostics précédents. Éprouverait-il parfois de la colère, de l'agressivité envers certains membres de l'équipe ? Et dans ce cas, comment cela se traduirait-il ?

Polarités du contact : diagnostic de l'entreprise, de l'organisation

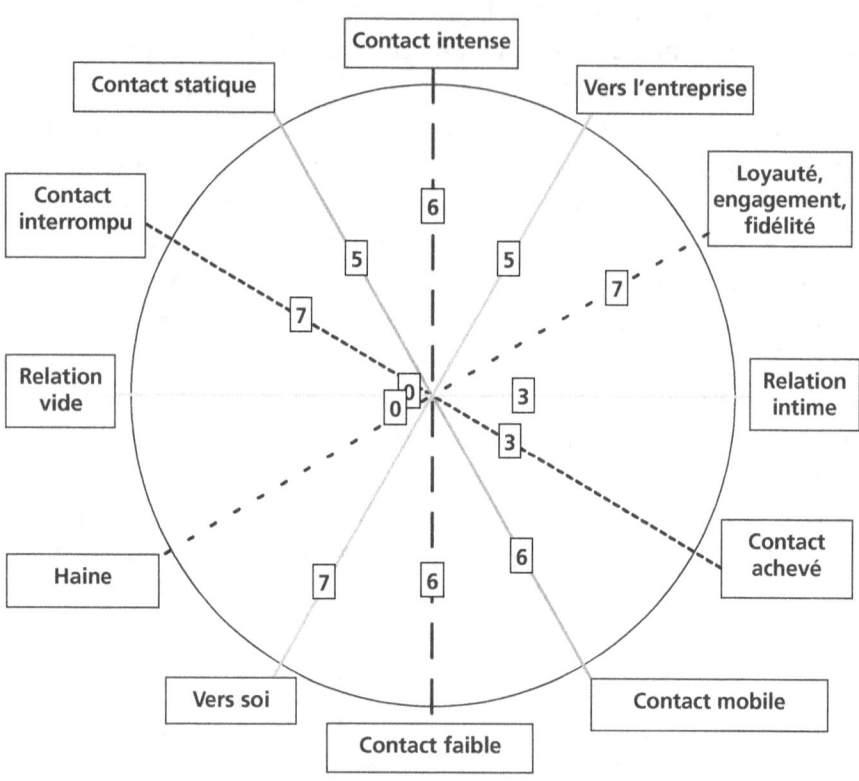

- —— Axe de l'intensité du contact (faible à fort)
- Axe relationnel (vide à intime)
- Axe du mouvement (statique à mobile)
- Axe de la cible (vers moi, vers l'entreprise)
- - - - Axe émotionnel (haine à amour)
- ------- Axe du processus (interrompu à achevé)

COMMENT MIEUX VIVRE ET CONSTRUIRE LE CONTACT ?

Nous allons analyser la PME de Benoît pour terminer ce diagnostic sur le contact. Les mêmes valeurs de loyauté, de fidélité et d'engagement envers la clientèle et les différents partenaires sont à remarquer, le changement n'est pas un problème pour cette entreprise (contact mobile), et le contact est plutôt soutenu. À souligner dans le demi-cercle de gauche la tendance de l'entreprise à se replier sur elle, comme le fait Benoît pour lui-même parfois… Insuffisamment d'ouverture vers l'extérieur, des contacts parfois faibles et interrompus : on ne contacte pas toujours un client qui ne se manifeste pas de lui-même ! Les valeurs peuvent aussi prendre le dessus dans certaines circonstances. Il n'y a jamais de sentiments négatifs cependant, ni de relation vide.

En résumé et en considérant l'ensemble des six roues du contact, nous pourrions dire que les traits personnels de Benoît et sa manière d'être et de vivre le contact avec lui-même, l'autre et son environnement ont des points communs : il est capable d'une forte intimité dans la relation (sans doute est-il plus à l'aise dans un tête-à-tête que dans un groupe), il est attaché aux valeurs telles que la loyauté, l'engagement, son contact est la plupart du temps intense sauf avec son épouse actuellement et Clarisse. Aurait-il des problèmes avec les femmes dans cette période de sa vie ?

Par ailleurs Benoît éprouve rarement des sentiments négatifs tels que la haine ou l'hostilité, il n'y a qu'avec certains membres de son équipe qu'il lui arrive de ressentir de la colère.

Son contact mobile est fort et souvent présent. Benoît apprécie l'action, il sait décider et entreprendre des projets, il ne craint pas le changement et fait adhérer son équipe à ces notions.

Il demeure pourtant un « spécialiste » de l'interruption et des blocages du contact : les notes figurent systématiquement entre 5 et 2 dans ces polarités.

Nous pourrions lui conseiller de faire quelques séances de coaching individuel pour mieux comprendre son fonctionnement lié au contact qu'il a avec lui-même et avec les autres et aussi venir à bout de certains dysfonctionnements et blocages relationnels. Sa vie personnelle ainsi que sa vie professionnelle en bénéficieraient sans nul doute !

Le diagnostic par la roue du contact permet de vérifier plusieurs paramètres liés au contact, de les rapprocher entre eux, de les analyser de manière interactive et globale. Dans le cas de Benoît, certains commentaires ne sont pas issus de l'analyse seule des roues, mais de la discussion approfondie avec lui sur sa manière d'entrevoir et de vivre son contact.

Cette roue est destinée à une approche personnelle (trois roues) ainsi qu'à une approche plus professionnelle (trois roues). Les points les plus élevés et les plus faibles voire inexistants sont à prendre en considération dans les aspects « déficit » ou « hypertrophie » du contact.

CHAPITRE 3

Apprenez à développer votre contact : boîte à outils + exercices

1. L'attitude et la pratique phénoménologiques

C'est une pratique intéressante avec des principes simples, mais qui demande un apprentissage pour voir et recevoir la réalité concrète sans a priori.

– Je vais m'efforcer de percevoir et de contacter la réalité des choses et des faits sans jugement critique ou idée préconçue ! Exercice avec son ami(e) : « je te vois pour la première fois ».

– Pendant cette activité perceptive, je vais suspendre mes pensées et mon activité mentale en général, pour rester dans l'acquisition des perceptions.

– Ensuite, je vais prendre conscience du ressenti (voir la fiche sur ce sujet dans le chapitre 3 de la première partie de l'ouvrage), développer mon *awareness*.

– Je vais aussi m'efforcer de garder un regard sur moi-même pendant cette perception, sentir ce que cela me fait au moment où je contacte la réalité, développer une sorte d'*awareness* au second degré.

– À la fin, je prends conscience de l'aspect totalement unique et non reproductible de cette situation de perception à plusieurs niveaux : bravo Husserl !

– Dans la période d'assimilation de cette expérience unique, je peux aussi m'interroger sur le potentiel de cette perception. Qu'est-ce qui changerait si j'en faisais varier certains éléments ?

Remarque générale : tous les exercices proposés sur le développement harmonieux du contact nécessitent du temps et de la disponibilité. Soyez attentif à vous accorder suffisamment de temps pour vous détendre et envisager ces expérimentations sur le contact de manière ludique et créative.

Pour certains des exercices proposés, nous nous sommes inspirés de *L'Art de l'extase au quotidien*, de Margot Anand.[1]

2. L'*awareness* : observer, ressentir, analyser

L'*awareness* est un état de conscience spécifique, orienté vers la connaissance, la reconnaissance et le contact avec l'environnement externe et interne. Il y a attention, focalisation, vigilance, conscience immédiate du présent, ainsi qu'une concentration psychique importante. L'apprentissage de l'*awareness* est une acquisition riche et précieuse, car elle permet de faire face aux situations imprévisibles, de s'y ajuster et d'en mesurer les conséquences. Par une connaissance intérieure de soi, l'*awareness* permet d'être en contact en fonction de ses besoins réels, de ses possibilités évolutives avec soi et l'autre.

De nombreuses personnes ont perdu ce contact avec elles-mêmes et se sont coupées de leur vécu immédiat pour privilégier les événements passés ou à venir.

---

1. Margot Anand, *L'Art de l'extase au quotidien*, Guy Trédaniel éditeur, 1998.

Exercice *Awareness*

- *Objectif*

Apprendre à prendre en considération ce que nos sens nous révèlent, être conscient de ce qui se produit à l'intérieur et à l'extérieur de nous, à chaque moment.

- *Préparation*

Accordez-vous un moment propice pour le recueillement et l'exploration des informations venant de l'intérieur ou de l'extérieur. Placez-vous dans un endroit tranquille, la nature, votre chambre ou votre bureau si personne ne vous y dérangera.

- *Pratique*

Que ressentez-vous dans votre corps ? Vous sentez-vous décontracté, tendu, votre respiration se fait-elle librement, êtes-vous conscient de vos diverses sensations et dans ce cas, quelles sont-elles ? Percevez-vous votre énergie ? Votre cœur bat-il vite ? Votre gorge est-elle nouée ? Notez au passage tous ces riches messages corporels.

Que ressentez-vous dans votre cœur ? Êtes-vous plutôt calme, serein ou plutôt ému ou agité ? Quelles sont les émotions qui vous habitent ? De la joie, de la peur, ou encore de la tristesse, de la colère, du dégoût ? Vous sentez-vous en confiance ou en insécurité dans ce moment présent ? Prenez bien conscience de ce que vous éprouvez à l'instant : le choix est grand quant à la manière dont vous pouvez vous sentir à chaque instant.

Et que disent vos pensées ? Êtes-vous gêné par des pensées parasites, contradictoires, obsédantes, ou au contraire vos pensées sont-elles claires et vous permettent-elles de bien contacter ce moment ? Écoutez attentivement votre dialogue intérieur et vérifiez l'honnêteté de vos pensées. Prêtez attention aux intervalles silencieux qui ponctuent vos pensées.

Remarques : Lorsque vous avez recueilli les impressions fournies par votre corps, cœur, mental, vous pouvez entamer l'intégration des différents messages et vérifier votre *awareness* du moment. Validez l'authenticité de ces informations et épanouissez par là même votre champ de conscience. Si vous avez véritablement réussi à faire travailler en équipe corps, cœur et mental, vous constaterez qu'ils font des merveilles. Le premier traduit les états émotionnels du cœur et exécute les ordres de l'intellect. Le second est renforcé par la vitalité du corps et guidé par la sagesse d'un intellect lucide. Le troisième exprime l'acceptation du cœur et permet aux tensions corporelles de se dissoudre. C'est alors que peut se mettre en place l'*awareness*, contact magique avec nous, l'autre, les autres et l'environnement.

Exercice « Cultiver l'art du contact avec soi au quotidien »

- *Objectif*

Apprendre à cultiver ce moment avec soi-même et l'ancrer dans son corps et son cœur afin d'y avoir recours chaque fois que l'on en éprouve le besoin, en situation de stress par exemple, de perte diffuse du contact avec soi, ou encore avant de démarrer une séquence de créativité personnelle ou professionnelle.

- *Préparation*

Cet exercice de méditation avec soi peut se faire seul, avec un partenaire ou en groupe.

Prévoyez une demi-heure durant laquelle vous ne serez pas dérangé. Pensez à porter des vêtements confortables, souples et amples et soignez l'environnement dans lequel vous vous trouvez. Allumez une bougie parfumée, par exemple, et mettez un fond de musique agréable.

- *Pratique*

Installez-vous confortablement sur une chaise ou allongez-vous si cela est possible. Respirez profondément et lentement.

Vous imaginez que vous partez en vacances. Pour accueillir ce qui va se passer, laissez venir images, sensations, sentiments, visions, pensées sans les refouler, avec fluidité et confiance.

Vous êtes dans une salle de cinéma et vous observez l'écran blanc. Laissez venir les images.

Évoquez les souvenirs, sensations et images les plus agréables de votre existence, pouvant se rapporter à votre enfance ou à une période plus récente, et pendant lesquels vous vous sentiez bien en contact avec vous-même, votre corps, vos sensations, vos pensées. Laissez apparaître librement ces perceptions sur l'écran blanc sans tenter de les censurer.

Au bout de quelques minutes, choisissez un souvenir particulier, agréable et vivant.

À présent vous êtes en contact avec tous vos sens, vous pouvez vous fondre dans la scène. Revivez pleinement ce moment, tout en respirant lentement, profondément, en laissant les impressions visuelles et olfactives vous pénétrer. Regardez les couleurs, les détails de l'environnement, sensibilisez-vous au contact d'une main sur votre peau, prêtez l'oreille aux sons qui vous entourent, aux voix, à la musique, au bruit du vent, plongez-vous dans les odeurs, celles de votre corps, des parfums, des fleurs, des personnes qui sont présentes. Respirez, inspirez, expirez.

Vous pouvez maintenant mettre l'accent sur les saveurs. Mangiez-vous, buviez-vous, goûtiez-vous un mets, échangiez-vous des baisers ? Prenez contact avec vos sentiments, vos sensations corporelles, vos désirs.

Tout en continuant de respirer, posez doucement une main sur votre corps, sur votre bras, votre visage, votre ventre, et soyez le plus attentif possible à la perception de ce vécu fixé dans votre mémoire et votre cœur. Vous créez ainsi un « ancrage » c'est-à-dire un espace pour ce vécu en contact avec vous, qui pourra être réactivé sur demande.

Au bout d'un moment vous laisserez à nouveau reposer votre main le long de votre corps. Respirez profondément, étirez-vous, bâillez et ouvrez doucement les yeux. Reprenez contact avec l'environnement dans lequel vous vous trouvez, avec votre partenaire ou les personnes du groupe si vous n'étiez pas seul.

Consacrez chaque jour quelques moments pour ce contact avec vous-même, vos émotions, vos sensations et apprenez à cultiver cette aptitude naturelle à se contacter soi-même afin d'y parvenir aisément et dans n'importe quelles circonstances.

Racontez ce vécu à votre partenaire ou écrivez-le dans un cahier spécialement destiné à cela.

Remarques : si vous ne parvenez pas à entrer dans cette méditation avec vous-même au début, ne vous découragez pas et surtout n'abandonnez pas. Prenez le temps d'apprivoiser progressivement ce contact avec vous et envisagez éventuellement de vous faire aider, par une personne en qui vous avez toute confiance et qui vous guidera dans ce cheminement vers vous-même.

3. Le regard

> *« Sa sœur est belle, vraiment. Les autres ont des yeux morts. Elle, elle regarde. Ses yeux vibrent comme si elle rendait chaque être humain, chaque objet plus resplendissant.*
> *– Qu'est-ce que tu as Paul ? Paul ?*
> *Elle lui a fait peur soudain, avec ce regard et il s'enfuit, il court… »*
>
> Paul Claudel

Pour donner une profondeur à la sensibilité de notre regard, nous pouvons imaginer que nos yeux prennent racine dans notre cœur et regarder avec les « yeux du cœur ».

La qualité de notre regard, la manière dont nous regardons et le temps que nous y accordons, expliquent que le regard constitue l'un des éléments majeurs du contact et qu'il révèle très nettement la relation existant entre deux ou plusieurs personnes. Nous avons de nombreuses raisons et de nombreuses manières de souhaiter regarder quelqu'un ou de vouloir regarder ailleurs. Lorsque deux jeunes amoureux éprouvent leurs premiers émois et qu'une attirance mutuelle se met en place, ils n'échangeront au début que de brefs coups d'œil ou détourneront le regard. Plus tard ils se montreront plus audacieux et leurs regards seront plus fréquents et plus longs et ils finiront même par fixer l'autre avec passion, ne lançant ailleurs que des regards occasionnels.

Par ailleurs, quand deux individus se rencontrent et croisent leurs regards, il peut s'en suivre un état de conflit immédiat. Il en va de même dans une situation dominé-dominant : le dominant avance son visage près de son subordonné intimidé, qui n'a pas le courage de soutenir son regard.

Il n'y a que deux manières de regarder : indirectement ou de face. Le contact est différent dans chacun des cas, et les émotions qui l'accompagnent aussi : amour, peur, colère.

Les sourires se disciplinent mieux que le regard et nous ne sommes que rarement conscients des changements qui interviennent dans les mouvements de nos yeux et aussi dans la dilatation et la contraction de nos pupilles, tandis que nous parlons avec autrui. Les visages peuvent mentir et faire semblant d'exprimer de la colère ou de l'intérêt, il n'en est pas de même pour nos yeux. S'il y a bien une expression qu'il est impossible de contrefaire, c'est la taille des pupilles. En effet, les pupilles des êtres humains sont deux points noirs au centre des iris ; ces points sont des ouvertures dont la taille varie en fonction des changements de la lumière ou de l'éclairage. Nos pupilles se réduisent à la taille d'une tête d'épingle (environ deux millimètres de diamètre) et dans l'obscurité elles s'élargissent jusqu'à prendre parfois quatre fois le diamètre qu'elles ont à la lumière.

Mais ce qui est surtout intéressant de noter, c'est que les pupilles sont tributaires de nos états émotionnels. Lorsqu'il nous arrive de voir quelque chose qui nous déplait, elles se contractent plus qu'elles ne devraient sous un éclairage donné et il en va de même lorsqu'un spectacle fait naître en nous du plaisir ou de la crainte : nos pupilles s'élargissent.

© Éditions d'Organisation

De plus, la taille de nos pupilles constitue également un message inconscient que nous adressons à notre interlocuteur. Lorsque deux personnes éprouvent une stimulation réciproque, un coup de foudre par exemple, leurs pupilles se dilatent, ce qui augmente l'attrait du regard. Le contact peut s'établir plus facilement grâce à ce message secret et incontrôlé par les convenances sociales ou professionnelles.

Exercice « Vue et environnement »

Dans une salle ou dans la nature, bouchez-vous les oreilles et observez longuement les détails de ce qui vous entoure. Laissez les yeux oser suivre ce qui les attire, se reposer là où ils se posent.

Exercice « Vue et partenaire »

Avec un partenaire, explorez à quel point vous pouvez accepter de le voir, regardez-le bouger, se mouvoir, observez la couleur de ses vêtements, de sa peau, de ses yeux, de ses cheveux. Il s'agit de vous donner la permission de voir ce qui vous attire, vous indiffère ou vous déplait.

Cet exercice peut être fait avec votre partenaire sexuel : dans ce cas vous pouvez lui demander de danser devant vous, de se déshabiller et lui dire par la suite ce qui vous a stimulé, excité.

Exercice « Je te vois pour la première fois »

Placez-vous en face d'une personne et regardez-la, comme si c'était la première fois que vous la voyiez. Détaillez tous les éléments visuels qui se présentent, prenez votre temps.

Exercice en groupe

Promenez-vous lentement parmi les membres d'un groupe, avec de la musique et des lumières douces. Donnez-vous l'autorisation de détailler chacune des personnes, attardez-vous sur les éléments qui vous plaisent, ressentez ce qui se passe en vous. L'exercice se fait dans le silence et sans se toucher.

Exercice « Vue et entreprise »

Autorisez-vous à regarder une scène de la vie habituelle de votre entreprise (réunion, repas à la cantine, entretien). Regardez comme si « c'était la première fois » et analysez les différents ressentis ou émotions qui se dégagent.

4. L'écoute

- *Objectifs*

Apprendre à écouter, à effectuer le découpage linguistique d'une phrase, à analyser le message.

La voix

Nous sommes dans le contact et dans l'harmonie dans la mesure où nous disons ce que nous pensons. Chaque situation de notre vie nécessite un comportement et une voix adéquats, adaptés à cette situation. Par l'intermédiaire de notre voix et des paroles que nous prononçons, nous pouvons élargir ou réduire notre contact avec nous et les autres.

Par l'intermédiaire de notre voix et de celle des autres, nous devenons conscients de manière subtile de la manière dont nous entrons et développons le contact, du choix des paroles, du ton de notre voix, du silence dont nous ponctuons nos propos et des sentiments que nous exprimons réellement.

Exercice « La conscience du contact par la voix »

- *Objectif*

Prendre conscience de sa voix et de l'effet produit sur nous et autrui.

- *Préparation*

Profitez de trois journées consécutives pendant lesquelles vous aurez le temps de vous observer, utilisez un carnet afin de noter les faits et sentiments marquants.

- *Pratique*

Pendant toute une journée, observez attentivement la manière dont vous vous adressez à autrui et notez tout dans un carnet :

– Combien de temps est-ce que je consacre chaque jour à des critiques ou des paroles négatives à propos de moi, des autres, de mon environnement ?

– Quelles sont les réactions de mes interlocuteurs à ces paroles ?

– Quels sentiments m'inspirent mes propres paroles ? Ont-ils un effet dynamisant, ou me dépriment-ils ?

Lors de la journée suivante, prenez la décision d'éviter toute réponse automatique au cours des conversations. Pour être au plus proche du contact avec vous et les autres, ne parlez qu'avec respect et franchise. Observez précisément les effets de ce nouveau comportement :

– Ai-je des difficultés à faire l'éloge des autres ? Comment réagissent-ils lorsque j'en fais ?

– Ai-je conscience du fait que mes paroles et la manière dont j'utilise ma voix ont le pouvoir de modifier favorablement ou défavorablement mon contact avec mes interlocuteurs ?

– Exercez-vous à parler en savourant le son de votre voix et exprimez son caractère mélodieux sur différents tons : tendre, ferme, fluide, sensuel, autoritaire.

Le jour suivant, instaurez une communication harmonieuse au travers de votre voix et de vos paroles :

– Entamez le dialogue en témoignant de l'estime à votre interlocuteur, il éprouvera ainsi le sentiment d'être bien accueilli et bien entendu.

– Avant de prendre la parole, ayez une idée claire du but à atteindre.

– Prononcez cinq ou six phrases au maximum, écoutez le son de votre voix, puis faites un temps de silence. Donnez à vos paroles le temps de produire leur effet, respirez tranquillement. Accueillez favorablement ce moment présent.

– Restez en contact avec vous, votre voix, la personne avec laquelle vous dialoguez. Soyez bien attentif, réceptif.

Exercice « Écoute et environnement »

Dans une salle ou dans un lieu qui vous attire, devenez complètement réceptif aux sons qui vous entourent. Bandez-vous les yeux et imaginez que vous êtes presque transparent, que vous laissez les sons vous traverser. L'exercice peut se faire en musique.

Exercice « Musique, instruments, sons »

Rassemblez des musiques que vous aimez (CD ou cassettes), qui vous permettent d'accéder à de l'émotion ou à des souvenirs. Préparez des instruments si vous souhaitez en jouer tels que clochettes ou cloches, tambours, flûtes. Pensez aussi à vous munir d'objets permettant de fournir un son, un bruit, une résonance particulière. Laissez-vous aller à votre créativité !

Exercice « Écoute et partenaire »

Avec votre partenaire amoureux : demandez-lui de vous murmurer des mots d'amour dans le creux de l'oreille avec des sons qui expriment des sentiments. Qu'il se permette une grande liberté d'expression, qu'il module sa voix, en langage parlé ou mots inventés. De quelle façon cette voix vous émeut-elle ? De quelle manière aimez-vous l'entendre ? Demandez-lui :

– de vous appeler par votre prénom : répétition et modulation ;

– de vous faire une déclaration d'amour ;

— de profiter de l'occasion pour vous dire ce qu'il n'ose pas dire habituellement, par pudeur ou par timidité.

Exercice « Entreprise et écoute »

Mettez-vous à l'écoute d'un partenaire professionnel, soyez attentif au timbre de sa voix, essayez de détecter ce qui vous plaît ou pas.

5. Le toucher

Ces exercices concernent : Le toucher-habillé, la poignée de main, le toucher-compassion – le *huging* (étreindre, prendre dans les bras) –, le toucher amoureux, le toucher sexuel, le massage, les matières (tissus, peau).

Le toucher

Le toucher concerne non seulement les mains mais aussi les pieds et toute la surface de la peau.

Variantes : étoffes, modelages, massages.

Le toucher est un lien qui s'exprime entre deux personnes par un contact physique. Il y a un conflit chez l'être humain entre l'attirance naturelle avec autrui et le besoin de défendre l'espace vital. Il faut à la fois établir un contact et garder ses distances.

Exercice « Habillement »

Optez pour plusieurs styles de vêtements, variez les couleurs, les formes, les tissus. Cet exercice peut se faire avec un partenaire ou en groupe. Prenez conscience de la sensation des étoffes sur vous, laissez-vous regarder, toucher par le ou la partenaire, bougez dans l'espace ou dansez, si vous vous sentez suffisamment décontracté. Vous pouvez aussi vous parer de colliers, foulards en soie, bijoux ou autres accessoires qui vous conviennent.

Exercice « Toucher et environnement »

Dans un environnement qui vous convient, bandez-vous les yeux et bouchez vos oreilles. Le but de l'expérience est d'apprivoiser le toucher par toutes les parties du corps. Prenez conscience des parties les plus sensibles : vos mains, pieds, ou autres zones de votre corps.

Dans l'environnement, appréciez les textures, rugosités, aspérités, le chaud, le froid, le doux, le dur, le mou, le ferme.

Exercice « Toucher et partenaire »

Demandez-lui de vous laisser explorer son corps, au travers des vêtements, et appréciez les parties douces, rugueuses, tendres, chaudes, froides, lisses, etc.

Avec votre partenaire amoureux : l'exercice peut se faire en nudité.

Exercice en groupe sur le toucher

Dans un groupe, circulez entre les différents membres, en silence, en musique et donnez-vous l'autorisation de toucher et d'être touché par les autres personnes. Précisez les règles du jeu dès le départ, surtout s'il s'agit d'un groupe professionnel où le toucher se cantonnera à des zones « sociales » (bras, mains, épaules, tête, vêtements).

Huging : faire trois ou plusieurs *hug* avec des personnes différentes.

6. L'odorat

Cela fait référence aux parfums, aux odeurs corporelles.

L'odorat est l'un des sens les plus perturbés par notre obsession à masquer les odeurs naturelles, au point d'en oublier l'influence. Certaines odeurs ont le pouvoir de nous exciter, d'autres celui de nous éteindre. L'odeur est un déclencheur puissant et un ingrédient vital dans la chimie de l'excitation et de l'orgasme. L'odorat est directement relié au cerveau limbique, donc à nos émotions et notre apprentissage.

Ne pas pouvoir « sentir » quelqu'un est sans doute plus fort que de ne pas pouvoir le voir. De même, lorsque nous sommes amoureux, nous éprouvons un vif plaisir à sentir l'autre, les odeurs de son corps se distinguent de celles des autres personnes que nous côtoyons, elles sont captées de façons particulière et unique par nos sens et notre cerveau.

« Je l'aime tellement que je pourrais rester coller des heures durant contre lui, dit une jeune femme, à respirer les parfums de son corps ; cela m'enivre. »

Si les odeurs sont attractives lorsque nous aimons, elles peuvent devenir répulsives lorsque le sentiment amoureux s'estompe.

« J'ai su que je ne l'aimais plus au travers de mon odorat, me confie un homme, elle commençait à avoir les odeurs d'une vieille femme… C'est triste d'en arriver là, mais je ne peux rien y faire. »

Exercice « Odorat et environnement »

Dans une salle ou dans la nature, yeux bandés et oreilles bouchées (bouchons de cire), se centrer sur les odeurs de l'environnement : celles qui plaisent, celles qui déplaisent. Se déplacer à sa guise et bien prendre le temps de s'imprégner de l'environnement sur le plan olfactif.

Exercice « Odorat et éléments naturels »

Placez des mets ou des fleurs sur une table (ou encore des parfums, vins, plantes, etc.) et prenez le temps de bien distinguer les différentes odeurs, les yeux bandés et les oreilles bouchées.

Exercice « Odorat et partenaire »

Avec un partenaire : prendre le temps de découvrir ses odeurs corporelles, les yeux bandés et oreilles bouchées. Confiez à votre nez le rôle de mener l'exploration. Humez doucement, puis reniflez fort.

Exercice en groupe sur l'odorat

Les membres du groupe circulent dans une salle ou dans la nature, yeux bandés et oreilles bouchées. Ils se rapprochent les uns des autres et respirent les différents partenaires à tour de rôle, en prenant bien le temps de distinguer les variantes d'odeurs corporelles, de parfums, ce qui plaît, ce qui plait beaucoup (attirance), ce qui déplaît et ce qui déplaît beaucoup (répulsion).

Exercice « Entreprise et odorat »

Vous pouvez faire cet exercice avec différents parfums, produits de toilette, odeurs chimiques ou techniques.

7. Le goût

Vous pouvez faire ces exercices au cours d'un déjeuner, dîner, partage de vins, de mets ou encore dégustation œnologique.

L'exploration du goût met en jeu les lèvres, la langue, les papilles gustatives et tout le reste de la bouche. C'est un sens lié en partie à l'odorat.

Exercice « Goût et environnement »

Dans une salle de votre convenance, ou dans la nature, bandez vos yeux et prenez un aliment (que vous aurez préparé au préalable). Commencez par humer ce que vous allez manger, portez l'aliment à votre bouche, testez le contact avec vos lèvres, le palais, l'intérieur de la bouche. Notez la première impression qui vient lorsque vous croquez cet aliment. Mâchez lentement, donnez-vous le temps de goûter.

Privilégiez les beaux fruits mûrs, des mets raffinés tels que litchis, gingembre confit, chocolat. Pensez également aux thés aux propriétés multiples, aux jus de fruits naturels, à l'eau et n'oubliez pas d'apporter des verres.

L'exercice peut se faire avec des vins : examinez la robe (couleur) du vin, respirez le vin (le nez, les arômes), appréciez l'acidité, l'alcool, les tanins et leur équilibre, la durée des sensations (la queue du vin).

Exercice « Goût et partenaire »

Avec votre partenaire amoureux, vous êtes tour à tour donneur et receveur. Le donneur choisit les aliments préparés au préalable et susceptibles de procurer du plaisir au receveur. Toujours aller vers le plaisir, de manière ludique. Les substances à goûter peuvent provenir de la nature, à condition qu'elles soient comestibles.

Exercice en groupe avec des aliments

Dans un groupe et avec des aliments sélectionnés par les uns et les autres membres, prenez le temps de goûter les différents mets ou vins et échangez vos impressions.

8. Les salutations

Les salutations soulignent l'importance de la relation, elles sont un message de bienvenue et permettent de bien commencer le précontact. Il existe plusieurs genres de salutations, et chaque individu possède sa propre façon de s'incliner pour exprimer ce qu'il éprouve à l'égard de l'autre : à chacun son rituel et mieux vaut qu'il ne soit pas fixe ou rigide.

Lorsque nous saluons une personne, notre intention est généralement bonne, nous lui souhaitons la bienvenue lors de son arrivée, lui transmettons nos salutations lors de son départ, avec une série de rituels d'accueils, d'adieux, de célébrations. Il est instructif d'observer les personnes durant ces cérémonials, car leur degré d'intimité et de contact peut être rapidement décodé.

Prenons, par exemple, deux amis qui se retrouvent après une longue période de séparation : durant leurs premiers instants de retrouvailles, ils amplifient leurs signaux amicaux, souriant, se prenant dans les bras, de manière plus expansive et intimiste que d'habitude. Sans doute le font-ils pour rattraper le temps de leur amitié perdue ; ces manifestations enthousiastes des retrouvailles rachètent symboliquement cette période de vide relationnel entre eux. S'ils sont amenés à se séparer encore pendant plusieurs mois ou années, il y aura à nouveau un rituel de séparation manifestant une amitié solide et chaleureuse, sorte de bonne réserve de sentiments qui durera jusqu'aux prochaines retrouvailles.

Dans la vie comme dans l'entreprise ou lors de protocoles cérémonieux, les procédures de salutations peuvent avoir un caractère intime et chaleureux ou, inversement, rigide et institutionnalisé : mariages, baptêmes, inaugurations, présentations, retraites, crémaillères, réunions mondaines, etc. Durant toutes ces « occasions », il existe des codes qui nous permettent de déceler le degré de mondanités ou d'amitié et d'amour authentique. Le contact s'établit à ces moments-là et il nous a paru intéressant de reprendre les fines observations de Morris Desmond.[2] « Les gestes seraient-ils plus éloquents que les mots ? Il est en tout cas clair que nos gestes, nos mimiques, sont les plus sûrs traîtres de nous-mêmes. »

Il distingue quatre phases séparées lors des salutations :

1. Se mettre en frais

S'habiller, montrer que l'on se donne du mal, se « déranger ». Il y a une gamme décroissante de dérangements, selon la distance parcourue par l'hôte et aussi le degré d'importance qu'il a pour nous (sur le plan sentimental, institutionnel ou politique).

Une jeune femme m'a raconté avec beaucoup d'émotion l'anecdote suivante : « Je suis allée retrouver mon ami dans son appartement pour la première fois. Nous avons passé la nuit ensemble et le lendemain, il m'a laissée repartir seule. Je me vois encore descendre une à une les

---

2. Morris Desmond, *La Clé des gestes,* Grasset, Paris, 1978.

marches de l'escalier, avec au fond de moi un malaise grandissant. Lorsque je me suis retrouvée dans ma voiture quelques minutes plus tard, j'ai réalisé qu'il ne m'aimait pas… » (projection ?)

Aimer ou apprécier l'autre, c'est aussi le raccompagner le plus loin possible, et ne pas lui servir la formule classique « Tu connais le chemin ! ».

2. Le contact à distance

Le contact corporel est précédé par ce que nous appelons le « précontact » c'est-à-dire par l'instant où l'hôte et le visiteur s'aperçoivent. Ce contact à distance comprend six éléments visuels :

– la tête se rejette en arrière, le visage s'éclaire d'un sourire ;
– le mouvement de sourcils qui se redressent ;
– le mouvement de tête ;
– le salut ;
– le geste de la main ;
– l'étreinte d'« intention ».

Si les trois premiers interviennent presque toujours et simultanément, les autres se font selon des degrés variés de mise à distance ou au contraire d'intention de rapprochement, qui varient aussi en fonction de la culture ou de la situation des « contacteurs ».

3. Le contact

Après ce laps de temps nommé « précontact », a lieu le véritable contact physique. À son intensité totale, il consiste en une étreinte totale, les deux bras passés autour du corps de l'ami, avec un contact du tronc et du visage. Embrassades, étreintes, caresses, joues pressées, baisers se multiplient. Desmond Morris note que l'intensité de ce contact dépend :

– de la qualité de la relation antérieure ;
– de la longueur de la séparation ;

– de l'intimité du contexte d'accueil ;

– du code et des traditions locales culturelles régissant les manifestations d'accueil ;

– des changements survenus durant la séparation.

Nous pourrions ajouter que cette intensité de contact physique dépend également de l'état intrapsychique du moment présent des interlocuteurs, de leur capacité personnelle et humaine à gérer ce type de contact, de leur équilibre psychique, de leur histoire personnelle. En clair, un contact de ce type est nécessairement imprévisible et variable. Il ne dépend pas que des facteurs extérieurs ou de la culture ambiante, mais aussi de la vie intérieure des « contacteurs ».

4. L'intérêt

Après les contacts physiques, voici la phase finale de la cérémonie d'accueil, qui ressemble, selon Morris Desmond, à la toilette publique des singes. Bien que nous ne fouillions pas la fourrure l'un de l'autre, nous remplaçons cela par le langage, un discours, des commentaires parfois banaux « Comment vas-tu ? » ou encore « Tu as bonne mine, cela me fait plaisir de te voir. ». On aide l'autre à se débarrasser de son manteau ou à le remettre, on est attentif à son confort, on lui offre parfois un cadeau.

« Je suis amoureux d'une jeune femme, me confie un homme, et l'autre jour je l'ai raccompagnée devant sa porte. J'avais deux cadeaux pour elle : un livre et une lettre d'amour. Je lui ai offert le livre, mais n'ai pas osé lui remettre la lettre. Je ne la sentais pas prête, elle venait de m'embrasser avec un peu de distance, c'était du moins ma perception. J'ai préféré remettre à plus tard… »

Grâce à cette boîte à outils et aux exercices s'y rapportant, nos possibilités d'entrer en contact avec nous-même et les autres, de développer harmonieusement et globalement un contact équilibré et juste, sont multiples et variées. Nous sommes capables de faire preuve de créativité dans ce domaine, de l'enrichir et de l'approfondir tant dans notre sphère personnelle que professionnelle, et cela tout au long de notre existence.

Nous invitons le lecteur à expérimenter les différents exercices se rapportant aux sens et ainsi prendre conscience de sa manière propre et unique de gérer ces contacts, de les ressentir, avant de poursuivre dans la suite de l'ouvrage.

Dans cette quatrième partie, véritable « cœur » de notre ouvrage, nous avons eu pour objectif de développer le concept de « psychocontactologie », novateur dans le domaine de la psychologie et des sciences humaines.

La roue du contact, représentation graphique permettant d'identifier précisément et globalement nos capacités au contact dans les champs personnel et professionnel, nous donne un diagramme complet de notre manière d'être, de vivre, d'appréhender nos différents axes relationnels.

Enfin, une boîte à outils assortie d'une série d'exercices individuels ou en groupe, est mise à la disposition du lecteur, afin qu'il puisse expérimenter ces différents possibles dans chacun des domaines évoqués, les identifier et progresser à son rythme et selon ses besoins.

Nous pouvons maintenant aborder la cinquième et dernière partie de ce livre, qui débute par deux tests vous permettant de vérifier votre quotient relationnel et votre niveau de charisme. Vous découvrirez ensuite le point de vue d'hommes et de femmes de professions et d'âges différents, qui se sont exprimés sur le contact. Ces interviews reprennent certains thèmes évoqués et analysés tout au long de l'ouvrage. Leur originalité réside dans la variété des réflexions apportées par chacune des personnes, en fonction de leurs expériences liées au contact, leur sensibilité, leur personnalité.

QUATRIÈME PARTIE

De la science à l'art du contact : le contact à l'épreuve du réel

Cette partie démarre par un test sur le contact. Êtes-vous une femme, un homme de contact ? Vous est-il difficile d'entrer en contact avec autrui, avez-vous des qualités et des compétences relationnelles, êtes-vous doué(e) pour le contact ?

Nous développons dans cette partie la notion de culture du contact : éducation, anticipation, présence et entretien du contact.

Le contact est-il une science ou plutôt un art ? En d'autres termes, peut-on finalement apprendre à progresser dans le contact avec nous-même et avec les autres ?

Un test sur le charisme est aussi proposé au lecteur : il lui permettra de vérifier s'il en a peu, beaucoup ou passionnément !

Munissez-vous d'un stylo et accordez-vous un peu de temps pour faire les tests !

CHAPITRE 1

Test sur le contact

« Êtes-vous une femme, un homme de contact ? Quel est votre quotient relationnel ? »

Voilà 75 questions : mettez une croix dans l'une des trois colonnes (Oui – Non – Parfois) pour chacune de vos réponses.

N°	Questions	Oui	Non	Parfois
1	Vous aimez l'improvisation			
2	Vous vous sentez plein(e) d'énergie			
3	Vous vous adaptez facilement			
4	Le contact physique vous est difficile			
5	Vous êtes amoureux(se)			
6	Vous prenez soin de votre peau			
7	Vous avez du mal à rester dans le moment présent			
8	Le plein contact avec les autres vous plaît, vous y entrez aisément			
9	Vous vous sentez dans la retenue devant des personnes inconnues			
10	L'isolement et la solitude vous sont pénibles			
11	Vous ressentez ce qui se passe dans votre corps			
12	Vous avez des difficultés à gérer vos émotions, elles vous jouent des tours			

N°	Questions	Oui	Non	Parfois
13	Votre faculté de concentration est réelle			
14	La relaxation vous fait horreur			
15	Vous parvenez à imaginer et visualiser une situation, un projet			
16	Vous vous sentez un côté artiste			
17	Le silence intérieur vous ennuie ou vous fait peur			
18	Vous adorez faire des compliments			
19	Vous pouvez dire « Je t'aime »			
20	Vous préférez recevoir un email qu'un contact téléphonique			
21	Vous devriez vous lâcher plus souvent			
22	L'intimité est une affaire de femmes			
23	Vous vous sentez à l'écoute de vos proches			
24	Vous prenez le temps de dialoguer			
25	Vous apprenez à parler vrai et le cultivez			
26	Si nécessaire vous faites votre *mea-culpa*			
27	Vous préférez les vidéo-conférences aux réunions			
28	Vous êtes une personne plutôt joyeuse			
29	La fusion est dangereuse en amour			
30	Vous vous sentez facilement abandonné			
31	Le conflit vous fait peur, vous faites tout pour l'éviter			
32	Vous avez le courage de dire et de faire			
33	Vous vous reprochez de ne pas avoir de charisme			
34	Dans votre travail, vous mettez tout en œuvre pour instaurer du plaisir pour vous et votre équipe			
35	Accepter l'échec vous est pénible			
36	Vous craignez les conversations intimes			
37	Vous fonctionnez à l'instinct			
38	Il vous arrive de vous sentir « parano », de suspecter les autres de vous vouloir du mal			

N°	Questions	Oui	Non	Parfois
39	Vous maîtrisez deux langues : votre langue maternelle et une autre (anglais, espagnol, etc.)			
40	Le changement vous effraie			
41	Vous privilégiez la stratégie au dialogue			
42	Le harcèlement moral existe réellement			
43	Travailler dans l'urgence vous déprime			
44	Vous êtes engagé dans un développement personnel			
45	Vous privilégiez les vêtements confortables et doux parfois au détriment de leur style			
46	Le plaisir de la table revêt une place importante pour vous			
47	Lorsque vous recevez des amis, vous allumez des bougies			
48	Vous aimez faire la cuisine			
49	Vous utilisez la séduction pour entrer en contact			
50	Vous êtes jaloux(se) sans motif valable			
51	Vous aimez entamer une discussion spontanément			
52	Vous avez peur de parler en public			
53	Vous rougissez			
54	Vous bégayez			
55	Il vous est possible de rester un long moment à l'écoute attentive de l'autre			
56	Votre entourage apprécie votre spontanéité			
57	Vous avez la critique facile			
58	Vous êtes trop bavard(e)			
59	Vous avez conscience de l'impact de votre voix			
60	Vous riez souvent			
61	Vous vous concentrez sur votre respiration			
62	Vous avez constitué un réseau de relations			
63	Vous croyez en la modernité			

N°	Questions	Oui	Non	Parfois
64	Vous savez réconcilier les gens			
65	L'on succombe à votre charme			
66	La mondialisation vous irrite			
67	Vous vous entourez de compétences multiples			
68	La manipulation vous effraie			
69	Vous utilisez les médias			
70	Vous détestez les jeux d'influence			
71	Vous faites confiance à votre impression globale			
72	Dans une situation sensible ou complexe vous avez des difficultés à avoir une compréhension immédiate			
73	Vous soignez le démarrage de votre contact lors d'un entretien			
74	Lorsque quelqu'un vous quitte sans vous saluer, vous êtes choqué(e)			
75	Vous êtes attentif(ve) au déroulement d'un contact			

Pour connaître votre profil « Femme ou homme de contact », entourez chacune de vos réponses sur la grille de réponses qui suit, puis faites le total des points (d'abord de chaque colonne puis de la somme des colonnes). Reportez-vous ensuite aux commentaires que vous trouverez plus loin.

Grille de réponses

Question	Oui	Non	Parfois
1	5	0	2
2	5	0	2
3	5	0	2
4	0	5	2
5	5	0	2

DE LA SCIENCE À L'ART DU CONTACT : LE CONTACT À L'ÉPREUVE DU RÉEL

Question	Oui	Non	Parfois
6	5	0	2
7	0	5	2
8	5	0	2
9	0	5	2
10	5	0	2
11	5	0	2
12	5	0	2
13	5	0	2
14	0	5	2
15	5	0	2
16	5	0	2
17	0	5	2
18	5	0	2
19	5	0	2
20	0	5	2
21	5	0	2
22	0	5	2
23	5	0	2
24	5	0	2
25	5	0	2
26	5	0	2
27	0	5	2
28	5	0	2
29	0	5	2
30	0	5	2
31	0	5	2
32	5	0	2
33	0	5	2
34	5	0	2
35	0	5	2

Question	Oui	Non	Parfois
36	0	5	2
37	5	0	2
38	0	5	2
39	5	0	2
40	0	5	2
41	0	5	2
42	5	0	2
43	5	0	2
44	5	0	0
45	5	0	2
46	5	0	2
47	5	0	2
48	5	0	2
49	5	0	2
50	0	5	2
51	5	0	2
52	0	5	2
53	0	5	2
54	0	5	2
55	5	0	2
56	5	0	2
57	0	5	2
58	0	5	2
59	5	0	2
60	5	0	2
61	5	0	2
62	5	0	2
63	5	0	2
64	5	0	2
65	5	0	2

DE LA SCIENCE À L'ART DU CONTACT : LE CONTACT À L'ÉPREUVE DU RÉEL

Question	Oui	Non	Parfois
66	0	5	2
67	5	0	2
68	0	5	2
69	5	0	2
70	0	5	2
71	5	0	2
72	0	5	2
73	5	0	2
74	5	0	2
75	5	0	2
Total de chaque colonne :	T :	T :	T :

Total des 3 colonnes :

Commentaires

Vous avez obtenu de 0 à 125 points : Vous n'êtes pas une femme ou un homme de contact ! Votre quotient relationnel apparaît faible.

Le contact n'est pas votre atout majeur, vous ne vous sentez pas les capacités requises pour pouvoir être qualifié de femme ou d'homme de contact. Il vous est parfois difficile d'entrer en relation avec autrui, d'être à l'écoute, de communiquer. Il vous arrive d'admirer les personnes qui ont un contact fluide et agréable, et cela peut même vous décourager. Vous préférez garder de la distance, ne pas parler en public, privilégier le rationnel au relationnel. Vous ne vous sentez pas prêt à vous investir dans un effort qui vous permettrait d'améliorer votre contact. D'ailleurs, c'est votre droit !

Vous avez obtenu de 126 à 250 points : Vous êtes sur le point de devenir une femme ou un homme de contact ! Vous avez la possibilité d'augmenter votre quotient relationnel.

Sans doute avez-vous des qualités relationnelles et des compétences pour la communication, même si elles restent encore à développer et à parfaire. Vous aimez le contact, à maintes reprises vous avez constaté qu'il est un atout précieux, il vous arrive même de prendre exemple sur des personnes qui ont ce sens du contact magique ; vous avez bien progressé, et vous demeurez persuadé que le contact s'apprend, se parfait. Vous cultivez un meilleur contact avec vous et vos proches, et dans votre approche professionnelle vous avez une prise de conscience de plus en plus aiguë de ce qu'il conviendrait de faire pour améliorer le côté relationnel.

Vous avez obtenu de 251 à 375 points : Bravo, vous êtes une femme, un homme de contact ! Votre quotient relationnel est élevé.

Vous êtes doué(e) pour le contact, à l'aise et vos qualités relationnelles dans ce domaine ne sont plus à prouver. De tout temps vous avez privilégié le contact, et vous l'avez cultivé au fil du temps. Vous vous sentez capable d'être dans un contact réel, profond et authentique aussi bien avec vous-même qu'avec vos proches et votre environnement. Vous aimez le contact, il n'y a pas d'effort à fournir, vous êtes dans la fluidité totale. Les conflits ne vous effraient pas, vous vous sentez un bon médiateur, vous croyez en l'être humain, en sa capacité d'innovation, d'expansion dans un ajustement créateur. Vous vous sentez prêt(e) à pouvoir aider les autres à être davantage dans le contact. Vous êtes un(e) fervent(e) des relations humaines, de la psychologie, du contact !

CHAPITRE 2

Le charisme

1. Talent inné ou qualité acquise ?

En décomposant le charisme en ses éléments clés : l'art de parler, l'adaptation, l'écoute et le pouvoir de persuasion, on voit l'importance de maîtriser chacune de ces habiletés et apprendre à les pratiquer, à les raffiner de manière à assurer notre succès.

Pratiquer l'art de mettre les autres à l'aise, de les inspirer, de soulever leur enthousiasme, donne l'occasion de libérer le pouvoir charismatique qui sommeille en nous.

Étymologie

Le mot charisme vient d'abord d'une origine religieuse : c'était le nom donné à des dons spirituels extraordinaires. *Carisma,* en grec, signifie « grâce, faveur d'origine divine ».

C'est ensuite l'autorité d'une personne reconnue, prestigieuse ; c'est l'ascendant, l'influence qu'elle exerce sur autrui.

La racine *charis*, qui désigne la grâce, signifie originellement – et ceci est décisif pour la coloration du mot –, ce qui brille, ce qui réjouit.

Les trois significations classiques du mot « grâce » méritent donc ici notre attention :
– Le charme de la beauté, la joie, le plaisir.

– La faveur, la bienveillance, les égards, les marques de respect, la condescendance, le désir de plaire, la « bonne grâce ».

– La reconnaissance, la récompense, la rémunération, le salaire, le cadeau reçu en vertu de la seule faveur du roi ou de la divinité.

Usages du mot

> « En dernière analyse, l'art de diriger une affaire
> retourne toujours vers l'élément humain. »
> Peter Drucker

Quand on dit d'une personne qu'elle est douée de charisme, on fait généralement allusion à une qualité particulière, voire exceptionnelle, dans la relation qu'elle instaure avec les autres. Cette qualité est d'ailleurs souvent difficile à définir, comme s'il s'agissait d'une sorte d'aura, de quelque chose d'indéfinissable qui fait qu'en présence de cette personne (parfois même en écoutant simplement son discours, en la voyant à la télévision, en lisant ses écrits), nous nous sentons plus intimidé, subjugué, séduit, inconditionnellement « pris sous le charme », qu'avec les autres. Mais il faut aussi que cette qualité soit reconnue par un certain nombre de personnes, sinon par toutes ; ce qui fait dire, semble-t-il, que pour parler de « charisme », une certaine reconnaissance sociale est nécessaire.

Ainsi, dans l'usage, peut-on trouver des applications très diverses. Il y a de multiples exemples de personnages modernes que l'on dit charismatiques :

Karajan, chef d'orchestre, possédait un charisme qui envoûtait les musiciens et lui permettait de mener avec eux cette recherche constante de la perfection, parvenant à créer entre eux et lui une complicité proche de l'osmose, se traduisant par une exceptionnelle homogénéité.

Certains conférenciers peuvent vous tenir sous le charme de leur présence, bien au-delà du seul contenu de leurs propos.

Les sportifs de haut niveau, le footballeur Zidane, par exemple, sont parfois assimilés à des héros et bénéficient ainsi d'un prestige qui entraîne la confiance dans leur parole ; à tel point que ce prestige peut aussi être utilisé avec succès pour des publicités qui n'ont rien à voir avec leurs performances !

Le charisme touche, dans tous les cas, la qualité de la présence et de la relation, du contact établi.

Nature du pouvoir charismatique

Max Weber distingue le pouvoir charismatique comme s'appliquant à quelqu'un qui a reçu des dieux, des démons ou de la nature un don que les autres n'ont pas reçu ; puis il en vient à connoter l'idée de don au sens de capacité et d'aptitude exceptionnelles. Celui qui a un don de ce genre exerce sur les autres un ascendant, une attraction, un pouvoir informel. Il est investi d'une sorte d'autorité qui ne repose ni sur des réussites, ni sur des démonstrations. Sa parole convainc par une sorte d'évidence et non parce qu'elle est plus rationnelle ou parce qu'elle est éloquente. Ses ordres ne sont pas discutés. Il est regardé par ceux qui l'entourent comme celui qui sait quelles décisions il faut prendre. On ne peut évaluer si le chef charismatique a effectivement des dons exceptionnels : l'important est que son entourage le croie. Il est habituellement mis en rapport avec les catégories du sacré, du héros, de l'exemplaire, car il exerce sur les hommes une véritable fascination.

On ne peut rendre compte d'une façon rationnelle de l'existence du pouvoir charismatique. Il remonte à une époque très ancienne (Moïse et Romulus en sont des exemples classiques). Mais la conception du chef charismatique reprend son autonomie avec Nietzsche et la théorie du surhomme. À l'époque contemporaine, on se met à parler de « l'homme providentiel », qui apparaît au milieu des crises et qu'on reconnaît capable de faire face aux dangers ou aux défaites. Il est, « par nature », le chef. Le pouvoir repose alors sur la personnalité du chef, mais davantage encore sur l'adhésion suscitée par cette personnalité, sans qu'il lui soit nécessaire de la formuler explicitement. Dans une telle adhésion, il y a plus que « la confiance qui vient d'en bas », que demandait Napoléon : c'est un phénomène de croyance à caractère religieux et d'identification à caractère mystique. Le chef charismatique, d'ailleurs, ne se trouve pas en opposition avec la collectivité ni ne lui est imposé, ni même n'est séparé d'elle : il est, au contraire, censé l'exprimer parfaitement à un moment historique donné. Tout son pouvoir réside dans cette relation.

Que l'on parle d'autorité, de prestige, d'ascendant sur autrui, de forte personnalité, il faut bien reconnaître que certains en sont doués plus que d'autres, sans que l'on puisse dire vraiment si ce « don » est inné, transmis par la culture.

On peut déjà au moins considérer que tout don débouche rarement sur une réalisation positive s'il n'est pas accompagné d'un certain travail, s'il n'est pas cultivé. En même temps, il est certain que l'éducation, la manière dont l'enfant a été considéré par les personnes de son entourage, la confiance qu'il a pu acquérir en lui-même, la reconnaissance valorisante de ses capacités, jouent un rôle essentiel pour qu'il puisse ensuite utiliser librement ce vers quoi il se sent porté.

Mais tout don n'entraîne pas un charisme, n'implique pas par lui-même cette qualité de la présence à l'autre qui reste très difficilement définissable dans ce qui peut se transmettre. Il existe, certes, des techniques de relation qui peuvent s'apprendre, se travailler. L'élocution peut s'améliorer par exemple, de même que l'écoute, le maniement du silence, le respect de la parole de l'autre. On peut soigner particulièrement son « image de marque » pour séduire, inspirer confiance, augmenter son influence et le poids de sa parole. Mais il s'agit là, dans tous les cas, de l'acquisition, pour les autres, de nouvelles « images » de soi-même. Cela peut amener une qualité meilleure de relation qu'on peut dénommer charisme, si l'on s'en tient à la pure définition de prestige, ascendant, autorité sur les autres, mais il s'agit alors clairement d'une qualité acquise, et qui n'est pas forcément durable (par exemple, un nouveau directeur peut très bien faire l'unanimité enthousiaste dans ses premiers contacts et décevoir ensuite quand on le connaît mieux !).

DE LA SCIENCE DE L'ART DU CONTACT : LE CONTACT À L'ÉPREUVE DU RÉEL

En revanche l'âge, l'expérience, les difficultés, les souffrances, amènent souvent à une conception de la vie qui peut approcher une dimension sacrée, consistant précisément en une relativisation de toutes les images qui ne sont que de l'ordre de l'avoir (chacun connaît la distinction classique entre être et paraître).

Le charisme nous semble ainsi introduire cette dimension sacrée (ne parle-t-on pas de « monstres sacrés », de personnages « providentiels »…) et donne à la présence de la personne qui en est douée une « dimension d'être » qui la dépasse (en ce sens qu'elle ne la possède pas)… et qui se transmet à ceux qui l'entourent.

2. « Avez-vous du charisme ? »

Voilà 15 questions : mettez une croix dans l'une des trois colonnes (Oui – Non – Parfois) pour chacune de vos réponses.

	Questions	Oui	Non	Parfois
1	Vous avez l'art de parler en public			
2	Vous mettez facilement les autres à l'aise			
3	Vous ne parlez couramment qu'une seule langue vivante			
4	Vous avez une prescience des événements à venir			
5	Votre entourage vous confère une sorte d'aura			
6	Vous constatez que les marques de reconnaissance et de respect à votre égard sont peu nombreuses			
7	Dans votre équipe ou dans un groupe vous êtes celui ou celle qui sait quelle décision il convient de prendre			
8	L'autorité vous fait défaut			
9	Vous avez toujours eu une forte personnalité			
10	Vous inspirez rapidement confiance aux gens			
11	Vous imposer en tant que leader vous est pénible			

	Questions	Oui	Non	Parfois
12	Vous bénéficiez d'une sorte de don dans le contact avec les autres			
13	Vous avez la faculté de pénétrer le secret des cœurs			
14	Vous avez de l'assurance			
15	L'on est séduit par votre charme			

Pour savoir si vous avez du charisme, entourez chacune de vos réponses sur la grille de réponses qui suit, puis faites le total des points (d'abord de chaque colonne puis somme des trois colonnes). Reportez-vous ensuite aux commentaires que vous trouverez plus loin.

Grille de réponses

Numéro	Oui	Non	Parfois
1	5	0	2
2	5	0	2
3	0	5	2
4	5	0	0
5	5	0	0
6	0	5	2
7	5	0	2
8	0	5	0
9	5	0	0
10	5	0	2
11	0	5	2
12	5	0	2
13	5	0	2
14	5	0	2
15	5	0	2

DE LA SCIENCE DE L'ART DU CONTACT : LE CONTACT À L'ÉPREUVE DU RÉEL

Numéro	Oui	Non	Parfois
Total de chaque colonnes	T :	T :	T :

Total des colonnes :

Commentaires

Vous avez obtenu de 0 à 25 points : Le charisme n'est pas dans votre nature !

Votre charisme est limité. Vous n'avez pas besoin de marques de reconnaissances ou de respect de la part des autres. La séduction et le charme ne sont pas votre fort. Cela vous confère incontestablement de nobles qualités : vous n'êtes ni envahissant(e), ni opportuniste et vous êtes capable d'avoir un vrai sens de la justice et de la vérité. Cependant vous avez quelques problèmes de contact : vous n'êtes pas très à l'aise en public, encore moins quand il s'agit de défendre votre point de vue. Les personnes de votre entourage vous reprochent parfois votre froideur ou vos blocages et vous avez du mal à parler de vos sentiments. Le manque de charisme ne vous met pas en danger, mais vous gagneriez peut-être à vous rendre plus visible et à vous exprimer davantage, notamment sur le plan professionnel.

Vous avez obtenu de 26 à 50 points : Vous pourriez avoir du charisme !

Vous n'êtes pas totalement dépourvu(e) de charisme, il vous arrive d'en avoir si vous vous sentez particulièrement à l'aise dans certaines situations ou avec certaines personnes. Cela fait de vous une personne agréable à côtoyer : vous n'êtes pas intrusif(ve), vous avez le souci des autres comme vous souhaitez qu'on l'ait de vous, et vous avez besoin de vous sentir dans une atmosphère d'émotions positives. Cependant il vous arrive d'avoir davantage besoin de reconnaissance, ce qui vous pousse à la nécessité de plaire et de séduire et vous met dans une certaine insécurité. Lorsque vous vous sentez mal à l'aise vous pouvez vous montrer capricieux, exigeant voire jaloux. Vos proches peuvent vous reprocher d'être parfois narcissique et égoïste. Si vous souhaitez cultiver votre charisme, ne perdez pas de vue que neutralité et prise de recul ont aussi leurs vertus. Il est préférable de cultiver votre charisme par votre développement personnel plutôt que par la force et la manipulation d'autrui.

Vous avez obtenu de 51 à 75 points : Vous avez du charisme !

Vous avez du charisme et vous avez besoin de charisme ! Votre appétit de contact, d'adaptation et de « présence » face aux autres est sans limite, vous fonctionnez à l'affectif mais êtes aussi capable de déployer une stratégie très élaborée. Vous êtes une personne passionnée qui suscite des sentiments d'admiration, de respect, d'enthousiasme dans son entourage. Ce contact fort fonctionne parfois comme une drogue, il va transitoirement calmer vos angoisses ou vos doutes, mais à peine apaisés, ces derniers reviennent et avec eux le besoin de vérifier que votre pouvoir de séduction et de persuasion est au point. Vous pouvez continuer de déployer votre charisme en étant bien attentif à l'estime que vous vous portez : votre propre valeur ne se traduit pas seulement dans l'attention que l'on vous porte. Vous pouvez également apprendre à dire non sans mettre en péril la relation avec les autres ou les sentiments qu'ils vous portent. Avoir du charisme est un atout, encore ne faut-il pas en être victime !

CHAPITRE 3

Interviews

Nous avons illustré notre ouvrage par une série d'interviews sur le thème du contact, rythmés par une trame de questionnements prenant en compte aussi bien les avis et commentaires personnels des personnes interviewées, que leurs expériences et conseils éventuels sur l'amélioration, voire l'apprentissage d'un meilleur contact.

Afin de ne pas influencer les réponses, nous n'avons pas divulgué le contenu exact de l'ouvrage, ce qui a permis des discussions individualisées et originales.

Volontairement nous avons ciblé des femmes et des hommes, dans des contextes professionnels variés et dont l'âge s'échelonne entre 23 et 58 ans. Ces entretiens nous ont paru riches et « dans la relation », nous avons éprouvé du plaisir à les mener et à discuter à bâtons rompus avec nos différents interlocuteurs.

Notre objectif a été de donner la parole à ces femmes et à ces hommes sur un thème dans lequel ils nous ont paru être à l'aise, naturellement, ou par l'apprentissage et l'expérience professionnelle et personnelle, afin de nourrir notre propos sur le contact et les difficultés de ce contact. Certaines de leurs réponses ou remarques pourraient faire l'objet d'une analyse plus détaillée car elles ouvrent de nouveaux horizons et nous ont semblé parfois totalement inédites !

Interview d'Alain Baeumlin, directeur général de l'enseigne Crozatier France, 48 ans

1. Qu'est-ce que le contact ?

C'est prendre le temps avec une personne et aussi lui signifier qu'on a pris le temps pour elle. Le contact se fait aussi par la disponibilité, l'écoute. J'ai travaillé la notion du contact pendant mes séances de coaching ; depuis je suis attentif à mieux paramétrer ce qui se passe entre moi et l'autre et à aller dans le plein contact. J'optimise ainsi mon contact avec un collaborateur, un groupe de travail, un client. Le contact, c'est aussi une confiance partagée au travers du projet de l'entreprise, de sa vision ; c'est de la transparence. Le contact c'est le partage d'une action.

J'aime le contact ; les gens m'étonnent par les connaissances et la richesse qu'ils m'apportent.

Je pense que le contact naturel est fluide.

2. Les ingrédients du contact

– se connaître
– connaître les personnes
– partager
– clarifier les actions et les missions dans l'entreprise.

3. Une belle expérience du contact

Le contact avec un nouveau franchisé pour un magasin : c'est un bel exemple de plein contact, de confiance que nous partageons ensemble. Il s'agit d'un contact fort pour de nouveaux projets, jusqu'à leur concrétisation et la réussite de leur mise en œuvre. C'est un investissement gagnant/gagnant dans la durée : se rencontrer, signer les accords, réaliser le magasin, le réussir et le pérenniser.

Pour fonctionner dans la durée il faut un contact fort, c'est-à-dire un plein contact, une compétence managériale – un contact long, qui ne s'effondre pas comme un soufflet – et enfin un contact honnête qui s'inscrit dans la sincérité et une ligne de conduite.

Vient ensuite la satisfaction du franchisé lorsque son business-plan est atteint.

4. Le contact hostile

Dans l'entreprise il faut débriefer ce qui ne va pas, lorsque les objectifs ne sont pas atteints par exemple. Je procède alors à un recadrage avec un nouveau plan d'action, tout en essayant de ne pas entrer dans une hostilité négative, donc peu constructive. Le véritable débriefing, c'est d'avoir la franchise de dire à l'autre ce qui ne va pas, ce qui n'a pas fonctionné.

5. Conseils pour les managers

– Se poser la question si le manager est réellement à sa place s'il éprouve d'entrée de jeu des difficultés de contact !

– Apprendre le contact aux managers et les aider à se perfectionner, par l'intermédiaire de séances individuelles de coaching ou de séminaires sur la communication et le relationnel.

– Se connaître : ses qualités, ses défauts, ses bonnes et moins bonnes performances.

– Prendre du recul car la pression est toujours forte dans le monde de l'entreprise.

– Prendre conscience de l'importance du contact ; c'est une forme de management que l'on a naturellement ou pas, et qui est primordiale dans les situations difficiles.

– Connaître ses interlocuteurs, être capable de partager des choses avec eux, surtout si l'on est amené à travailler ensemble sur de la créativité. Notre métier nécessite une grande sensibilité : pour les formes, les couleurs, les matières, pour notre image aussi. Nous devons sans arrêt nous remettre en cause, c'est un challenge permanent. Le contact entre nous implique de la confiance et une bonne connaissance les uns des autres.

6. Peut-on apprendre à être dans le contact ?

Pour moi, le contact est avant tout inné. Je pense à notre président, monsieur Pierre Rapp, qui est une personne ayant un contact d'exception. Son contact est naturel, il prend le temps d'écouter et de connaître ses collaborateurs. Le contact fait partie intégrante de sa personnalité.

Je distingue cette forme de contact inné de celle où l'on a ajouté une « couche » et qui est moins naturelle.

7. Que souhaiteriez-vous ajouter ?

À l'époque de mes grands-parents ou de mes parents, les gens avaient un contact moins formalisé, plus naturel que de nos jours. Ils avaient besoin les uns des autres, ils se connaissaient et s'entraidaient. Nous vivons plus égoïstement aujourd'hui, le contact me paraît plus intéressé.

Interview d'Alexandre Alverson, patron et manager d'un salon de coiffure haut de gamme, 37 ans

1. Qu'est-ce que le contact ?

Pour moi, c'est le contact au quotidien avec les gens avec lesquels je travaille, les règles du jeu mises en place dans l'équipe, les entretiens et les réunions pour maintenir un contact constant.

C'est également le contact avec la clientèle, l'accueil. Notre salon véhicule une image haut de gamme ; à son arrivée la cliente peut être réticente et se demander comment elle va être perçue. Nous sommes attentifs à être aimables et souriants pour la mettre à l'aise, faire naître la confiance et essayons avant tout d'établir un contact naturel (et non le « sourire commercial » !). Lorsque la personne quitte le salon, il convient de vérifier si ce qu'elle attendait correspond bien au résultat final. Je fais constater ce dernier par la technicienne qui s'est occupée de la coloration ou des mèches. Le problème c'est que la cliente ne dit pas toujours si sa coiffure ou sa couleur ne lui convient pas.

Nous pouvons fidéliser un tiers de la clientèle. Lorsque mes parents tenaient ce salon, il était fréquent qu'une cliente soit fidèle pendant de longues années à un seul coiffeur. Aujourd'hui elle ira chez deux voire trois coiffeurs différents.

2. Les ingrédients du contact

– Comprendre l'autre, ce qu'il attend de moi,

– faire connaître son savoir, le partager avec l'autre et les autres, ne pas le garder pour soi comme un moyen de pouvoir,

– respecter l'intimité : notre salon est grand, nous essayons de créer un climat chaleureux, intime, nous avons fait une cabine de soins récemment, plus calme, à l'abri des regards.

3. Une belle expérience du contact

Un contact réussi pour moi, c'est d'amener à satisfaire un ou une cliente de A à Z, au niveau du service, de la technique employée, du ressenti, de l'ambiance du salon. Le plus délicat, c'est le diagnostic au départ : la cliente décide de changer sa coiffure ou sa couleur, nous allons lui démontrer comment nous allons procéder. Il y a parfois une réticence à ce stade-là et le contact est primordial : cela va-t-il correspondre aux attentes de la personne, son look ne sera-t-il pas trop radicalement différent, ses proches ne la trouveront-ils pas trop transformée ? La satisfaction de la personne, en final, sera pour moi la véritable réussite du travail que nous avons fourni dans l'équipe. La cliente sort du salon satisfaite, embellie, plus sûre d'elle. C'est un contact réussi et enrichissant pour toute l'équipe !

4. Le contact hostile

On vit au travers des conflits. Il y a souvent des conflits au sein de l'équipe relatifs au respect des règles du jeu. C'est pesant. Faire régner en permanence une bonne ambiance managériale et faire respecter des comportements génère du conflit. Notre équipe est importante, il y a quinze coiffeurs et techniciennes. Les anciens, qui travaillent dans le salon depuis trente ans, ont un savoir-faire reconnu, mais il leur est parfois difficile de se remettre en question, d'accepter certaines formes de changement, dans les techniques de coloration ou les mèches par exemple. Ils me disent « Pourquoi changer la couleur de cheveux de madame Untel si celle-ci lui plaît ? » Or il est sans doute judicieux de proposer un balayage à cette cliente, une nouveauté qui lui permettra d'avoir une coiffure un peu différente, plus d'actualité ; elle sera contente, ses amies lui feront un compliment.

Notre salon de coiffure est une entreprise familiale qui était dirigée par mon père avant qu'il ne se retire pour prendre sa retraite. Pour moi le style de management qui était en place ne me convenait pas lorsque j'ai pris la direction de l'affaire. Mon père avait un côté paternaliste qui fonctionnait à son époque, plus à la mienne. À mon arrivée, cela a généré des conflits dans l'équipe. J'étais amené à dire à certains : « Ta façon de te comporter ne me convient pas, ton travail non plus. » Le contact était difficile.

5. Conseils pour les managers

– Garder une certaine distance avec le personnel, éviter la familiarité, même si parfois l'on serait tenté de plaisanter avec telle ou telle personne,

– tenter d'avoir un contact égal avec tout le monde, aussi bien les hommes que les femmes, ne privilégier aucune de ces dernières,

– transparence de soi, de sa personnalité,

– ne pas retenir le savoir-faire ou le savoir, l'apprendre à l'équipe, le partager,

– accepter que certaines personnes soient plus compétentes que soi dans certains domaines, les en féliciter,

– se mettre à la place de l'autre, aller sur le terrain, vivre avec les gens, ressentir ce qui se passe réellement,

– inciter les collaborateurs à communiquer davantage entre eux, à mieux se comprendre, à dialoguer.

6. Peut-on apprendre à être dans le contact ?

Le contact s'apprend. J'ai été forcé à me faire accepter par les clients, des gens qui m'ont vu grandir dans le salon de mon père. Je devais faire mes preuves, faire connaître mes compétences mais aussi être à l'écoute et dans le contact. Au début, j'étais plutôt fermé sur moi-même, je donnais une image froide, j'avais une sorte de carapace. Je n'étais pas prêt à affronter les réunions, j'avais des efforts difficiles à surmonter. Puis je me suis décidé à suivre des séminaires sur la communication et le management, à apprendre à parler en public, à être plus proche des gens. J'étais un garçon plutôt timide, mon père était assez dur avec moi, ce qui m'a fait progresser, mais je pourrais lui reprocher aujourd'hui qu'il ne m'ait jamais félicité. Cela m'a endurci mais aussi bloqué. Je communiquais peu avec mes parents, j'accumulais les choses avant de pouvoir les exprimer. Et puis j'explosais. J'ai conservé cet aspect impulsif de ma personnalité.

Lorsque j'arrive le matin, mes collaborateurs « m'analysent », ils sont attentifs à ce premier contact avec eux. Ils se disent que je suis de bonne humeur ou pas. Dans la journée, il m'arrive d'être concentré sur un travail avec une cliente, je ne salue pas toujours « comme je le devrais » une personne qui entre dans le salon. Le contact en permanence demande une vigilance de tous les instants. Finalement il faut être bon partout, être un bon professionnel et avoir du contact !

Interview de Marie-Françoise Bonicel, diplômée de sciences politiques et économiques, docteur en psychologie sociale, universitaire à Troyes, 58 ans

1. Qu'est-ce que le contact ?

Je suis la dernière d'une famille de onze enfants, née par surprise et manifestement d'un contact ! Mon père venait en effet d'être arrêté à la fin de la guerre par la Gestapo, puis miraculeusement libéré. Ma conception à son retour avait sans doute à voir doublement avec l'énergie vitale : d'une part la mort avait frôlé de près mon père, d'autre part elle avait frappé mon frère aîné un an avant ma naissance. J'avais peut-être pour mission de rétablir le contact dans une famille traumatisée.

Plus tard, j'ai fait mes études dans un collège catholique de l'est de la France où j'ai eu la chance d'être éduquée dans un esprit d'ouverture à la responsabilité, à la liberté et au contact humain. Mes différents métiers dans le domaine social, mes fonctions d'enseignante universitaire, de formatrice, de thérapeute, mes engagements associatifs m'ont amenée au fil du temps à incarner ce goût initial pour le contact humain dans lequel j'avais été baignée dans mon milieu familial, riche en relations humaines.

J'ai toujours aimé rencontrer quelqu'un que je ne connais pas ; le rencontrer vraiment et c'est toujours une aventure. Parfois cela me suffit, ayant un goût certain pour « l'amour des commencements ». Mais j'ai aussi des liens très anciens, fidèles qui perdurent dans le silence, à travers des contacts très épisodiques ou au contraire très fréquents.

C'est un long travail personnel issu de rencontres d'abord avec Jacques Salomé, Louis Schorderet, Anne Ancelin-Schutzenberger pour ne citer que ceux qui m'ont accompagnée le plus loin sur le long chemin qui mène à soi-même, qui m'a permis de donner sens à ce que je vivais sur ce registre.

Ma formation diplômante en Gestalt-thérapie, est venue plus tard et je dois beaucoup à la démarche gestaltiste et aux formateurs qui l'incarnent. Je pense aux figures particulièrement marquantes de Serge et Anne Ginger, de Daniel Grosjean, de Daniel Markman ou de Gilles Delisle qui m'ont ouvert des portes en facilitant les repérages des dysfonctionnements, des impasses ou des risques fusionnels dans mes manières de vivre le contact.

Des personnages comme le philosophe Lévinas, Maurice Blanchot ou Georges Steiner, Boris Cyrulnik ou Christian Bobin et bien d'autres plus anonymes, ont jalonné mon parcours vers *L'Art de la rencontre*.

2. Les ingrédients du contact

Il me semble qu'il faut d'abord désirer réellement la rencontre, être capable de lever les obstacles, les peurs en particulier, le trop plein de désir ou de projet sur l'autre. C'est important d'être dans une écoute de l'autre, de ses attentes, de ses besoins, des siens propres aussi.

Trouver une adéquation entre mon souhait et l'objectif de la rencontre : par exemple, pouvoir dans une rencontre professionnelle, donner place à l'humain.

Comme le rappelle Jacques Salomé, chacun est à son bout de l'écharpe relationnelle !

3. Une belle expérience du contact

C'est une rencontre sous le signe de l'intensité des mots, des mains et du silence. J'avais rendez-vous avec un sculpteur juif, rescapé des camps de concentration… Il m'a accueillie en me tendant les mains avec cette expression talmudique : « les mains sont le prolongement de l'âme ».

Il achevait alors dans son atelier une immense sculpture en bois *Les Oiseaux de l'âme,* expression elle aussi issue du Talmud et qui indique le plus intime, le plus profond de la rencontre, mais aussi la fragilité de ce contact intime qui peut s'envoler à chaque instant.

Une rencontre exceptionnelle dans l'intense éphémère qui a pu se transformer ultérieurement dans des collaborations créatrices.

Ceci me fait penser au *Choc amoureux,* de Francesco Alberoni : on ne peut garder longtemps cette intensité qui s'apparente à l'état révolutionnaire… Comment conserver alors l'excitation de ce premier contact qui bouleverse, tout en étant pris dans le quotidien de la vie ? Et pour ce qui concerne l'entreprise : comment garder la vitalité du contact dans les contraintes des résultats, de la rentabilité et des comptes au jour le jour ?

Dans les contacts renouvelés, comment retrouver le souffle de la première fois avec le « je te re-contacte pour la première fois » ? L'entreprise comme le couple sont énergétivores et il est difficile de conserver la même stimulation qu'au début de la rencontre.

4. Le contact hostile

Je pense qu'il est indispensable de faire la différence entre l'affrontement d'idées ou conflit créateur et le conflit de personnes, destructeur. Il m'arrive d'entrer en relation par le conflit, par provocation, car il y a du stimulant dans ce procédé. Mais le conflit destructeur n'apporte rien, sinon des cendres. Mes limites à la négociation ou au débat d'idées, je les trouve quand mes valeurs sont atteintes mais surtout face aux manipulations perverses : je me sens alors impuissante, pétrifiée. Avant je partais en claquant la porte. Puis je coupais le contact intérieur. Maintenant, je laisse une porte entrouverte. Un progrès.

Quelles blessures, quelles peurs se réveillent dans le conflit ? C'est quelque chose que j'ai encore beaucoup de mal à vivre.

5. Conseils pour les managers

Le contact est un exercice de funambulisme qui consiste à faire le grand écart entre le désir de proximité avec l'autre et les contraintes de l'environnement, ce que le bébé doit faire dès la naissance comme le rappellent d'abord le psychanalyste Winnicott, puis les praticiens de la systémique et de la Gestalt. L'écoute réelle de l'autre et de soi, au niveau des faits ou des idées, mais aussi au niveau des ressentis et des résonances, est le passage indispensable pour laisser un espace de dialogue réel entre les partenaires.

Cela suppose de la part du manager de lâcher une part de son imaginaire narcissique, de ses fantasmes de toute puissance et de son sentiment de responsabilité illimité. Développer ses qualités relationnelles ne peut se faire que par un travail sur soi qui paradoxalement suppose un lâcher prise préalable pour se lancer dans une démarche qui va passer par le temps inquiétant du « vide fertile ». C'est un exercice d'humilité que décrit magnifiquement Thimoty Radcliffe, grand patron des dominicains, mais qui n'est ni dans la nature de la plupart des candidats aux postes de responsabilité et de pouvoir, ni dans l'esprit des filières de formations traditionnelles au management.

6. Peut-on apprendre à être dans le contact ?

On peut expérimenter en effet l'apprentissage de nouveaux modes de contact dans l'espace intermédiaire que constitue le cadre sécurisant d'un groupe de formation : explorer ses désirs, ses limites, ses dysfonctionnements et ses ressources. Dans un second temps, la théorie vivante va pouvoir se greffer sur ces expériences et donner sens à de nouveaux contours.

À travers la Gestalt et à travers le travail en psychodrame, j'ai beaucoup « appris » sur le contact en explorant ses manifestations arborescentes : le verbal et le non-verbal, l'intellectuel et l'émotionnel, le contact avec le groupe, l'institution ou le monde, le visible et l'inconnu. Mais je dirais que ce sont dans ces allers-retours continuels entre les temps « d'apprentissage », et la vie professionnelle et personnelle que se déploie la créativité nécessaire pour sortir des comportements répétitifs ou pour affronter les situations nouvelles. La vie est en elle-même un espace de formation entre absence et proximité, et nos clients, nos étudiants, nos patients paient en partie pour… nous former au contact. Nos proches aussi, et parfois durement !

Les êtres qui traversent notre vie : familiers, intellectuels, artistes, praticiens, hommes et femmes de terrain peuvent être pour chacun de nous des silhouettes scintillantes qui sont autant de repères pour nous aider à tisser l'art du contact.

Marie-Françoise Bonicel est diplômée de sciences politiques et économiques, docteur en psychologie sociale clinique, psychologue et Gestalt-Thérapeute. Enseignante universitaire à Troyes, responsable de formations aux relations humaines en France et à l'étranger, elle accompagne aussi des personnes en supervision ou en coaching.

Ses travaux de recherche et de publication portent sur le stress des personnels de l'Éducation nationale et sur les traumatismes des rescapés des génocides juifs et arméniens.

Interview du docteur Dominique Antz, chirurgien plasticien, 44 ans

1. Qu'est-ce que le contact ?

C'est un échange réflexif avec une autre personne, c'est un flux.

En médecine, c'est souvent difficile d'avoir de vrais contacts avec les gens. Et pourtant la médecine passe par la relation humaine. Je considère que sur le plan professionnel, j'ai le même contact que sur le plan personnel.

Lorsque la personne qui vient me consulter sent que j'ai envie de communiquer et de travailler avec elle, la confiance s'établit. Le meilleur moment pour le médecin, c'est durant la consultation. C'est une ouverture vers quelque chose, un moment privilégié, un « colloque singulier ».

Il arrive que le patient vienne en position d'infériorité, ce n'est plus une relation d'égalité, de bilatéralité ; il n'y a pas de contact qui s'établit, c'est simplement une prestation.

À mon avis, le véritable contact c'est lorsque les deux interlocuteurs se responsabilisent.

Le contact n'est pas de la manipulation, c'est quelque chose de pur, c'est une relation égalitaire, humaniste.

2. Les ingrédients du contact

– L'amour et le respect de l'autre,
– la confiance en l'autre au départ, l'envie de faire connaissance avec lui et la capacité de donner un minimum de soi-même,
– l'intérêt réel pour ce que l'on fait.

3. Une belle expérience de contact

Oui, j'ai une histoire à raconter entre un patient et moi ; il a été brûlé au corps et surtout au visage par un arc électrique de 4000 à 5000 degrés. Son visage avait fondu, il était défiguré lorsque je l'ai rencontré pour la première fois, plus de nez, plus d'oreilles, ni de bouche. C'était un bel homme avant son accident, marié à une jeune femme également belle. L'image de son corps représentait quelque chose d'important pour lui, et sa vie n'avait soudain plus de sens. Les enfants qui le voyaient avaient peur de lui.

Mon contact avec lui a été difficile, voire désagréable au départ. J'avais envie de l'aider, je lui ai dit « Nous allons vivre ensemble de nombreuses années. Je vais vous opérer, souvent nous progresserons et il nous arrivera aussi de reculer. Il ne faudra pas perdre confiance… »

Voilà huit ans que je le soigne, il est fidèle et loyal envers moi, nous nous tutoyons depuis quelque temps. Notre contact a évolué, chacun de nous en est responsable.

Une autre belle expérience du contact est celle qui a lieu après l'intervention chirurgicale. Lorsque la personne est mieux dans son corps, dans sa peau, le contact change aussitôt. Prenons l'exemple des prothèses mammaires, ce qui se passe est magique ! La femme est transformée, elle se sent plus féminine, plus sûre d'elle. Elle revient à la consultation avec une certaine forme de séduction, les seins mis en valeur par un décolleté, un corsage ajusté. C'est le retour le plus favorable et le plus satisfaisant pour le chirurgien. Je constate une satisfaction presque similaire à la suite d'une liposuccion, le changement est frappant et la personne est véritablement dans une meilleure forme de contact.

Il n'en est pas de même pour la chirurgie du visage. Elle est souvent cachée aux autres, et il est curieux de constater que le changement est vite intégré donc oublié. Le visage est pourtant le premier élément du contact visuel avec soi-même dans la glace chaque matin et le premier contact avec les autres.

4. Le contact hostile

Je vis mal les conflits, je me sens impliqué lorsque les gens arrivent avec des problèmes ; lorsque l'on me reproche quelque chose, on me reproche aussi mon implication. Ce n'est pas fréquent, heureusement.

Le contact hostile, c'est la rupture du contact.

5. Conseils pour les managers

– Le contact professionnel avec le personnel ou les collaborateurs est plus difficile, il faut surtout savoir garder ses distances tout en instaurant un contact réel.

– Le patron d'une grosse entreprise ne peut être en contact physique réel avec ses employés, de plus la gestion d'une équipe est complexe car il y a des implications professionnelles mais surtout affectives. Ce sont ces dernières qui sont les plus délicates à gérer.

– Le manager doit être en contact avec lui-même.

6. Peut-on apprendre à être dans le contact ?

Oui, toute personne est capable de rentrer en contact avec une autre. Mais le contact peut se trouver limité par l'éducation, les préjugés, etc.

Le contact est le fondement de la vie. Depuis que l'homme est homme il a cherché à entrer en contact avec son voisin. La mère qui allaite son bébé est en contact physique avec lui et lui apprendra un autre type de contact qui lui servira aussi plus tard.

7. Que souhaitez-vous ajouter ?

Le contact a ses limites. Je suis en contact durant la consultation, puis je suis pragmatique en salle d'opération. Je n'ai pas le choix. Le chirurgien doit prendre la décision.

Le moment le plus difficile avec un patient est au début : il s'agit de trouver un mode de communication compatible avec lui, l'humour par exemple, ou la neutralité avec un discours lisse et policé. Durant les dix premières minutes je me demande comment je vais pouvoir établir le contact. Est-ce mon discours qui va intéresser cette personne ? Va-t-elle rester bloquée ? Parfois rien ne se passe et elle ne revient pas. Je suis attentif à ne pas forcer le contact.

Après la phase de démarrage du contact et de mise à l'aise, je devient plus technique, moins précautionneux du plan relationnel. J'analyse par exemple les défauts d'un corps, d'un visage, puis j'émets une proposition qui sera acceptée de suite, refusée, discutée. Il y a certaines demandes que je n'accepte pas. Je ne suis pas dans l'empathie dans cette partie du dialogue, je me dois de rester ferme sur cet aspect très professionnel. Parfois cela entraîne la rupture du contact.

Interview de Francis Karolewicz, directeur du cabinet FMK Consulting, 46 ans

1. Qu'est-ce que le contact ?

Pour moi, le contact, c'est le fait d'être relié à l'autre. C'est le contact avec soi et l'autre et la capacité de s'ajuster en permanence. Si l'autre n'est pas en contact avec moi, je le lui dis.

Il y a un feed-back permanent : écouter l'autre et lui montrer que l'on est à son écoute. Si je m'attache trop à ce que dit l'interlocuteur, je ne suis plus attentif au comment il le dit.

Je peux être en contact avec la nature, avec l'environnement aussi.

C'est assez rare d'être dans un véritable contact, c'est sans doute une qualité du coach.

Le contact est aussi une prise de conscience commune de ce qui existe entre une personne et son interlocuteur.

2. Comment s'est développé le contact pour vous ?

J'ai été un enfant solitaire et un champion sportif de haut niveau, j'ai connu le plaisir de jouer et aussi le plaisir de la victoire. Mais je me demande si le sport c'est être au contact ou dans le contact ? Le contact c'est aussi ne pas dominer l'autre, avoir envie d'être avec lui et de faire quelque chose avec lui.

Le virtuel coupe du contact. J'ai toujours éprouvé une grande peur : partir dans un espace et ne pas en revenir, m'échapper dans les rêves, l'imagerie et ne plus en revenir. Le danger du virtuel est là.

Pour moi, le contact authentique est simple, épuré.

3. Les ingrédients du contact

– Se contacter d'abord soi-même,

– se relier à l'autre,

– être dans la capacité de donner du feed-back à l'autre : pour se réajuster en permanence, ne pas se perdre ou se sentir perdu dans ce qui se dit et se passe. C'est une confiance qui permet de fournir des informations sur la relation au travers des mots, du regard, de signes,

– mettre le temps en suspension : la pression du temps est une rupture du contact. Cette pression comprime les choses,

– entreprendre une rééducation du contact : à force de courir, nous sommes en rupture du contact. Pour moi, toute personne est capable d'être en contact et d'avoir ensuite la possibilité de le reproduire.

Le véritable contact est épuré, il est simple et dégagé de ce qui pourrait l'encombrer, je pense notamment aux religieux, aux gens de lumière, qui sont en contact permanent avec Dieu, dans la simplicité et l'épure. Et aux personnes simplement proches de la nature. Je pense que les intellectuels sont plus rarement dans le contact, ils sont brillants mais souvent plus à l'écoute d'eux-mêmes que dans la relation. Les nombreuses préoccupations qui encombrent notre tête sont autant d'éléments parasites dans la relation qui nous font perdre la qualité du contact. C'est un véritable défi de parvenir à être dans le contact dans le monde dans lequel nous vivons : bruits, pressions, contraintes du temps.

La magie du contact, c'est un moment béni, le véritable contact, privilégié. C'est la capacité que nous avons en nous de découvrir le diamant que chacun possède en lui. Ce diamant est tout au fond de nous, recouvert de couches que nous superposons les unes sur les autres.

Bien sûr, il y a le risque et le danger de se livrer à l'autre, au travers du contact. C'est là qu'intervient la notion de confiance sans laquelle l'expérience véritable du contact ne peut avoir lieu.

4. Une belle expérience de contact

La passion partagée me met dans le contact. Les gens qui me parlent avec passion de leur passion et parviennent à établir une complicité avec moi, me touchent à l'intérieur et partagent avec moi une grande forme d'ouverture relationnelle. Je pense à un ami qui est tailleur de pierre. C'est un véritable artiste, il est dans la simplicité, la fluidité. Lorsque nous parlons ensemble, le temps n'existe plus, il est en suspension. Le contact est présent en permanence, nous sommes dans le lien.

5. Le contact hostile

Je constate une montée de la violence chez les top-managers. Ils sont pris en tenaille par rapport à leurs valeurs. La compensation en terme de pouvoir ou de salaire justifie de moins en moins qu'il leur faille transiger avec leurs valeurs morales. Le stress, la maladie et la violence s'installent pour bon nombre d'entre eux. Cette violence est une forme d'expression du non-contact : l'individu est perdu dans son contact avec lui-même et n'a plus de liens suffisamment forts avec les autres. Il faudrait apprendre à connaître ses limites, se dire : « C'est ma vie que je joue, là, la mienne mais aussi celle de ma famille, des gens qui me sont proches et chers. »

Le contact est devenu difficile dans le monde de l'entreprise, la confiance a fait place à la méfiance.

6. Conseils pour les managers

Le contact avec votre équipe :

– Établissez des règles claires de fonctionnement, de la transparence, du feed-back, de l'accompagnement,

– développez l'intelligence collective en prenant conscience que le feed-back n'est pas un jugement mais une perception, un ajustement permanent et précieux, apprenez à donner et à recevoir ce feed-back,

– adoptez une position d'observation : prendre du recul, établir un système d'observation tournant dans les réunions d'équipe, le comité de direction. L'observateur à un regard sur le « comment ça fonctionne ».

– Aidez à faire grandir, développez la capacité d'être en lien ensemble.

Développez votre contact sur un plan individuel :

– Identifiez quelques personnes avec lesquelles la méfiance fait place à la confiance et remplissez-vous de ce contact avec elles,

– développez une passion hors champ professionnel

– travaillez avec un coach ou/et un psychothérapeute pour prendre conscience de votre manière d'entrer ou non en contact et de vos résistances et potentiels,

– faites-vous plaisir au moins une fois par jour,

– entourez-vous de personnes heureuses de vivre et chaleureuses,

– prenez du temps avec votre famille,

– prenez soin de votre corps, respectez-le,

– faites-vous faire un massage toutes les semaines et apprenez à en faire.

7. Peut-on apprendre à être dans le contact ?

Il est peut-être difficile de faire un stage sur le contact, mais en apprenant à vivre le contact, à l'expérimenter, on peut l'apprivoiser :

– apprendre l'art du questionnement, de l'observation,

– travailler sur ce que l'on peut trouver de beau chez l'autre et rééduquer nos représentations,

– entreprendre un développement personnel.

En conclusion je dirai que ce qui est de l'ordre du vivant est capable de s'ajuster pour se transformer et être dans le contact.

Francis Karolewicz est spécialisé dans l'apprentissage par l'expérience et le développement des ressources humaines durables, auteur du livre L'Expérience, un potentiel pour apprendre, *L'Harmattan, Paris, 2000.*

DE LA SCIENCE DE L'ART DU CONTACT : LE CONTACT À L'ÉPREUVE DU RÉEL

Interview de Philippe Higy, attaché commercial, 23 ans

1. Qu'est-ce que le contact ?

Faire passer des émotions, idées, sentiments au travers du contact. Rassurer ou effrayer.

Le contact fait référence à l'entraide, la tribu, au fait de s'associer à quelqu'un.

Je vous donne l'exemple de mes poissons : je suis aquariophile et j'ai une nouvelle race de poissons. Ils protègent les petits et les transportent dans leur bouche, un à un. Sur vingt alevins, dix-neuf survivent (au lieu de deux en temps normal). Les petits poissons restent près de leur mère et il y a des groupes, des clans. Les grands frères défendent les futurs poissons. C'est du contact !

2. Les ingrédients du contact

– Le visuel, la voix, le toucher.

Ne jamais oublier que chaque personne est unique et requiert donc un contact unique.

– Le temps : pour connaître la personne. Le premier contact est parfois difficile, mais il faut faire preuve de sincérité et s'intéresser réellement à la personne.

3. Une belle expérience de contact :

Avec mon père. Je me sens en osmose avec lui. J'ai l'impression d'avoir bu un grand litre de jus d'orange après ce type de contact. Idem avec ma femme Linda.

Un contact en or, c'est par exemple l'amour, la sympathie, l'amitié.

4. Le contact hostile

Ce type de contact ne me dérange pas dans le contexte professionnel, mais il est plus difficile pour moi de le gérer dans le contexte privé, avec mes parents, ma sœur ou mon épouse.

En cas de contact négatif, j'essaie de connaître la source de mécontentement, et ne peux m'endormir avant.

5. Conseils pour les managers

Le contact est différent s'il s'agit d'un homme ou d'une femme à manager. Les motivations également.

Pour un manager homme : ne pas manifester trop d'égards à l'encontre d'une femme, ne pas entrer dans une intimité dangereuse. Plutôt favoriser l'écoute, calmer le jeu, parler aussi un peu de soi : pas trop de dissymétrie relationnelle.

Si une femme est particulièrement jolie et bien apprêtée lors d'un entretien, le lui faire remarquer : « Vous avez décidé de me séduire aujourd'hui. ». Ne pas faire fi de son charme, mais sans déborder.

Le contact est une arme terrible. On peut faire comprendre à quelqu'un qu'on l'apprécie sans que les autres n'en sachent rien.

Si une femme est amenée à gérer des hommes, il faut surtout qu'elle puisse conserver sa féminité, et faire preuve de douceur voire de « maternage » parfois.

6. Peut-on apprendre à être dans le contact ?

Personnellement il me faut toujours faire un effort pour parler, combattre ma timidité. Je me trouvais coincé avec les jeunes filles jusqu'à l'âge de 19 ans, j'en bégayais. J'avais peur du jugement des autres et redoutais par-dessus tout un regard hautain ou méprisant.

Le poison dans le contact ? Mentir, dénigrer.

« Il m'arrive de discuter avec d'autres jeunes couples et parfois c'est le trou noir. Je fais une tentative pour me rapprocher d'eux, je parle de moi ou de mes ressentis. Mais souvent les gens ne veulent pas aller plus loin. » (voir la courbe du contact dans la quatrième partie de notre ouvrage)

La cerise sur le gâteau du contact ? La confidence.

Je vois la courbe du contact comme un histogramme, un contact qui s'accroît progressivement avec une personne et qui n'est pas à recréer chaque fois. J'ai un ami depuis l'âge de 10 ans et chaque fois que nous nous voyons ou nous téléphonons, c'est le plein contact. Il y a de l'émotionnel qui circule entre nous. C'est à lui que j'ai confié que j'étais amoureux en rencontrant ma future femme.

Pour cultiver le contact il faut semer des graines : se confier un peu, rester dans une partie émotionnelle de la conversation, vendre un peu cet émotionnel à l'autre. C'est la plus belle partie du contact.

Il faut nourrir le contact, comme un feu : il faut mettre du bois.

7. Que souhaitez-vous ajouter ?

Le contact est aussi fait de choses interdites et précieuses. C'est comme une cour impériale, c'est-à-dire un endroit mystérieux où il y a des belles choses mais aussi des prisons et des oubliettes.

Le contact est comme une éclipse : la lune arrive devant le soleil, et cela arrive rarement.

Interview de Marie Arnaud, agrégée de l'Université, psychothérapeute, 46 ans

1. Comment s'est développée chez vous cette qualité du contact humain ?

Par empathie, j'étais sensible à tout ce qui se passait chez l'autre. Il y a eu apprentissage progressif dans un désir de communication.

Je suis fille unique de parents intellectuels avec des ego forts, parfois méprisants. J'ai été élevée très isolée, car je n'avais pas le droit d'avoir de copines. Quand je me suis retrouvée étudiante en Allemagne, je ne connaissais personne, je suis allée vers les autres dans les discussions, les cafés, je me suis fait introduire dans des cercles amicaux. À Normale Sup. je mettais les autres en valeur mais sans faire semblant. Professeur, je me retrouvais à chaque rentrée scolaire dans une autre ville, un nouveau lycée, donc c'était vital pour moi de nouer des contacts.

En fait cela me passionnait et je me suis orientée bien plus tard vers la psychologie et la relation d'aide.

2. Les ingrédients du contact

– Empathie : se projeter sans jugement à la place de l'autre,

– mémoriser le contexte personnel et familial de l'autre,

– écouter,

– valoriser,

– se synchroniser.

Les signes non verbaux sont aussi importants : le visage qui peut être bloquant ou au contraire souriant ; le look, l'habillement, la gestuelle, la distance dans le contact.

Le premier contact donne une impression globale, non analytique ou raisonnée. Talleyrand disait « méfiez-vous du premier mouvement, c'est le bon ! ».

3. Une belle expérience de contact

C'est la naissance de ma fille, avec une émotion extraordinaire, indicible, brute. J'ai eu un flash amoureux, un coup de foudre non sexuel.

Dans ma vie professionnelle j'ai eu des coups de foudre intellectuels lors d'une rencontre avec une idée ou une formulation qui me paraissait totalement juste et exacte. J'ai eu aussi de fortes sensations dans la création artistique.

4. Le contact hostile

Pour éviter le contact hostile, il faut :
– donner un ressenti plutôt qu'un jugement,
– laisser une porte de sortie,
– ne pas atteindre le point de non retour par des paroles blessantes,
– donner parfois raison à l'autre : le plus intelligent cède !

5. Conseils pour les managers

– Être à l'écoute.
– Demander un feed-back pour améliorer la forme de son contact.
– Valoriser avant de reprocher.
– Prendre le temps d'analyser ses impressions brutes, immédiates qui sont forcément partielles, incomplètes et donc partiales. Je pense, par exemple, à la situation de recrutement d'un salarié. Il faut faire un effort pour voir que l'on est dans le jugement, la projection ou des préjugés de toutes sortes parfois racistes ou sexistes.

– « Aller à la pêche aux ressources », c'est-à-dire aller chercher en soi des ressources ignorées !

6. Peut-on apprendre à être dans le contact ?

Oui. Par exemple on peut apprendre à serrer une main. Mais d'abord on peut étudier et reconnaître une poignée de main : la molle, la désinvestie, la broyeuse, la juste, la prolongée, l'effleurante, l'humide moite.

7. Que souhaitez-vous ajouter ?

– Il faut réfléchir sur ses ratés et échecs.

– Le contact n'est pas possible avec tout le monde.

– Le contact est évolutif, c'est un commencement, qui ira vers une relation, l'indifférence, un conflit ou rien.

– Il faut prendre son temps pour apprivoiser quelqu'un qui ne veut pas être dans le contact, sinon c'est du harcèlement, y compris en amour.

Conclusion : pour une culture du contact

La culture du contact est négligée, et l'on se contente généralement de lieux communs concernant les notions de « proximité » (« il faut se rapprocher du terrain, du client, des gens, des autres »), et de « communication ». Quand il y a des ratés, c'est parce qu'« on a eu un problème de communication ».

Nous avons quant à nous d'autres ambitions : nous souhaitons vous apprendre à maîtriser les ingrédients du contact et à développer vos habiletés au contact, en vous montrant les applications et les bénéfices possibles dans la vie de chacun et dans le quotidien de votre vie personnelle ou familiale.

Citons quelques applications professionnelles et personnelles, où l'art du contact révèle sa puissance…

La **gestion de la relation client**, où la frontière-contact se fait avec l'extérieur de l'entreprise. Accenture la définit comme « l'optimisation et la valorisation de chaque contact client grâce à une stratégie de "sur-mesure" appuyée sur la technologie pour l'industrialiser. » Pour IBM, ce concept consiste à organiser la relation entre l'entreprise et ses clients de façon à :

– garantir une satisfaction croissante du client via une attention et une réactivité renforcées ;

— permettre à l'entreprise de meilleures performances commerciales par une fidélisation et une optimisation de ses efforts commerciaux.

Le ***buzz marketing*** : Le « *buzz* » est bourdonnement, rumeur, bouche-à-oreille. Ce médium est vieux comme le monde et ses vertus de contact et d'influence ont été amplifiées grâce à la révolution Internet. Opinion, propagation virale, communication directe… le *buzz marketing* est désormais éprouvé comme une stratégie incontournable du marketing[1]

Le **lobbying** utilisé vers les décideurs externes (administrations, législateurs locaux ou européens).

Le lobbying, est l'action des groupes de pression organisés pour infléchir, dans le sens le plus conforme à leurs intérêts, les décisions de la puissance publique ou d'une entreprise. Les groupes de pression, ou lobbies, ont pour fonction de défendre les intérêts d'acteurs économiques ou sociaux les plus variés : secteurs industriels ou agricoles, syndicats de salariés, professions libérales, anciens combattants, épargnants, mouvements écologistes, associations de consommateurs, de protection des droits de l'homme, minorités raciales ou sexuelles.

L'art du contact, à l'intérieur même de l'entreprise est la base des **jeux de pouvoirs**, source de promotions, avantages, privilèges, stock-options, et autres gâteries !

Dans le domaine personnel, nous avons été surpris par la diffusion des **contacts virtuels** dans les nouvelles relations hommes/femmes.

« Version virtuelle du bal masqué, les forums de discussion sur Internet (les "chats") comme les sites spécialisés dans les rencontres amoureuses prolifèrent. Sans oublier les minis messages (SMS) transmis sur l'écran des téléphones portables (10 millions le jour de la Saint-Valentin chez Orange, 6,5 millions en moyenne les autres jours). Les chats Web et les

---

1. K. B. Stambouli et E. Briones, *Buzz marketing*, Paris, Éditions d'Organisation, 2002.

CONCLUSION : POUR UNE CULTURE DU CONTACT

SMS constituent de formidables espaces de rencontre, entre imaginaire et réel. » [2]

L'attrait grandissant en développement personnel pour les **thérapies de groupe** où toutes sortes de problèmes autrefois gérés dans l'intimité du cabinet, s'expriment sur un mode collectif, comme les problèmes d'alcool chez les AA (Alcooliques Anonymes), de surpoids chez les Weight Watchers ou de sexualité dans les groupes de SexoGestalt.

Les psychothérapies de groupe, comme la Gestalt-thérapie, sont de puissants outils de contact, car le groupe avec sa variété et sa multiplicité de contacts, répond à l'un de nos besoins fondamentaux : être en relation, dans la sécurité.

Les habiletés du contact

Examinons maintenant, quelles sont les habiletés du contact que tout un chacun, même sans diplôme (rappelons ici la vie de Benjamin Franklin, ouvrier imprimeur à 14 ans et qui, à la fin, rédige la Constitution des États-Unis), peut s'exercer à cultiver tout au long de sa vie privée et professionnelle !

Pour simplifier, nous avons repéré une douzaine d'habiletés particulières :

1. L'habileté dans la **prise de contact**. Qu'est-ce que je ressens globalement, à l'instant sans réfléchir dans ce début de contact ? Comment développer un précontact en laissant à l'autre le temps nécessaire selon son tempérament ou sa culture ?

2. L'habileté dans l'**engagement**, période brève où se prend la décision de poursuivre vers un plein contact.

3. L'habileté dans la **communication**, qui apparaît réellement à ce stade. La communication suppose l'écoute, une écoute de style actif, attentive et concentrée sur d'autres messages par exemple les messages

---

2. J.-M. Normand « Des outils sophistiqués et de nouveaux intermédiaires pour trouver l'âme sœur ». *Le Monde,* 14 février 2003.

gestuels, corporels, vocaux (intonations) qui vont venir valider ou infirmer le message verbal initial.

4. Habileté aussi dans la **réponse**, dans l'argumentation, la persuasion qui font la force d'un commercial.

5. Habileté à **demander**, à savoir poser des questions.

6. Habileté à **prendre**, à accepter le positif, par exemple à accepter la réussite.

7. Habileté à **donner**, à partager (son temps, son savoir, son attention : ce n'est pas un problème matériel).

8. Habileté à **gérer les tensions**, crises, conflits.

9. Habileté à **donner de l'aide**, du support.

10. Habileté à **terminer le contact** et à se retrouver soi-même et seul avec soi. Est-il temps d'arrêter ?

11. Habileté à **vérifier la qualité** du contact qui a permis la communication et parfois l'établissement d'une relation, c'est-à-dire de liens.
– Avons-nous été en contact ?
– Comment sommes-nous ensemble après ce contact ?
– Y a-t-il un gagnant, un perdant (frustré, insatisfait) ; tous gagnants ou tous perdants ?

12. Habileté à **anticiper** le contact suivant, car l'achèvement du contact n'est que le début de celui qui va suivre à une autre frontière.

Cet ensemble d'habiletés se fait par un apprentissage gradué, soit par exemple dans un processus de coaching individuel, soit par un travail en groupe avec des démonstrations, des exercices pratiques en situation.

Comment éviter le contact avec les problèmes : les 9 règles de l'« évitisme »

1. Ignorer qu'il y a un problème.
2. Si vous voyez le problème, considérez que ce n'est pas le vôtre.

CONCLUSION : POUR UNE CULTURE DU CONTACT

> 3. Si c'est votre problème, démontrez que c'est sans solution.
>
> 4. Si vous recherchez une solution, vous êtes incapable de la trouver seul.
>
> 5. Si vous recevez une solution, répondez par : « Oui mais ».
>
> 6. Si vous envisagez une solution, interdisez-vous de l'appliquer.
>
> 7. Si vous appliquez la solution, considérez que c'est un test.
>
> 8. Si vous échouez au premier essai, ne réfléchissez ni aux causes ni aux améliorations possibles.
>
> 9. Si vous échouez au troisième essai, regrettez d'avoir voulu changer quelque chose et recommencez en partant de la règle n° 1.

Réflexions finales : deux caractéristiques du contact, complexité et fluidité

- **Complexité**

La complexité est un tissu (*complexus* : c'est ce qui est tissé) de constituants hétérogènes, de fouillis, d'incertitudes, de contradictions.[3]

Par exemple, le monde est à l'intérieur de notre esprit qui est à l'intérieur du monde. Où est alors la frontière/contact ? Renonçons aux idées simples sur la nature du contact.

- **Fluidité**

Comme l'eau, le contact n'a pas de forme fixe. C'est la forme des frontières qui détermine la forme de l'eau et du contact.

Comme l'eau qui tend constamment vers un but qui est de s'écouler, le contact qui est mouvement, suit un cycle vers son achèvement.

Comme la mer pénètre les terres, le contact pénètre les frontières et se conforme pour avancer.

---

3. Edgar Morin, *Introduction à la pensée complexe*. ESF Éd., Paris, 2000.

Cela a des conséquences pratiques : il ne sert à rien de « pousser la rivière » selon l'aphorisme gestaltiste. La rivière comme le contact s'écoulent sans effort et les interventions éventuelles ne font que bloquer le déroulement naturel des choses.

Contact !

Être dans un contact de qualité est un art.

Mon expérience d'être en vie survient ici et maintenant, et pas là-bas ou ailleurs, à la frontière/contact, entre ma personne et les autres et le monde, sous le signe de l'imprévisible.

Pourquoi l'imprévisible ?

Car l'ailleurs qui m'entoure est infini, et infiniment complexe, au-delà de mon corps,

au-delà des autres, de ma maison, de mon pays, au-delà du monde, jusqu'aux étoiles.

Le contact qui est mouvement, se prépare, s'engage, se développe, s'approfondit, se réduit, et s'achève.

Je peux l'apprécier et m'en nourrir pour grandir.

Je suis alors prêt pour de nouveaux contacts.

Être en contact juste, fluide et créatif avec soi-même, les autres, et le monde,

c'est la magie d'exister.

POUR EN SAVOIR PLUS

Méthode et concepts principaux de la psychocontactologie (C. Gellman, C. Higy-Lang, S. Ginger)

1. « Ici et maintenant », « Maintenant et comment ? »

La démarche de la Gestalt-thérapie est phénoménologique, et privilégie la description plutôt que l'explication.

« Revenir du discours sur les choses, aux choses elles-mêmes, telles qu'elles apparaissent en vérité, au niveau des faits vécus, antérieurement à toute élaboration conceptuelle déformante » (Husserl).

Ce qui est intéressant, n'est plus seulement le « pourquoi » des choses, mais aussi le « comment ». La formulation classique de Perls est ainsi devenue : « Ici, maintenant, et comment ? ».

En psychothérapie ou en coaching, on peut utiliser des variantes, parfois mieux comprises. Par exemple : « Là, tout de suite, que ressentez-vous ? Que faites-vous ? Qu'est-ce que vous évitez ? » « Quelles sont vos attentes maintenant ? »

Plutôt que de revenir, de ressasser le passé (sur le modèle psychanalytique classique), il est préférable de se centrer sur le présent et l'actualité en sachant que cette expérience de l'ici-maintenant est complète, actuelle ; elle concerne l'organisme dans sa globalité. Cette expérience contient aussi les souvenirs, l'imaginaire, les situations inachevées, les anticipations.

2. *Awareness* : conscience attentive de la réalité (se référer aussi à la fiche sur les exercices d'*awareness* dans le chapitre 3 de la partie IV)

C'est un état de conscience spécifique, orienté vers la connaissance, la reconnaissance de l'environnement externe, mais aussi interne. Il y a attention, focalisation, vigilance, conscience immédiate du présent, concentration psychique. Cependant l'*awareness* peut aussi, selon les circonstances, prendre la forme de l'attention flottante.

La finalité de cette attitude mentale est phénoménologique (voir ci-dessus) : être en prise directe, appréhender sans a priori la réalité psychique du moment. C'est un outil important du coach, qui est à la fois concentré sur son client, sur l'environnement, et aussi sur ses propres sensations internes et ses intuitions.

L'apprentissage de l'*awareness* peut être l'acquisition la plus opérante d'une personne en psychothérapie ou en coaching, qui lui permettra de faire face aux situations imprévisibles, de s'y ajuster et d'en mesurer les conséquences. Dans les situations de choix, de décision, l'*awareness* permet par une connaissance intérieure immédiate, de s'engager en fonction de ses besoins réels et non pas en fonction du désir des autres ou de croyances soi disant rationnelles.

La capacité d'*awareness* d'une personne est un indicateur précieux de ses possibilités évolutives. C'est aussi un des critères de réussite du coaching, bien que cela ne figure pas dans le contrat !

3. Le processus, le cycle de l'expérience

Le psy, le coach et son client sont concentrés et attentifs aux aléas de la relation qui se déroule « ici et maintenant ».

MÉTHODE ET CONCEPTS PRINCIPAUX DE LA PSYCHOCONTACTOLOGIE

Perls aimait poser quatre questions centrées sur le processus :
- « Qu'es-tu en train de faire maintenant ? »
- « Que ressens-tu en ce moment ? »
- « Qu'es-tu en train d'éviter ? »
- « Que veux-tu, qu'attends-tu de moi ? ».

Cette dernière question nous ramène à l'inévitable transfert et aux projections qu'il véhicule.

Ces projections du passé vont être utilisées dans un va-et-vient, une « navette » entre présent et passé, entre le non verbal et le verbal, entre l'émotion et la prise de conscience.

Toute action individuelle ou interaction relationnelle se déroule en plusieurs phases, constituant le « cycle du contact-retrait » ou « cycle de satisfaction des besoins ». Perls et Goodman distinguaient quatre phases principales : le précontact, la prise de contact, le plein contact, et le postcontact (ou retrait). Depuis Perls, divers auteurs ont affiné les séquences habituelles de l'interrelation et distinguent six, voire sept phases dans le cycle : émergence ou sensation, prise de conscience ou *awareness*, excitation ou mobilisation de l'énergie, contact et mise en action, interaction ou accomplissement, retrait ou assimilation de l'expérience.

Cette conception a un intérêt clinique très important : aucune relation d'aide, d'accompagnement ou de conseil n'est possible si le psy/coach et le client/patient ne sont pas « dans le contact ». Nombre de séances restent dans un précontact qui peut s'éterniser faute d'engagement réel. La fin d'une séquence de thérapie/coaching (le temps du désengagement selon Ginger), n'est pas moins importante et peut être ratée, détruisant de manière rétroactive le travail précédent. C'est la grande originalité de la Gestalt, et aussi une difficulté spéciale pour le gestaltiste de rester vigilant sur le processus en cours, le cycle expérientiel et de prendre soin de la séparation qui ne se produit pas forcément quand sonne l'heure.

Le cycle type ne se déroule donc pas toujours d'une manière régulière : nous avons déjà noté, que pour Perls et Goodman, « la pathologie est l'étude de l'interruption, de l'inhibition ou autres accidents au cours de l'ajustement créateur ». Perls définit le névrosé comme « une personne qui s'adonne de manière chronique à l'auto-interruption ». Ces perturbations du fonctionnement du Self sont généralement appelées « résistances ». Elles peuvent constituer des mécanismes de défense appropriés à la situation ou bien des blocages anachroniques rigidifiés, attestant d'un fonctionnement pathologique d'évitement du contact authentique.

4. Gestalts inachevées

Normalement, dès qu'une action (psychique ou comportementale) est terminée, nous sommes disponibles pour une action nouvelle. Lorsque le cycle ne s'est pas déroulé d'une manière complète, la situation peut demeurer inachevée et constituer un élément préconscient de pression interne, soit mobilisateur, soit névrogène.

Ainsi par exemple, une tâche interrompue peut demeurer « présente » et n'attendre que la première occasion pour se clore : c'est « l'effet Zeigarnik ».

Le travail sur les gestalts inachevées, est un exemple typique d'attention portée en Gestalt sur des traces du passé parasitant la vie présente : il ne s'agit pas de se débarrasser magiquement d'une charge interne encombrante par une mise en action de type psychodramatique, mais bien plutôt d'intégrer cet élément pesant de la vie dans un ensemble significatif, comme constituant une des « polarités » de l'existence du client.

Certains managers ne se remettent pas ou très difficilement d'un licenciement qui est vécu comme une blessure indélébile dont ils ne peuvent guérir. D'autres n'arrivent pas à achever les actions ou les créations. C'est le lancement d'un projet qui les passionne et ils laissent à d'autres le soin du développement, de la croissance et parfois de la cueillette des bénéfices !

Que de projets avortés faute d'une attention et d'une énergie suffisantes et soutenues jusqu'à l'achèvement complet. Par exemple, s'il lui manque un seul mètre, un pont n'est pas un pont ! La volonté de terminer ce que l'on a commencé est un grand facteur de réussite.

L'entrepreneur est donc confronté à la fois à la difficulté et à l'angoisse d'achever et à la gestion indéfinie de ce qu'il y a d'inachevé en lui. Le coaching est là très éclairant.

5. La frontière-contact (interface)

Goodman : « L'étude de la manière dont l'être humain fonctionne dans son environnement est l'étude de ce qui se passe à la frontière-contact… entre l'individu et son environnement. C'est à cette frontière que les événements psychologiques prennent place. » La frontière appartient à la fois à l'intérieur et à l'extérieur : elle fait partie de deux mondes distincts en interrelation, c'est une interface (exemple dans une entreprise, l'interface entre production et distribution).

C'est à la frontière-contact que se font les échanges. « La psychologie, écrit encore Goodman, est l'étude des ajustements créateurs (à la frontière-contact). La psychopathologie est l'étude des interruptions, inhibitions, ou autres accidents dans le cours de l'ajustement créateur. »

Les résistances ou perturbations du contact peuvent être considérées comme des problèmes d'interface : abolition de la démarcation dans la confluence, incorporation partielle dans l'introjection, expulsion dans la projection.

En psychothérapie/coaching, plutôt que de se centrer sur l'individu comme en psychanalyse, il est intéressant de centrer son attention sur le point de contact entre lui et son environnement professionnel : que se passe-t-il à cet endroit particulier ? Que ressent-il dans cette situation précise et par rapport à d'autres situations de contact ?

Dans l'entreprise elle-même, quelles sont les frontières entre ses différentes structures ? Quelles sont les frontières physiques et les frontières psychologiques ? Y a-t-il des châteaux forts, des bunkers ou des jardins ouverts dans cette entreprise, et comment le vivent ses occupants ?

Internet pénétrant dans chaque bureau a fait reculer et éclater les frontières.

Dans le coaching vont être étudiés les distances entre les personnes pendant leurs contacts et le retentissement sur leur fonctionnement professionnel. En pratique, le psy/coach constate dans la plupart des cas un déficit de contacts, cause sérieuse de perturbations. Le stress contribue à réduire les contacts y compris dans le champ personnel, comme le coach l'apprend suite à la question : « combien avez-vous d'amis ? ».

Un autre travail sur les limites du contact est de déterminer à partir de quelle intensité ou proximité un contact devient intrusif, non respectueux, voire persécuteur. C'est tout à fait individuel et différent pour chaque personne qui doit apprendre à reconnaître son fonctionnement dans ce domaine subtil et à savoir dire non ou stop quand il est dans le malaise.

La frontière se situe aussi dans le temps : c'est la transition, c'est-à-dire la période de temps entre deux états. Par exemple, un déménagement, un changement de poste, une restructuration, un voyage.

Dans toutes ces situations, le gestalt praticien est le passeur de frontières essentiel, celui qui repère et accompagne le passage !

6. Résistances et mécanismes défensifs

Seuls les mécanismes rigidifiés et/ou répétitifs traduisent une pathologie. Perls distinguait quatre principales résistances : la confluence (excès de contact, fusion), l'introjection, la projection, la rétroflexion (inhibition, somatisations, dépression), concepts empruntés à la psychanalyse.

Depuis d'autres descriptions ont enrichi la clinique gestaltiste : la déflexion (intellectualisation, évitement), la proflexion (manipulation), l'égotisme (narcissisme), l'invalidation (égotisme attaqué par les introjections).

La plupart des personnes dysfonctionnelles sont porteuses d'introjections (« on doit », « il faut », « il ne faut pas », « ce n'est pas bien », « ce n'est pas normal »), venues de l'environnement parental, culturel ou religieux.

Dans les conflits entre personnes, ce sont les projections qui dominent : chacun attribue à l'autre ce qu'il ne supporte pas en lui-même.

7. La responsabilisation

Chacun est responsable de soi et bien sûr de sa thérapie ou coaching, (on sait aujourd'hui que le « facteur client » est le principal facteur de réussite d'un coaching), qui vise à l'autonomie de sa conduite et de ses décisions.

Le client/patient n'est pas une personne passive qui subit un traitement, ou une méthode ésotérique pour lui, mais un partenaire, voire un collègue actif.

En Gestalt on propose souvent de remplacer la formulation « je ne peux pas » par « je ne veux pas » pour souligner cette responsabilisation.

8. L'expérimentation

Là où certains travaillent sur le passé, la Gestalt substitue la recherche expérimentale de solutions : « expérimenter comment », par des mises en action métaphoriques ou symboliques.

La mise en action favorise l'*awareness* à travers des représentations concrètes expérimentées dans plusieurs versions différentes. Cette mise en action ou en scène n'est pas un passage à l'acte impulsif et défensif, mais une élaboration mentale créative.

L'expérimentation apporte une grande liberté dans le coaching :
- le droit à l'erreur, car l'erreur n'est pas l'échec ;
- le droit au tâtonnement, de changer d'avis, de se contredire ;
- le droit de créer sa propre approche, son propre style de coaching ;
- le droit de faire le contraire, ou autre chose, et d'ailleurs « il y a mille contraires » (S. Ginger).

L'expérimentation comporte deux versants : une forme active : « expérimenter » ; une forme passive : « expériencier » (vivre, ressentir une expérience, un vécu ; par exemple, le rejet ou l'amour).

L'expérimentation est la source du changement. Changer est difficile, mais « l'important n'est pas ce qu'on a fait de moi, mais ce que je fais moi-même de ce qu'on a fait de moi » (J.-P. Sartre). Une expérimentation spécifique en Gestalt est l'exploration des extrêmes, le travail sur les polarités. Dans le *Dictionnaire Larousse*, la Gestalt est d'ailleurs définie comme un travail sur les contradictions humaines.

Ces polarités sont variées : introjection/projection, adaptation/création, soumission/rébellion, introversion/extraversion, amour/haine, tendresse/agressivité, frustration/gratification.

À travers ces exemples, on se rend compte aussi que le « bon choix », n'est pas forcément le « juste milieu » : se situer entre masculin et féminin, n'est pas le plus confortable. Une position extrême affirmée est souvent préférable : on ne peut être à moitié enceinte.

Le travail sur les polarités s'effectue par la technique du monodrame, empruntée à Moreno, où le client joue lui-même alternativement deux ou plusieurs rôles. Pour changer, il faut déjà s'accepter, vouloir être soi-même, « naviguer dans le sens du courant » (« *don't push the river* », B. Stevens).

On retrouve là les racines philosophiques existentielles de la Gestalt (Husserl, Sartre, Binswanger, Buber), et ses préoccupations spirituelles constantes sur le sens de la vie et de la nature humaine.

Ainsi, c'est aussi à travers une anthropologie qu'on pourra faire avancer notre réflexion sur le contact.

9. La relation thérapeutique

Le coach ou psychothérapeute gestaltiste est un accompagnant attentif (voir le processus), qui partage avec son client les découvertes de l'aventure thérapeutique. Il n'est pas dans la neutralité bienveillante analytique « apathie », ni dans l'acceptation inconditionnelle rogérienne « empathie ». Il partage si besoin ses impressions, surprises, impatiences avec son client, attentif à l'effet produit. C'est l'attitude de « sympathie » de Perls. L'exploitation délibérée du ressenti personnel du praticien, de son vécu de contre-transfert est un outil spécifique de la Gestalt.

La santé et la croissance psychiques dépendent de la qualité de nos relations. Erskine et Moursund identifient huit « besoins relationnels » :

– besoin de sécurité ;

– besoin de valorisation ;

– besoin d'être accepté ;

– besoin de réciprocité ;

– besoin d'auto définition ;

– besoin d'avoir un impact ;

– besoin de bénéficier d'initiative d'autrui ;

– besoin d'exprimer l'amour.

Ces besoins que l'on pourrait plutôt qualifier d'attentes, car la notion de besoin renvoie plutôt au physiologique, sont présents dans toute relation et en fait définissent une relation. Cette évaluation permet au client d'abandonner les vieux schémas (les gestalts fixées) qui furent autrefois protecteurs et qui maintenant sont inadaptés et anachroniques.

10. Approche holistique extensive

Le matériel psychologique exploré fait une large part au verbal : souvenirs, récits, descriptions, associations libres, rêves... Certaines séances peuvent ressembler à des séances de psychothérapie analytique.

Le travail sur l'imaginaire est important. La résistance typique, est la pauvreté fantasmatique, l'atrophie de l'imaginaire : « alexythymie » selon Sifneos, « pensée opératoire », selon Marty et Fain.

Mais le plus souvent, l'abord concerne l'individu dans ses cinq dimensions principales (selon le « pentagramme » de S. Ginger) : dimension somatique (le corps), dimension affective (le cœur, les émotions), dimension rationnelle (la tête), dimension sociale (les autres, la culture, la société), dimension spirituelle (la métaphysique, l'homme, le sens de l'existence, l'universel).

Le dialogue du gestaltiste utilise tous les langages disponibles : la parole, la posture, les attitudes, les gestes et micro-gestes qui sont autant de signaux codifiant le discours, les émotions, les manifestations végétatives vasomotrices.

La règle de tout dire est élargie à un « tout exprimer » (qui n'est pas un « tout faire » sauvage), par des canaux sensoriels variés incluant le toucher, l'expression émotionnelle (larmes, cris, colère), l'expression artistique (dessin, collages, création d'une œuvre), l'exploitation du cadre (objets métaphoriques).

« *Loose your head, come to your senses* » *(Perls).*

L'interaction corporelle est intéressante par exemple dans des exercices de relaxation, de respiration (*Rebirth*) ou de prise de conscience de la dimension corporelle. Le travail sur le contact est nettement facilité. Il y a aussi une déculpabilisation efficace vis-à-vis des introjections négatives courantes concernant le corps et son image, et une meilleure intégration du schéma corporel avec plus de fluidité dans les mouvements et déplacements, fluidité si importante pour le look corporel qui n'est pas seulement dans l'habillement, mais dans toute la gestuelle.

D'autres techniques psychocorporelles comme la bioénergie (A. Lowen) d'inspiration reichienne mobilisent plutôt l'agressivité dont la gestion a toujours été valorisée en Gestalt. On peut utiliser la confrontation ou la provocation, ou des situations de stress graduées. Cela va mobiliser les ressources énergétiques du client lui permettant de sortir d'états fusionnels ou d'hyperprotection maternante. L'agressivité orale permet la survie de l'individu, comme la sexualité permet la survie de l'espèce. L'accès à la masculinité nécessite enfin une agressivité phallique, sans laquelle le garçon demeure hypomasculin voire féminin.

Le travail psychocorporel, facile en psychothérapie, n'est pas évident à mettre en œuvre dans le cadre de l'entreprise, avec des managers en costume-cravate ! Cela nécessite des préliminaires, de la patience et beaucoup d'explications. On peut débuter par des exercices de gestion du stress inspirés des méthodes de relaxation, qui sont en général bien acceptés.

En guise d'épilogue

Pierre Dac : Conseils et maximes[1]

« Celui qui dans la vie, est parti de zéro pour n'arriver à rien dans l'existence, n'a de merci à dire à personne »

« La politique de prestige, n'est vraiment prestigieuse que si le carré de sa surface est égal à celui de sa profondeur »

« Dans le monde du business il n'est pas nécessaire d'être bon musicien pour connaître la musique »

---

1. Pierre Dac, *Essais, maximes et conférences,* J'ai Lu, Paris, 2001.

Bibliographie

1. Ouvrages

ALBERONI Francesco, *Le Choc amoureux,* Pocket, Paris, 1993.

ANAND Margot, *L'Art de l'extase au quotidien,* Guy Tredaniel Éditeur, Paris, 1998.

APFELDORFER Gérard, *Je mange donc je suis,* Payot, Paris, 2002.

BAILLY Daniel, *L'Angoisse de séparation,* Masson, Paris, 1996.

BALINT Michael, *Les voies de la régression,* Payot, Paris, 2000.

BERGERET Jean, *La Personnalité normale et pathologique,* Dunod, Paris, 1996.

BRISSIAUD Pierre-Yves, *Surmonter ses blessures,* Retz, Paris, 2001.

BUBER Martin, « *Je et Tu* », éd. Aubier, Paris, 1969.

CREPAULT Claude, *La sexo-analyse,* Payot, Paris, 1997.

CURTEY Jean-Paul et SOUCCAR Thierry, *Le programme de longue vie,* Seuil, Paris, 2000.

CYRULNIK Boris, *Les vilains petits canards,* Odile Jacob, Paris, 2001.

CYRULNIK Boris, *Sous le signe du lien,* Hachette, Paris, 1997.

Dictionnaire de la langue française : Petit Littré, Abrégé par A. BEAUJEAN, Gallimard-Hachette, Paris, 1959.

Dictionnaire Petit Robert, Robert, Paris, 2002.

DSM IV, Masson, Paris, 1996.

Dubos Viviane, *Les émotions,* ESF, Paris, 2002.

Fievet Christophe, *La Gestalt : une thérapie de la conscience par la conscience,* document interne à l'École Parisienne de Gestalt.

Freud Anna, *L'enfant dans la psychanalyse,* Gallimard, Paris, 1976.

Freud Sigmund, *Abrégé de psychanalyse,* PUF, Paris, 1998.

Freud Sigmund, *Inhibition, symptôme et angoisse,* PUF, Paris, 2002.

Ginger Serge et Anne, *La Gestalt, une thérapie du contact,* Paris, Hommes et groupes, 2000.

Gray John, *Les hommes viennent de Mars, les femmes viennent de Vénus,* J'ai lu, Paris, 2001.

Guillaume P., *La psychologie de la forme,* Flammarion, Paris, 1979.

Haley Jay, *Un thérapeute hors du commun : Milton H. Erickson,* éd. Épi.

Hall-T. Edward, *La dimension cachée,* Seuil, Paris, 1978.

Hennezel Maris [de], *La mort intime,* Robert Laffont, Paris, 2001.

Higy-Lang Chantal et Gellman Charles, *Le coaching,* Éditions d'Organisation, Paris, 2002.

Hirigoyen Marie-France, *Le Harcèlement moral : la violence perverse au quotidien,* éd. Syros, 1998.

Husserl, *Idées directrices pour une phénoménologie,* Gallimard, Paris, 1985.

Karolewics Francis, *L'expérience, un potentiel pour apprendre,* L'Harmattan, Paris, 2000.

Le Vay Simon, *Le cerveau a-t-il un sexe ?,* Flammarion, 1994.

Leleu Pascal, *Le Développement du potentiel des managers,* L'Harmattan, Paris, 1995.

Lelord François, André Christophe, *Comment gérer les personnalités difficiles ?,* Odile Jacob, 2000.

Lenhard Vincent, *Les responsables porteurs de sens,* INSEP Éditions, 2002.

MARC Edmond et PICARD Dominique, *L'école de Palo Alto,* Retz, Paris, 2000.

MARCELLI A. et AJURIAGUERRA J. [DE], *Psychopathologie de l'enfant,* Masson, Paris, 1989.

MASQUELIER Gonzague, *Vouloir sa vie,* Retz, Paris, 1999.

MORRIS Desmond, *La clé des gestes,* Grasset, Paris, 1979.

PASINI Willy, *Éloge de l'intimité,* Payot, Paris, 2002.

PERLS F., HEFFERLINE R., GOODMAN P., *Gestalt-thérapie,* éd. L'exprimerie IFGT, Bordeaux, Septembre 2001. Nouvelle traduction de Jean-Marie Robine.

PERLS F., *Le moi, la faim et l'agressivité,* Paris, Tchou, 1978.

PERLS F., *The Gestalt Approach,* Bantam Books, New York, 1973.

PICOCHE Jacqueline (dir.), *Dictionnaire étymologique du Français,* Le Robert, Paris, 2002.

Psychologie des animaux, PUF, coll. « Que sais-je ? »

RUSS J., *Les chemins de la pensée,* Bordas, 1999.

SARTRE J.-P., *L'Être et le néant,* Gallimard, 1976.

SARTRE J.-P., *L'Existentialisme est un humanisme,* éd. Nagel, 1970.

SCHOTTE J., *Le Contact au commencement,* éditions universitaires, Bruxelles, 1990.

SICARD Geneviève et MAISONNEUVE Jean-Louis, *L'Entreprise sur le divan,* Imago, 1991.

SILLAMY Norbert (dir.), *Dictionnaire de psychologie,* Larousse, Paris, 2003.

SZONDI L., *Diagnostic expérimental des pulsions,* PUF, Paris, 1952.

SZONDI L., *Introduction à l'analyse du destin,* Louvain, Paris, Nauwelaerts, 1983.

VELDMAN F., *Haptonomie, science de l'affectivité,* PUF, Paris, 2001.

WATZLAWICK Paul, *Faites vous-même votre malheur,* Seuil, Paris.

2. Articles

« La déprime au travail », in *Le Nouvel Observateur*, 17 au 23 janvier 2002.

« La fin de l'entreprise macho », in *Enjeux*, mai 2001.

« La séduction », in *Le Nouvel Observateur*, Hors série, juillet 2001.

« Le guide 2002 du look », supplément de *Capital*, avril 2002.

« Les femmes dirigeantes », in *Le Figaro Entreprises*, 9 juillet 2001, n° 17701.

« Les sept piliers de la vie Journal », in *Le Figaro*, 24 mars 2002.

« Profil du manager du XXIe siècle », in *Management*, janvier 2000.

« Recrutement », in *Le Nouvel Observateur*, 5 au 9 avril 2001.

DROUET Jean-Baptiste, « Pourquoi aime-t-on si mal en banlieue ? », in *Psychologies*, décembre 2001.

GELLMAN Charles, « Sexo-Gestalt : Une thérapie extensive des sexoses psychogènes », in *Cahiers de Sexologie Clinique*, 1997

GINGER Serge, « Vingt notions de base – vingt ans après – Gestalt », in *Revue de la Société Française de Gestalt*, n° 1, p 43-60.

GRUHIER Fabien, « Les lésions dangereuses », in *Le Nouvel Observateur*.

KALDY Pierre, « Le cerveau humain sensible aux phéromones », in *Le Figaro*, août 2001.

ROBINE Jean-Marie, « Du champ à la situation », in *Cahiers de Gestalt Thérapie*, n° 11, 2002.

Index

A

Absentéisme 129
Accrochage 20, 22
Affect 142
Affectivité 23
Agressivité 157
Amour primaire 20
Aporie 14
Art du contact 228
Assessment center 115
Attachement 79
Audition 48
Awareness 59, 69, 226, 290, 295

B

Balint, Alice 20
Balint, Michael 20
Borderline 106
Burn out 138

C

Cerveau 31
Champ 173
Claudel Paul 230
Climat
 répressif 122
 sécurisant 122

Coach 290
Coaching 5, 180, 264, 293, 295
Communication 73
 centralisée 74
 décentralisée 74
Conflit 121
Confluence 190
Contact confirmant 23
Contactologie 171, 173
Cycle du contact 176, 291
Cyrulnik Boris 197

D

Déconsidération 125
Déflexion 194, 295
Dépressif 103
Désengagement 177
Déshumanisation 127
Diagnostic 204
Dignité humaine 183
Don 258
DSM-IV 91
Dyscontact 99

E

Écoute 233, 235, 236, 264
Égotisme 195, 295

Émotion 141, 142
Engagement 177
Équilibre 57
Espèces
    grégaires 2
    solitaires 2
Évitements 186
Expérimentation 179

Famille 2
Femmes managers 153
Franklin, Benjamin 17
Frontière-contact 174, 293
Frustrations 20
Fuir 2

Génome humain 61
Gestalt 174, 292
Gestalt-thérapie 173, 180, 289
Ginger Serge 291
Goût 50, 239, 240
Grooming 3

Hall 3
Haptonomie 22
Harcèlement
    moral 164
    sexuel 166
Hormone 2
Husserl Edmund 289
Hyperactif 102
Hyperadaptation 108
Hypercontact 97
Hypermasculinité 137
Hypocontact 98, 125
Hystérique 97

Interruptions du contact 186
Intimité 130, 134
Introjection 188, 294
Introverti 101
Invalidation 295

Lâchage 22
Libido 159

Machisme 139
Madame de Staël 15
Marketing 86
Masochiste 105
Mécanique 19
Mécanisme d'urgence 186
Méchanceté 167
Médias 6
Mort 41

Normalité 107
Nourrisson 36, 81

Obsessionnel 99
Ocnophilie 21
Odorat 55, 237, 238, 239
Œstrogènes 64
Orientation 63
Outil 7

Paracontact 100
Paranoïaque 100
Parole 38
Partenaire 235
Peau 41

INDEX

Pensées négatives 200
Performance 136
Perls 175
Phénoménologie 225, 289
Philobatisme 21
Phobique 98
Physiologie 178
Platon 13
Plein contact 177
Postcontact 177
Pouvoir charismatique 257
Précontact 176, 240, 291
Primate 3, 20
Prise de contact 177
Proflexion 196, 295
Projection 187, 294
Pseudo-contact 126
Psychanalyse 294
Psychisme 21
Psychocontactologie 173, 289
Psychopathologie 293
Pulsion 21

Q

Quotient relationnel 247

R

Regard 230
Résilience 40
Ressenti 59
Retrait 177
Rétroflexion 192, 294
Réunion 117
Rituel de séparation 197
Roue du contact 203

S

Sadique 104

Salutation 240
Self 175
Sentiment 142
   de dignité 182
Séparation 145, 197
Socrate 13
Soins palliatifs 42
Son 235
Sourire 36
Stimulation 23
Suicide 167
Szondi 21

T

Technocratie 126
Téléorienté 45
Temps 112
Tendresse 20
Testostérone 64
Thérapie 174
Toucher 52, 236, 237
Trouble de la personnalité 91
Turn-over 126

U

Utérus 35

V

Veldman Frans 22
Virilité 136
Virtualisation 128
Voix 233
Vue 46

W

Weaver 74

X

Xénophon 15

www.ingramcontent.com/pod-product-compliance
Lightning Source LLC
Chambersburg PA
CBHW071828230426
43672CB00013B/2789